财务管理与理论研究

赵文妍 曹丽 著

黑龙江科学技术出版社

图书在版编目（CIP）数据

财务管理与理论研究 / 赵文妍，曹丽著. -- 哈尔滨：黑龙江科学技术出版社，2021.1（2022.3重印）
ISBN 978-7-5719-0460-9

Ⅰ. ①财… Ⅱ. ①赵… ②曹… Ⅲ. ①财务管理－理论研究 Ⅳ. ① F275

中国版本图书馆 CIP 数据核字 (2020) 第 052117 号

财务管理与理论研究

作　　者　赵文妍　曹　丽
责任编辑　赵春雁
封面设计　王　洁
出　　版　黑龙江科学技术出版社
地　　址　哈尔滨市南岗区公安街 70-2 号　邮编：150001
电　　话　（0451）53642106　传真：（0451）53642143
网　　址　www.lkcbs.cn　www.lkpub.cn
发　　行　全国新华书店
印　　刷　济南新广达图文快印有限公司
开　　本　710mm × 1000mm　1/16
印　　张　14.5
字　　数　276 千字
版　　次　2021 年 1 月第 1 版
印　　次　2022 年 3 月第 2 次印刷
书　　号　ISBN 978-7-5719-0460-9

定　　价　40.00 元

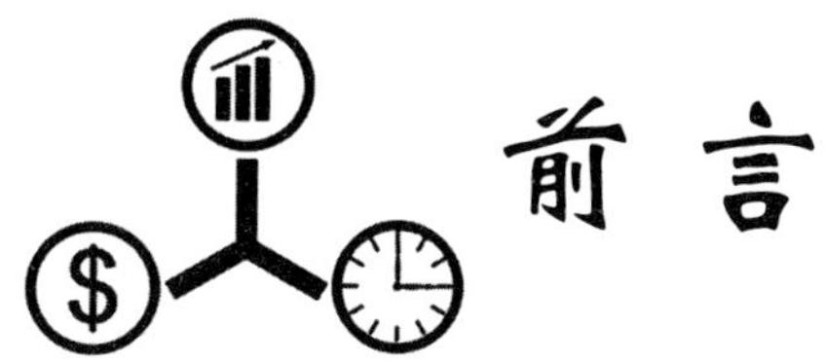

前言

财务管理是一门以研究企业组织财务活动、处理财务关系为基础，以资金时间价值观念为前提，以有效提高财务决策水平、增强财务决策科学化为目标的综合型、应用型学科。随着科技的进步、经济的发展以及各种先进技术的应用，财务管理在研究方法、解决问题的方式以及财务决策手段等方面都发生了很大改变。会计理论是指一系列会计方面的基本概念、假设及有关准则，它被用来指导会计人员确认、计量、记录和报道财务信息的行动。两者在实际应用中既有共性又有区别，因此需要人们对其有深入理解。

本书由国家税务总局石家庄市税务局第三稽查局的赵文妍和唐山市食品药品综合检验检测中心的曹丽共同撰写，共计九章：第一章主要对财务管理的基本知识进行讲述，包括财务管理的体制与环境、财务管理的价值观等；第二章主要讲述的是税务稽查，包括会计基础的稽查、增值税的稽查等；第三章主要讲述财务会计，包括出纳岗位核算、往来结算岗位核算等；第四章主要讲述审计的基本知识，包括审计基本原理、审计流程测试等；第五章的重点为出口货物退（免）税，包括出口货物退（免）税基础知识与操作程序等知识；第六章内容为会计学，包括会计核算程序、投资与负债等；第七章向读者详细介绍了事业单位会计方面知识，包括事业单位资产、负债、收入与支出的核算等；第八章讲述的是高级会计师，包括会计人员、高级会计师及其职务任职资格等；第九章则是对财务会计管理进行论述，包括财务会计规范理论与管理、营运资金管理等。

笔者在撰写本书的过程中，结合多年的实践经验，参考了大量的文献和资料，在此对相关文献资料的作者表示由衷的感谢。此外，笔者由于时间和精力有限，书中难免会存在不妥之处，敬请广大读者和各位同行予以批评雅正。

作者简介

赵文妍

赵文妍，女，1972年11月5日生，汉族，毕业于河北经贸大学，副主任科员，高级经济师。从2003年9月至今在石家庄市国税稽查局工作，毕业来一直从事税务稽查检查工作，爱岗敬业，勤奋好学，业务精通，多次查办大案要案。1998年在全省国税稽查业务考试中获得桃城区国税局第一名。2008年房地产行业检查所写案例被河北省国家税务局作为典型案例收集发表在《税务稽查案例选编》一书。2009年在国家税务总局组织的全国稽查业务考试中，获石家庄市第二名。2014年10月市国税稽查人才库考试获石家庄市第三名。

曹 丽

曹丽，女，1980年9月3日生，汉族，毕业于山西财经大学，副高级会计师。2003年进入唐山市林业局，2012年12月任唐山市林果花质量监督检验管理中心副主任，2018年划转至唐山市食品药品综合检验检测中心工作至今。在省级以上正式刊物发表论文6篇，主持承担了2008年唐山市林业产业产值统计、唐山市国有林场扶贫规划制订、唐山市林业“十二五”规划实施情况中期评估报告、唐山市森林生态效益补偿政策调研、燕山板栗有机栽培技术建立与应用和速生杨中幼龄林抚育成效监测与技术分析等多个项目的资金申请、评估统计、档案管理等工作，其中燕山板栗有机栽培技术建立与应用项目荣获市政府科技进步一等奖、速生杨中幼龄林抚育成效监测与技术分析项目荣获市政府2012年度农业科学技术推广二等奖。

目录

第一章 财务管理

第一节 财务管理的体制与环境

一、财务管理的体制

企业在不同的发展阶段，在不同的环境下，会选择不一样的财务管理模式；不同的经营管理团队，不同的财务管理理念，会形成不一样的财务管理风格。在外部环境及内部管理的共同要求下，企业会形成一套适合自身发展的财务管理体制。

（一）财务管理体制的概念

财务管理体制，是指企业明确其内部各层级财务权限、分清各层级财务责任以及相关的权利和义务的约束机制。财务管理体制实质上是企业内部具有一定约束力的调节机制，其关键是各层级财务管理权限的合理配置，企业所用的财务管理体制决定了其财务管理执行的效果、运行的模式等。因此，科学配置各层级财务管理权限，是明确各层级财务管理人员权利和义务，实现资源优化配置的前提条件。

（二）财务管理体制的模式

不同的企业因为内部管理的需求不同，其采用的财务管理体制模式（以下简称财务管理模式）是不一样的；同一个企业在不同的发展阶段，其采用的财务管理模式也是不一样的。企业采用的财务管理模式应当能满足其实现企业目标的需要。一般来说，企业财务管理体制的模式包括三种：集权模式的财务管理体制、分权模式的财务管理体制以及混合模式的财务管理体制。

1．集权模式的财务管理体制

集权模式的财务管理体制，是指企业对其管辖的子公司、分支机构等一切财务活动及财务关系的决策都进行高度的集中，其管辖的子公司、分支机构等都没有财务决策权限的管理体制。在集权模式下，企业总部的财务部门具有高度的财务决策权限，不但可以指导其管辖的子公司、分支机构等决策，必要的时候还可以参与其管辖的子公司、分支机构等决策的执行。在集权模式的财务管理体制中，总部财务管理部门采用高度的集权手段，控制其管辖的子公司、分支机构等。

2．分权模式的财务管理体制

分权模式的财务管理体制，是指企业将财务决策权与管理权完全下放到其管辖的子公司、分支机构等，其管辖的子公司、分支机构等只需对一些财务决策结果向企业总部财务部门备案即可的管理体制。在分权模式下，企业总部财务部门不对其管辖的子公司、分支机构等进行干预，只关注其管辖的子公司、分支机构等财务决策与管理的结果。

3．混合模式的财务管理体制

混合模式的财务管理体制（即集权与分权相结合模式的财务管理体制），是指企业执行集权下的分权，即企业对其管辖的子公司、分支机构等在所有重大问题的决策与处理上实行高度集权，企业管辖的子公司、分支机构等则对日常经营活动具有较大的自主决策和管理权限的管理体制。混合模式的财务管理体制既有集权又有分权，在重大问题上实行集权，在日常管理中实行分权，是现代企业普遍采用的财务管理体制。

（1）混合模式的财务管理体制的特点。在混合模式的财务管理体制下，企业以发展战略和经营目标为核心，将重大决策权集中于企业总部，由企业总部高度集权，在日常管理中，企业管辖的子公司、分支机构等具有较大的决策权限；在制度建设方面，企业应制定统一的管理制度，明确各层级财务权限及收益分配方案，企业管辖的子公司、分支机构等应当严格遵照执行，并根据自身的情况进行补充；在管理方面，可以充分利用企业总部的各项资源优势，对部分权限集中管理；在经营方面，应当充分调动企业管辖的子公司、分支机构等的生产经营积极性。企业管辖的子公司、分支机构等应当围绕企业发展战略和经营目标，在遵守企业统一制度的前提下，可自主制定生产经营的各项决策。

（2）混合模式的财务管理体制的优点。混合模式的财务管理体制实质上是将集权模式与分权模式进行有效组合，在重大问题上由企业总部实行高度集权，统一调配资源，充分发挥企业总部的资源优势，实现企业的战略目标和经营目标。在日常的管理上，给予企业管辖的子公司、分支机构等较大的决策权限，充分调动企业管辖的子公司、分支机构等的积极性。混合模式的财务管理体制既可以避免所有问题统一决策带来的“水土不服”效应，又可以避免各自为战、各自决策带来的“利益冲突”问题。

（3）混合模式的财务管理体制在企业中的应用。选择集中模式还是分权模式的财务管理体制来进行财务决策，是要根据企业的内外环境综合考虑的，至今都没有固定的思路或者现成模式。财务管理体制的集权模式与分权模式，需要考虑企业与其管辖的子公司、分支机构等之间的资本关系和业务关系的具体特点，以及集权与分权的“成本与利益”综合判断。作为实体的企业，企业与其管辖的子公司、分支机构等之间往往具有某种业务上的联系，特别是那些实施纵向一体化战略的

企业，要求管辖的子公司、分支机构等保持密切的业务联系。企业与其管辖的子公司、分支机构等之间的业务联系越密切，就越有必要采用集权模式的财务管理体制；反之，则采用分权模式的财务管理体制。

在企业的实际管理中，选择集权模式的财务管理体制还是分权模式的财务管理体制，还应当判断集权与分权的“成本与效益”。集权的“成本”主要是企业所管辖的子公司、分支机构等的积极性损失和财务决策效率的下降，分权的“成本”主要是可能发生于企业所管辖的子公司、分支机构等财务决策目标及财务行为与企业整体财务目标的背离，以及财务资源利用效率的下降。集权的“利益”主要是容易使企业财务目标协调和提高财务资源的利用效率，分权的“利益”主要是提高财务决策效率和调动各所属单位的积极性。另外，集权与分权应该考虑的因素还包括环境、规模和管理者的管理水平。由管理者的素质、管理水平和管理手段等因素所决定的企业及各所属单位的管理水平，对财权的集中和分散也具有重要影响。较高的管理水平，有助于企业更多地集中财权，否则，财权过于集中，只会导致决策效率的低下。

在实际工作中，很少有企业单纯采用集权模式或分权模式，而是根据企业的具体情况以及面临的内外环境综合考虑，一般采用混合模式的财务管理体制。在管理上，混合模式的财务管理体制更能发挥管理上的弹性，需要集权的时候能够集权，需要分权的时候可以分权管理，比较灵活，同时信息传递及过程控制能够及时地反馈和调整，可以满足成本效益的原则。因此，混合模式的财务管理体制在企业中得到普遍的应用。

二、财务管理的环境

（一）经济环境

经济环境，是指企业生存和发展所面临的外部经济因素，主要包括宏观经济政策、经济周期、通货膨胀、经济体制和市场发育程度等。经济环境是企业在组织财务活动、处理财务关系时面临的重要环境，会直接或间接影响企业的财务活动及财务效果。

1. 宏观经济政策

宏观经济政策，是指国家在一定时期内为了达到调控宏观经济效果而制定的一系列经济方面的政策，主要包括产业政策、财政政策、金融政策、税收政策、市场约束政策等。宏观经济政策是国家在一定时期内进行宏观经济调控的重要手段，是调节宏观经济良性运行的法宝。国家制定的宏观经济政策对企业的筹资活动、投资活动、营运活动以及利润分配活动都有重大的影响，例如，积极的财政政策刺激市场，市场需求增加，有利于企业的发展；消极的财政政策压制市场行情，市场需求减少，不利于企业发展，如中央银行规定的货币发行量、执行的行业信贷规模等都会影响企业的资本结构、筹资活动和投资活动等；行业价格政策会影响资本的投向、投资回收期和预期收益等。

宏观经济政策代表一定时期国家的经济调控方向和力度，企业顺着国家的经济政策发展，会得到政策的扶持和补贴，促进企业发展；企业逆着国家的经济政策开拓业务，必然受到政策的调节或制裁，不利于企业发展。因此，企业应当组织财务人员积极研究国家的各项经济政策，把握国家经济政策的走向、对行业的影响，并及时制定应对措施，响应国家的经济政策，争取获得政策扶持。例如，当大多数投资者还没有将注意力转移到国家经济政策上时，如果某个企业及时地领会某项经济政策，把握住投资机会，就会得到国家政策的扶持或享受优惠条件。国家的宏观经济政策是一种风向标，代表国家在一定时期内的工作重点，对企业的影响往往是长期的。

2．经济周期

在市场经济条件下，经济的发展会呈现出有规律的变化，是不以人的意志为转移的，不管国家采用什么样的调控手段，都不可能完全避免出现过强或过弱的市场波动，例如经济危机。经济周期是一种由繁荣、衰退、萧条、复苏再到繁荣的周期性变化。在西方经济体系中国民生产总值、企业利润和失业率是衡量经济周期的三个重要标准，这三个指标总体上反映一国或地区所处经济周期。其中，高国民生产总值、高企业利润和低失业率是一国或地区经济繁荣的标志；国民生产总值和企业利润的不断下降以及失业率的不断提高，表明一国或地区经济发展由繁荣逐渐走向衰退；持续的衰退必然会造成经济的全面萧条；在经济复苏时期，国民生产总值与企业利润逐渐增加，失业率也开始下降并趋于稳定。

经济的周期性波动对企业财务管理有着非常重要的影响。在不同的发展时期，企业的生产规模、销售业绩、获利能力、资本需求以及投资规模等都会出现明显的差异。例如，在经济萧条阶段，由于整个市场经济不景气，企业很可能处于紧缩状态之中，产量和销量大幅度下降，投资锐减；在经济繁荣阶段，市场需求量增大，销售业绩大幅度上升，企业为扩大生产，就要增加投资，增添机器设备、存货和劳动力，这就要求财务人员迅速地筹集所需资金。总之，面对经济的周期性波动，财务人员必须有预见性地估计经济变化情况，适当调整财务策略。在复苏期和繁荣期，应该增加厂房、建立存货、引入新产品、增加劳动力、实行长期租赁，为负债经营提供条件；在衰退期和萧条期，应该停止扩张、出售多余设备、停产不利产品、停止长期采购、削减存货、裁减多余的员工。同时，为了维护基本的财务信誉，应该采用比较稳健的负债经营策略，避免高负债带来的财务风险。

3．通货膨胀

通货膨胀，是指一国或地区的货币流通量供大于求，导致市场上物品或劳务

的价格持续上涨的现象。自从有了市场经济，通货膨胀就不断地出现在公众的视野，始终伴随着现代经济的发展。通货膨胀是一种经济现象，只要在合理的范围内，对企业影响不大，如果通货膨胀超过一定的幅度，就会对企业产生很大的负面影响，甚至会引发很多企业破产。因为大幅度的通货膨胀会引起资本占用额度的迅速增加，加剧企业对资金的需求量，引发利率的大幅度上升、有价证券价格的不断下降，增加企业的筹资难度和筹资成本。另外，通货膨胀会引发企业虚增利润和资产，造成企业高估资产和收益，引发企业多缴税，最后导致资本流失。企业应当重视通货膨胀，做好相关的准备工作，将通货膨胀引发的损失降到最低程度。一般在通货膨胀初期，货币面临着贬值的风险，这时企业进行投资可以避免贬值风险，实现资本保值；与供应商应签订长期购货合同，以减少物价上涨造成的损失；从债权人处获取长期负债，保持资金成本的稳定；在通货膨胀持续期，企业可以采用比较严格的信用条件，减少企业的应收款项；调整财务政策，防止和减少企业资本流失等。

4．经济体制

经济体制，是指一国或地区所执行的关于经济运行与管理方面的方针政策，经济体制包括计划经济体制和市场经济体制。目前，我国执行的是市场经济体制。在计划经济体制下国家统一安排企业资本规模、业务范围，统一投资、共享利润、共担亏损，企业实现利润统一上缴、企业发生亏损全部由国家补贴，企业无须单独筹资、投资、规划产品和服务。在计划经济体制下，企业财务管理活动的内容、方法等都非常简单。在市场经济体制下，国家没有统一筹资、投资，由企业自己筹资、投资、规划产品和服务等，执行企业自负盈亏的经济模式。在市场经济体制下，企业有独立的经营权、筹资权、投资理财权等，企业可以根据自身的实际情况，估算一定时期内资本的需要量，寻求合适的资本来源，筹集所需资本；根据企业的发展战略和经营目标，经过分析研究，将资本投放到可行性强的项目上获取收益；根据企业的具体情况制定合适的利润分配方案，给予企业投资者投资回报。在企业的管理中，财务管理活动的内容、方法等都呈现出多样化，在财务管理上，面临的内外环境更加复杂，对财务人员的素质要求更高。因此，在市场经济体制下，企业应当与时俱进、审时度势、勇于开拓创新，做好财务管理工作。

5．市场发育程度

不同地区、不同行业的市场发育程度是不同的，在发育程度不同的市场上，所面临的竞争、市场门槛、产品和服务质量等都是不一样的。企业应当根据市场发育程度，制定科学合理、有效的财务管理方案，优化资源。企业所处的市场发育程度通常包括以下四种：完全垄断市场、完全竞争市场、不完全竞争市场和寡头垄断市场。不同的市场环境对财务管理有不同的影响，对企业的财务决策有重大的影响。如处于完全垄断市场的企业，销售业绩非常好，价格波动不大且高于行业平均水平，利润稳中有升，可以获取垄断利润，经营风险较小，企业可利用较多的债务资本，获得杠杆效应；处于完全竞争市场的企业，竞争非常激烈，销售量不稳定，销售价格完全由市场来决定，利润随价格和销量的波动而波动，经营风险较大，企业不宜过多地采用负债方式去筹集资本，避免陷入债务困境；处于不完全竞争市场和寡头垄断市场的企业，关键是要让企业的产品和服务具有优势、具有特色、具有品牌效应，这就要求在研究与开发上投入大量资本，研制出新的优质产品，并搞好售后服务，给予优惠的信用条件。

（二）法律环境

法律环境，是指法律意识形态及其与之相适应的法律规范、法律制度、法律组织机构、法律设施所形成的有机整体。市场经济是以法律规范和市场规则为特征的经济制度。法律为企业经营活动规定了活动空间，也为企业在相应空间内自主经营管理提供了法律上的保护。

1．企业组织法规

企业是市场经济的主体，不同组织形式的企业所适用的法律是不同的。企业可以划分为个人独资企业、合伙企业和公司制企业。

（1）个人独资企业

个人独资企业是指由业主个人出资经营、归个人所有和控制、由个人承担经营风险和享有全部经营收益的企业。个人独资企业的出资人既是所有者，也是经营管理者。个人独资企业具有设立和解散容易、经营方式灵活多样、收益归业主、不具有法律地位、对企业的债务承担无限责任的特点。个人独资企业财务管理的内容十分简单，其资本的投放和回收都由业主自行决定，方便灵活。

①个人独资企业具有的优点

第一，企业资产所有权、控制权、经营权、收益权高度统一。这有利于保守与企业经营和发展有关的秘密，有利于业主个人创业精神的发扬。

第二，企业业主自负盈亏和对企业的债务负无限责任成为强硬的预算约束。企业经营的好坏同业主个人的经济利益乃至身家性命紧密相连，因而，业主会尽心竭力地把企业经营好。

第三，企业的外部法律法规等对企业的经营管理、决策、进入与退出、设立与破产的制约较小。

②个人独资企业具有的缺点

第一，筹集资金困难。因为一个人的资金终归有限，以个人名义借贷款难度也较大。因此，独资企业限制了企业的扩展和大规模经营。

第二，投资者风险较大。业主对企业负无限责任，在强化了企业预算约束的同时，也带来了业主承担风险较大的问题，从而限制了业主向风险较大的部门或领域进行投资的活动。

第三，企业可持续性差。企业所有权和经营权高度统一的产权结构，虽然使企业拥有充分的自主权，但这也意味着企业是自然人的企业，业主的病、死，他个人及家属知识和能力的缺乏，都可能导致企业破产。

（2）合伙企业

合伙企业，是指由两个或两个以上的投资人共同出资成立、共同经营、共负盈亏的企业组织。合伙企业通过合伙协议来明确合伙企业的具体事项，包括合伙企业的存续时间、合伙企业的管理、利益的分配、责任的分担等。合伙协议是合伙企业最具有约束力的文件。合伙企业的合伙人对合伙企业的债务承担无限连带责任。合伙企业具有以下几个方面的特点：

①合伙企业期限短。合伙企业比较容易设立和解散。合伙人签订了合伙协议，就宣告了合伙企业成立；新合伙人申请加入，旧合伙人的退伙、死亡、自愿清算、破产清算等均可造成原合伙企业的解散以及新合伙企业的成立。因此，合伙企业存续的时间一般比较短。

②无限连带责任。合伙企业作为一个整体对债权人承担无限责任。普通合伙人对合伙企业的债务承担无限连带责任。如甲、乙、丙三人成立的合伙企业破产时，当甲、乙已无个人资产抵偿企业所欠债务时，虽然丙已依约还清应分摊的债务，但仍有义务用其个人财产为甲、乙两人付清所欠的应分摊的合伙债务，当然此时丙对甲、乙拥有财产追索权。

③相互委托、相互代理。合伙企业的生产经营活动，由合伙人共同决定，合伙人有执行和监督的权利。合伙人可以推举负责人，合伙企业的负责人和其他人员的经营活动，由全体合伙人共同承担民事责任。

④财产共有。合伙人投入的财产，由合伙人统一管理和使用，不经其他合伙人同意，任何一位合伙人不得将合伙财产移为他用。

⑤利益共享。合伙企业在生产经营活动中形成的资产，归合伙人共有。如有亏损，则亦由合伙人共同承担。损益分配的比例，应在合伙协议中明确规定；未经规定的，可按合伙人出资比例分摊，或平均分摊。

（3）公司制企业

公司，是指由两个或两个以上的股东出资设立的，以营利为目的企业法人组织。公司的设立必须符合《中华人民共和国公司法》的有关规定，公司的每个股东以其认缴的出资额或认购的股份对公司承担有限责任，公司以其全部资产对其债务承担有限责任。我国的公司制企业主要包括有限责任公司和股份有限公司。

①有限责任公司的特点是：公司资本不分为等额份额；公司向股东签发出资证明书而不发行股票；公司股份的转让有严格的限制；股东人数受到限制；股东以其出资额比例，享受权利，承担义务。

②股份有限公司的特点是：公司资本平均分为金额相等的份额；经批准后，其股票可以向社会公开发行，股票可以交易或转让；股东人数没有上限限制；股东按其持有的股份享受权利，承担义务；股份公司要定期公布经注册会计师审查验证的财务报告。

2. 税收法规

税法是税收法律制度的总称，是调整税收征纳关系的法律规范。税收既有调节社会总供给与总需求、经济结构，维护国家主权和利益等宏观经济作用，又有保护企业经济实体地位、促进公平竞争、改善经营管理和提高经济效益等微观作用。税收对企业的经营活动具有重要的影响，对财务管理的影响尤其明显。税收对财务管理的影响具体表现为以下几点：

（1）影响企业融资决策

按照我国现行所得税制度，企业借款利息不高于金融机构同类同期贷款利息的部分，可在所得税前予以扣除，从而减少了企业的应纳税所得额。其他融资方式则无此优势，如发行股票筹集的资本，股利支出不得抵扣所得税。

（2）影响企业投资决策

企业的投资活动，包括对外投资、对内投资和企业设立分公司、子公司的投资。企业投资成立的企业形式不同、规模不同、投资行业不同、投资区域不同等，都会面临着不同的税收政策。

①对企业设立的地点和行业的影响。在我国现行的企业所得税制度中，均规定了对于投资于特定地区（如经济特区、技术经济开发区、老少边穷地区等）和特定行业（如高新技术产业、第三产业、“三废”综合治理企业等），以及劳动就业服务、福利生产企业等的优惠政策，在企业设立之初可以考虑依照国家政策导向，获得税收优惠。

②对企业兼营业务的影响。按照我国现行增值税制度规定，增值税纳税人兼营不同税率的货物或应税劳务，应分别核算，未分别核算的，从高适用税率。因此，企业必须建立健全财务管理制度，分别核算不同增值税率的货物和不同税种的销售额。

③对企业分支机构设立形式的影响。分公司不具有独立法人资格，所得税与总公司合并缴纳；而子公司因为具有独立的法人资格，其各项税收的计算、缴纳均独立于母公司，并可单独享受税收优惠。如果预计分支机构效益为负，则应设立分公司，以其亏损抵减总公司的应税所得额。

（3）影响企业现金流量

税收有强制性、无偿性和固定性三个特征，企业向税务机关纳税是其应尽的义务，并且要按税法的有关规定及时上缴。缴纳税费必然增加企业现金流出量，这要求企业在进行财务管理时做好税收筹划，合理地筹集所需要的资金，保证资

金供给充足，通过合理地筹划税收，调整纳税时间，延缓纳税，这样可以减少现金流量过度集中流出，降低企业的财务负担。

（4）影响企业利润

税收体现着国家与企业对利润的分配关系。税率的变动与利润的变动呈反比关系，在一定时期内企业承担的税负增加，则利润必然减少。税率的变更对利润有直接影响，税率的上升或下降会使企业利润减少或增加。因此，财务人员应当加强研究，充分掌握企业面临的各项税费，对税率变动带来的影响做好预测和准备。

（三）技术环境

技术环境，是指财务管理得以实现的技术手段和技术条件，它决定着财务管理的效率和效果。目前，我国进行财务管理所依据的会计信息是通过会计系统提供的，占企业经济信息总量的 70% ~ 80%。在企业内部，会计信息主要是提供给管理层决策使用的，而在企业外部，会计信息则主要是为企业的投资者、债权人等提供服务的。

目前，我国正全面推进会计信息化工作，力争通过 5 ~ 10 年的努力，建立健全会计信息法规体系和会计信息化标准体系，全力打造会计信息化人才队伍，基本实现大型企事业单位会计信息化与经营管理信息化的融合，进一步提升企事业单位的管理水平和风险防范能力，做到资源共享，便于不同信息使用者获取、分析和利用，以及进行投资和相关决策；基本实现大型会计师事务所采用信息化手段对客户的财务报告和内部控制进行审计的目标，进一步提升审计质量和效率；基本实现政府会计管理和会计监督的信息化，进一步提升会计管理水平和监管效能。全面推进会计信息化工作，将使我国的会计信息化达到或接近世界先进水平。我国企业会计信息化的全面推进，必将促使企业财务管理的技术环境进一步完善和优化。

随着“互联网+财务”的模式、人工智能的不断深入发展，财务管理应用的计算平台不断更新，财务管理的手段和效果得到前所未有的提高，将财务管理人员从烦琐的数据中解放出来，使他们将精力投放到内部管理以及企业财务战略上。

第二节 财务管理的价值观

一、资金时间价值

在日常工作中，经常会遇到这样的现象，一定量的资金在不同时点上具有不同的价值，现在的 1 元钱比将来的 1 元钱更值钱。如我们现在有 10000 元，存入银行，银行的年利率为 2%，1 年后可得到 10200 元，于是现在的 10000 元与 1 年后的10200元相等。因为这10000元经过1年的时间，增值了200元，这增值的200元就是资金经过1年的时间价值。同样企业的资金投到生产经营中，经过生产过程的不断运行、资金的不断运动，随着时间的推移，会形成新的价值，使资金得以增值。因此，一定量的资金投入生产流通环节，会取得一定的利润和利息，从而产生资金的时间价值。

（一）资金时间价值的概念

资金时间价值也称为货币时间价值，是指一定数额的资金在不同时点上所体现的价值差额，即资金在流通过程中会随着时间的推移而发生价值增值。纵观企业的发展，资金在投入运用和收回的环节中，相同数额的资金在不同时点上的价值是不同的，形成了资金的价值差额，表现为资金时间价值。

（二）资金时间价值产生的原因

1．资金时间价值体现货币资源的稀缺性

经济和社会的发展要消耗社会资源，现有的社会资源构成现存的社会财富，利用这些社会资源创造出来的物质和文化产品构成了将来的社会财富，由于社会资源具有稀缺性，又能够带来更多社会产品，所以现在物品的效用要高于未来物品的效用。在货币经济条件下，货币是商品的价值体现，现在的货币用于支配现在的商品，将来的货币用于支配将来的商品，所以现在货币的价值自然高于未来货币的价值。市场利息率是对平均经济增长和社会资源稀缺性的反映，也是衡量货币时间价值的标准。

2．货币时间价值是流通货币固有的特征

在目前的信用货币制度下，流通中的货币是由中央银行基础货币和商业银行体系派生存款共同构成的，由于信用货币有增加的趋势，所以货币贬值、通货膨胀成为一种普遍现象，现有货币也总是在价值上高于未来货币。市场利息率是可贷资金状况和通货膨胀水平的反映，反映了货币价值随时间的推移而不断降低的程度。

3．货币时间价值是人们认知心理的反映

由于认识上的局限性，人们总是对现存事物的感知能力较强，而对未来事物的认识较模糊，结果人们存在一种普遍的心理，就是比较重视现在而忽视未来，现在的货币能够支配现在的商品和服务，满足人们现实的需要，而将来的货币只能支配将来的商品和服务，满足人们将来不确定的需要，所以现在单位货币的价值要高于未来单位货币的价值，为使人们放弃现在的货币及其价值，必须付出一定的代价，利息率便是这一代价。

4．资金时间价值产生的条件是借贷关系

市场经济的高度发展和借贷关系的普遍存在，使资金的使用权与所有权分离，

资金的所有者把资金使用权转让给使用者，使用者必须把资金增值的一部分支付给资金的所有者作为报酬，资金占用的金额越大，使用的时间越长，所有者所要求的报酬就越高。而资金在周转过程中的价值增值是资金时间价值产生的根本源泉。

二、风险与报酬

（一）风险的概念

风险，是指在特定条件下执行某一项活动具有多种可能，但其结果具有的不确定性。风险产生的原因是由于缺乏信息和决策者不能控制未来事物的发展过程而引起的。风险具有多样性和不确定性，对于风险，可以事先估计可能出现的各种结果，以及每种结果出现的可能性概率大小，但无法确定最终结果。

风险是客观的、普遍的，广泛地存在于企业的财务活动中，并影响着企业的财务目标。由于企业的财务活动经常是在有风险的情况下进行的，各种难以预料和无法控制的因素可能使企业面临风险，蒙受损失。在实务中，如果只有损失没有收益，没人愿意去冒风险，企业冒着风险投资的最终目的是得到额外收益。因此，风险不仅带来预期的损失，还可能带来预期的收益。

（二）风险的类型

企业面临的风险主要有两种：系统风险和非系统风险。

1. 系统风险

系统风险也称市场风险，是指在一定时期内影响到市场上所有公司的风险。系统风险由公司外部的某一个因素或多个因素引起，单个公司无法通过管理手段控制，无法通过投资组合分散，涉及市场上所有的投资对象。常见的系统风险有政局波动、战争、自然灾害、利率的变化、经济周期的变化等。

2. 非系统风险

非系统风险，是指在一定时期内影响到市场上个别公司的风险。非系统风险实际上是因为某个影响因素或事件造成的只影响个别公司的风险，因此又叫非系统风险。非系统风险是随机发生的，只与个别公司和个别项目决策有关，因此，非系统风险可以通过管理手段、投资组合等进行分散，如技术研发失败、产品开发失败、销售额下降、工人罢工等。非系统风险根据风险形成的原因不同，可以进一步分为经营风险和财务风险。

（1）经营风险

经营风险，是指由于公司所处的生产经营条件发生变化，从而对公司预期收益带来的不确定性。经营风险的产生可能来自公司内部条件的变化，如管理理念改变、决策层思维改变、执行过程的偏差、员工不满导致的道德风险等；也可能来自公司外部条件的变化，如顾客购买意愿发生变化、竞争对手增加、政策变化等。由于公司所处的内外部条件变化，使公司在生产经营上面临不确定性，从而产生收益的不确定性，因此，公司应当加强经营管理，提高预测风险的能力。

（2）财务风险

财务风险，是指由于公司负债经营，从而给公司未来财务成果带来的不确定性。公司负债经营，一方面，可以解决其资金短缺问题，为公司扩张、经营周转等提供资金保障；另一方面，可以获得财务杠杆效应，提高自有资金的获利能力。但是，负债经营改变了公司原有的资金结构，增加了固定的利息负担和还本压力，加剧了公司资金链的压力。另外，负债经营所获得的利润是否大于支付的利息额，具有不确定性。在负债经营中，资产负债率高，公司的负担就重，财务风险就会增加；资产负债率低，公司的负担就轻，财务风险就会降低。因此，必须保持合理的负债，既能提高资金获利能力，又能防止财务风险加大。

（三）风险报酬

风险报酬，是指决策者冒着风险进行投资而获得的超过货币时间价值的那部分额外报酬，是对决策者冒风险的一种价值补偿，也称风险价值。如上所述，公司在风险环境中开展财务活动和经营管理活动，在风险项目投资决策中，不同的决策者有不同的出发点，有的决策者力求规避风险，有的决策者敢于冒风险。一般来说，决策者冒着风险投资，是为了获得更高的报酬，冒的风险越大，要求的报酬就越高；反之，获得的报酬就越低。实践证明，风险与报酬之间存在密切的关系，一般来说，高风险的项目会有高的报酬，低风险的项目会有低的报酬。风险报酬的表现形式有风险报酬额和风险报酬率两种，在实务中，一般用风险报酬率来表示。如果不考虑通货膨胀，决策者投资风险项目所希望得到的投资报酬率是无风险报酬率与风险报酬率之和。投资报酬率的计算公式为：投资报酬率＝无风险报酬率＋风险报酬率。

其中，无风险报酬率是在没有风险条件下的资金时间价值，是决策者投资某一项目一定能够实现的报酬，可用政府债券利率或存款利率表示。风险报酬率是决策者进行风险项目投资获得超过资金时间价值的额外报酬。风险报酬率与风险项目的风险程度和风险报酬斜率的大小有关，并成正比关系。风险报酬斜率可根据历史资料用高低点法、直线回归法或者由企业管理人员根据经验来确定。

第三节 筹资管理

一、筹资

（一）筹资的概念

筹资，是指企业作为筹资主体根据其生产经营、对外投资和调整资本结构的需要，通过一定的筹资渠道和金融市场，运用一定的筹资方式，经济有效地筹措和集中资本的活动。资金被喻为企业的“血液”，是企业存活和生产经营正常运转不可或缺的要素。企业缺少资金，生产经营活动将受到影响甚至停滞；如果资金使用不合理，也会导致生产经营状况不好，甚至出现亏损，引发经营风险。

（二）筹资的分类

筹资按不同的标准有不同的分类，主要包括以下几个方面：

1. 按资金使用期限长短分类

筹资按资金使用期限长短可以分为短期资金和中长期资金（一年后偿还）。其中，短期资金的特点是筹集的资金需在一年内偿还，短期资金的筹集方式包括发行短期债券、短期银行借款和商业信用等。中长期资金的特点是筹集的资金可在一年后偿还，中长期资金的筹集方式包括吸收直接投资、发行股票、发行长期债券、长期银行借款和融资租赁等。

2. 按资金来源渠道分类

筹资按资金来源渠道可以分为自有资金和借入资金。其中，自有资金为企业持有的，无须偿还的部分，自有资金主要包括资本金和留存收益；借入资金即负债，是企业依法获取并到期偿还的部分。

3. 按所筹资金的权益性质分类

筹资按所筹资金的权益性质可以分为股权资本和负债。其中，股权资本是企业可以自主支配且无须偿还的部分，其缺点是资本成本较高，优点是无须偿还，所以风险低；负债的利息费用可以税前列支，所以资本成本较低，但由于到期需要偿还，所以风险高。在实务中，股权资本的筹集方式包括吸收直接投资、发行股票和留存收益等；负债的筹资方式包括发行债券、银行借款、融资租赁和商业信用等。

二、筹资的必要性

资本是企业生存和发展的前提条件，没有资本，就没有企业的生存和发展。筹集资本对企业而言是非常必要的，主要体现在以下几个方面：

（一）筹资是企业注册资本的来源

注册资金是国家授予企业法人经营管理的财产或者企业法人自有财产的数额体现。注册资金是企业实有资产的总和，是企业全部财产的货币表现，是企业从事生产经营活动的物质基础。为了建立企业，必须通过各种筹资方式筹集企业的注册资本。

（二）筹资是扩大经营规模的后盾

在市场经济中，适者生存、优胜劣汰是企业成长的基本规律。企业只有不断地发展壮大，才能更好地生存下去。

1. 企业在生产经营过程中会获得利润，那么企业就可以将其在生产经营中所获得的利润进行再投资来扩大生产经营规模，同时也可以发行股票、债券或向银行贷款筹集资金来扩大生产经营规模，不管用何种方式来扩大企业的生产规模，都必须投入大量的资金。

2. 企业要扩大销售额，就必须占领市场；要降低风险，就可以搞多元化经营；要树立企业形象，就要打造世界品牌，同时向国际市场挺进。这些举动都需要巨额资金做支撑。一旦某个企业资金不足，将导致整个企业走向灭亡，这就是现代商业经营竞争的残酷，就中小企业而言，想要在市场中生存、发展、壮大，就必须做好筹资。

3. 中小企业的技术创新能有效地提高企业的市场竞争力，增强企业发展的源动力，推动企业健康、稳定、快速发展，而充足的资金是中小企业技术创新的根本保障，是其创新的重要瓶颈，技术创新包括产品、工艺、高新技术的创新，每一项创新都必须有大量的资金支持。

（三）筹资是调整资本结构的保障

企业在初创期、成长期和成熟期不断发展的过程中，应当根据各个时期的情况正确安排权益资金和负债资金的结构，注重在财务杠杆利益和财务风险之间作出权衡。当企业处于快速成长期，企业销售状况良好并稳步上升、总资产报酬率超过借款利率时，可以借入资金，每股的收益就提高。但是，由于随着负债额的增加，财务风险也随之增大，一旦生产经营恶化，不能及时还本付息，就会出现财务困难的现象，影响企业形象，甚至让企业倒闭。负债与权益比例增大，负债筹资难度加大，结果会使企业的加权资本成本率提高。由此可见，必要时选择不同的筹资方式筹集资金，使企业达到一个最佳的资本结构，就能把企业加权平均资本成本降到最低。

（四）筹资是偿还到期债务的支撑

企业在生产经营过程中往往会面临资金周转不过来的情况，当面临资金链紧

张、资金不够用的时候，企业可以通过一定的渠道和方式筹集资金，缓解企业资金链紧张的情况，增加资金的供给，为企业偿还到期债务提供强有力的支撑，从而化解到期债务和流动性的不足，避免债务危机，以保证生产经营正常进行。

三、筹资的原则

企业不会无缘无故地筹资，更不会乱筹资，企业在筹资活动中会遵循一定的原则，主要包括以下几个方面：

（一）合法性原则

企业的筹资行为和筹资活动必须遵循国家的相关法律法规，依法履行法律法规和投资合同约定的责任，合法合规筹资，依法披露信息，维护各方的合法权益。

（二）合理性原则

资金的来源渠道和资金市场为企业提供了资金的源泉和筹资场所，它反映资金的分布状况和供求关系，决定着筹资的难易程度。不同来源的资金，对企业的收益和成本有不同的影响，因此，企业应认真研究资金来源渠道和资金市场，合理选择资金来源。

（三）适当性原则

企业在不同发展阶段的资金需求量是不断变化的，企业财务人员和管理人员要全面调研供、产、销等经营状况，采用科学的预测方法，确定资金的需求量，合理适当地筹集相应的资金。

（四）及时性原则

企业财务管理人员在筹集资金方面要具有前瞻性，熟练运用各种测算方法测算比较，在生产经营的基础上确定资金的需求，提前安排资金的筹集时间，让所需资金及时到达。

（五）经济性原则

在确定资金需要量、何时筹资、资金来源的基础上，企业在筹资时还应当认真考虑各种筹资方式。企业筹集资金必然要为占用资金付出一定的代价，在不同筹资方式、条件下的资金成本各不相同。所以，就应当对各种筹资方式进行测算分析比较，选择经济、可行的筹资方式，以确定合理的资金结构，合理控制资金成本，降低财务风险。

四、筹资方式

筹资是一项复杂的、困难的工作，在不同的环境中，企业面临的条件不同，所采取的筹资方式也不一样。筹资方式主要包括以下几个方面：

（一）吸收直接投资

吸收直接投资，是指企业按照“共同投资、共同经营、共担风险、共享利润”的原则来吸收国家、法人、个人、外商投入资金的一种筹资方式。吸收投资的种类包括吸收国家投资、吸收法人投资、吸收外商投资和吸收社会公众投资。国家投资是指有权代表国家投资的政府部门或机构，以国有资产投入公司，这种情况下形成的资本叫作国有资本。法人投资是指法人单位以其依法可支配的资产投入公司，这种情况下形成的资本称为法人资本。企业可以通过合资经营或合作经营的方式吸收外商直接投资，即与其他国家的投资者共同投资，创办中外合资经营企业或者中外合作经营企业，共同经营、共担风险、共负盈亏、共享利益。社会公众投资是指社会个人或本公司职工以个人合法拥有的资产投入公司，这种情况下形成的资本称为个人资本。吸收直接投资这种筹资方式的优点是可以尽快形成生产力，有利于产权交易，缺点是资金成本高。

（二）发行股票筹资

发行股票筹资，是指企业以发行股票的方式进行筹资，是企业营运活动中重要的筹资手段之一。股票是持有人以股份的形式对企业拥有相应权利的一种股权凭证，一方面，代表着股东对企业所有者权益的要求权；另一方面，代表着普通股股东凭借其所拥有的股份对企业生产经营管理和重大经营决策作出相应份额的参与权。

（三）留存收益筹资

留存收益筹资，是指企业将获取的部分净利润转化为投资的过程，将企业生产经营所实现的部分净利润留在企业，而不作为股利分配给股东，从本质上来讲是原股东对企业再投资。

（四）发行债券筹资

发行债券筹资，是指企业通过发行债券来筹集资金的方式。债券筹资是企业筹资重要的方式之一，其面向社会筹资，筹资范围很广。如按国家有关规定发行的债券，债券可以在证券市场上自由转让、流通。

（五）银行借款筹资

银行借款筹资，是指企业通过向银行或其他非银行金融机构借入需要还本付息的款项的筹资方式，银行借款包括偿还期限超过 1 年的长期借款和不足 1 年的短期借款，主要用于企业购建固定资产和满足流动资金周转的需要。

（六）商业信用筹资

商业信用筹资，是指利用商业信用进行融资行为，商业信用的具体形式应包括应付账款、应付票据、预收账款等。

（七）融资租赁筹资

融资租赁筹资，是指实质上转移与资产所有权有关的全部或绝大部分风险和报酬的租赁的筹资方式。资产的所有权最终可以转移，也可以不转移。出租人根据承租人对租赁物件的特定要求和对供货人的选择，出资向供货人购买租赁物件，并租给承租人使用，承租人则分期向出租人支付租金，在租赁期内，租赁物件的所有权属于出租人所有，承租人拥有租赁物件的使用权。

第四节　资本成本与资本结构

一、资本成本及计算

（一）资本成本的概念

资本成本，是指企业筹集和使用资本而付出的代价，一般包括筹资费用和用资费用两个方面。其中，筹资费用，是指企业在筹集资本的过程中为取得资金而发生的各项费用，如银行借款的手续费，发行股票和发行债券等证券的印刷费、评估费、公证费、宣传费及承销费等。用资费用，是指在使用所筹资本的过程中向出资者支付的有关费用，如银行借款和债券的利息、股票的股利等。

（二）资本成本的意义

1. 资本成本的高低对企业筹资决策具有重要的参考意义

企业筹集资本可以通过银行信贷、民间筹集、企业投资等各种渠道获取，可以通过吸收直接投资、发行债券、银行借款等筹资方式实现筹资。在选择这些筹资渠道和筹资方式时，无论采用哪种方式，主要考虑的因素还是资本成本的影响。通过不同渠道和方式所筹措的资本，将会形成不同的资本结构，由此产生不同的财务风险和资本成本。所以，资本成本也就成了确定最佳资本结构的主要因素之一。随着筹资数量的增加，资本成本将随之变化。当筹资数量增加到增资的成本大于增资的收入时，企业便不能再追加资本。因此，资本成本是衡量企业筹资数额的一个重要依据。

2. 资本成本是考虑选择投资项目的重要标准

资本成本实际上是企业投资项目应当取得的最低收益水平。只有当企业投资项目的收益高于资本成本，企业有剩余利润时，才值得为该项目投资筹措资本；

当企业投资项目的收益低于资本成本时，就应该放弃该投资项目，重新考虑其他投资项目。

3. 资本成本是衡量企业经营效益的尺度

资本成本是衡量企业经营状况是否良好的重要依据，在一定时期内，企业的加权资本成本率高于企业总资产报酬率，就说明该企业资本的运用效益差，经营状况不良；反之，说明筹集来的资金得到有效利用，企业经营状况良好。

（三）加权资本成本率计算

资本价值基础如何选择，在测算公司加权资本成本率（加权平均资本成本率）时，资本结构或各种资本在全部资本中所占的比例起着决定作用。公司各种资本的比例取决于各种资本价值的确定，各种资本价值的确定基础主要有三种选择：账面价值、市场价值和目标价值。

1. 按账面价值确定资本比例

账面价值可以通过会计资料提供，也就是直接从资产负债表中取得，其优点是容易计算；缺点是资本的账面价值可能不符合市场价值。当资本的市场价值与账面价值相差较大时，采用账面价值作基础确定资本比例就有失现实客观性，从而不利于加权资本成本率的测算和筹资管理的决策。在公司筹资实务中，不少公司更多采用账面价值确定资本比例，因其易于使用。

2. 按市场价值确定资本比例

按市场价值确定资本比例是指债券和股票等以现行资本市场价格为基础确定其资本比例，从而测算综合资本成本率。按市场价值确定资本比例比较客观，有利于对当前加权资本成本率的测算和筹资管理的决策，缺点就是不易于使用。

3. 按目标价值确定资本比例

按目标价值确定资本比例是指证券和股票等以公司预计的未来目标市场价值确定资本比例，从而测算加权资本成本率。从公司筹资管理决策的角度而言，对加权资本成本率的一个基本要求是，它应适用于公司未来的目标资本结构。采用目标价值确定资本比例，通常认为能够体现期望的目标资本结构要求。但资本的目标价值确定十分困难，因此，通常应选择市场价值确定资本比例比较合适。

二、杠杆原理

（一）经营杠杆

1. 经营杠杆的原理

经营杠杆，又称营业杠杆，是指企业在生产经营中由于存在固定成本而使利润变动率大于产销量变动率的现象。在特定产销量范围内，产销量的增加一般不会影响固定成本总额，但会使单位产品固定成本降低，从而提高单位产品利润，并使利润增长率大于产销量的增长率；反之，产销量减少，会使单位产品固定成本升高，从而降低单位产品利润，并使利润下降率大于产销量的下降率。

2. 经营杠杆的计算

为了准确地计算出经营杠杆，我们把息税前利润变动率相当于产销量变动率的倍数称为经营杠杆系数。

经营杠杆系数=息税前利润变动率 ÷ 产销量变动率

$$DOL = (\triangle EBIT \div EBIT_0) \div (\triangle Q \div Q_0)$$

其中，DOL 为经营杠杆系数；△ EBIT 为息税前利润变动额；△ Q 为产销量变动率；Q_0 为基产销量；$EBIT_0$ 为基期息税前利润。利用公式计算经营杠杆系数，必须掌握息税前利润变动率与产销量变动率，但这是事后才能得知的，不便于进行预测。为此，我们设法推导出一个只需用基期数据计算经营杠杆系数的公式。

经营杠杆常常用来衡量企业经营风险的大小，经营杠杆的大小一般用经营杠杆系数表示，它是企业计算利息和所得税之前的息税前利润变动率与产销量变动率之间的比率。它体现了息税前利润变动和产销量变动之间的变化关系：经营杠杆系数越大，经营杠杆作用和经营风险越大；经营杠杆系数越小，经营杠杆作用和经营风险越小。企业如果想降低经营杠杆和经营风险，一般可通过增加销售额、降低单位变动成本和固定成本来实现。

（二）财务杠杆

1. 财务杠杆的原理

财务杠杆又叫筹资杠杆，是指由于固定债务利息和优先股股利的存在而导致普通股每股利润变动率大于息税前利润变动率的现象。无论企业经营得好与坏，债务利息和优先股的股利都是固定不变的。当息税前利润增加时，每一元盈余所承担的固定财务费用就会相对减少，这能给普通股股东带来更多的盈余。这种债务对投资者收益的影响，称为财务杠杆，财务杠杆影响的是企业的息税后利润，而不是息税前利润。

2. 财务杠杆的计算

财务杠杆系数，也称财务杠杆率（*DFL*），是指普通股每股利润变动率相对于息税前利润变动率的倍数。其定义公式为：

财务杠杆系数=普通股每股利润变动率 ÷ 息税前利润变动率

$$DEL = (\triangle EPS \div EPS_0) \div (\triangle EBIT \div EBIT_0)$$

根据定义可知，$DFL = (\triangle AEPS \div EPS_0) \div (\triangle EBIT + EBIT_0)$，经过公式推导可得：$DFL = EBIT_0 - (EBIT_0 - I)$。

三、目标资本结构

（一）资本结构的概念

资本结构，是指企业资本总额中各种资本的构成及其比例关系。在筹资管理中，资本结构有广义和狭义之分。广义的资本结构，是指企业全部资本的构成及其比例关系。企业在一定时期的资本可分为债务资本和股权资本，也可分为短期资本和长期资本；狭义的资本结构，是指企业各种长期资本的构成及其比例关系，尤其是指长期债务资本与股权资本之间的构成及其比例关系。在狭义资本结构下，短期债务作为营运资金来管理。不同资本结构会给企业带来不同后果。企业利用债务资本进行举债经营具有双重作用，既可以发挥财务杠杆的作用，也可能带来财务风险，因此企业必须把握财务风险和资本成本的关系。

确定最佳资本结构的最终目的是提升企业价值，能否提高股权收益或降低资本成本是评价企业资本结构最佳状态的标准。股权收益具体体现为净资产报酬率或普通股每股收益；资本成本具体体现为企业的平均资本成本率。根据资本结构理论得知，当公司平均资本成本最低时，公司价值最大。合理的资本结构可以降低资本成本，发挥财务杠杆的调节作用，那么在一定条件下使企业平均资本成本率最低的、企业价值最大的资本结构就是最佳资本结构。要想降低平均资本成本率或提高普通股每股收益，可以对资本结构进行优化。资本结构是一个产权结构问题，是社会资本在企业经济组织形式中的资源配置结果。资本结构的变化，将直接影响社会资本所有者的利益。

（二）资本结构的影响因素

1．企业经营状况的稳定性

企业经营状况的稳定性对资本结构有重要影响，如果销售量稳定，企业负担固定财务费用的能力就增强；如果销售量不稳定，则企业负担固定财务费用的能力具有更大的不确定性，将承担更大的财务风险。

2．企业的财务状况

企业财务状况良好，信用评价等级高，债权人承担的风险小，从而更愿意向企业提供债务资金，企业容易以较低的成本获得更多的债务资本。如果企业财务情况欠佳，信用评价等级不高，债权人承担的风险大，债权人不愿意向企业提供债务资金，企业要想获得债务资金，就要付出更大的代价，从而加大债务资本筹资的资本成本。

3．投资者和管理者的态度

从企业所有者的角度看，如果企业为少数股东控制，并且不愿意让企业的控制权受到影响，企业一般采用优先股或债务资本筹资，从而避免普通股筹资稀释股权。从企业管理者的角度看，如果进行负债筹资，就会加大财务风险，当经营不善或出现财务危机时，管理者可能会面临更多的压力。所以保守的管理者往往选择低负债比例的资本结构。

第二章 税务稽查

第一节 会计基础的稽查

一、会计凭证的稽查

会计凭证，是指记录经济业务的发生情况，明确经济责任的书面证明，它是登记账簿的重要依据。任何一项经济业务，如购买商品或日常用品时要由供货单位开具发票，支付款项时要由收款单位开出收据，商品接收或发出时要有收货单、发货单等，都应取得或填制合法的会计凭证，并根据审核无误的会计凭证登记账簿。正确地填制和严格地审核会计凭证，保证会计凭证的合法性，既是会计核算的起点，也是会计监督的第一道“关卡”。《中华人民共和国会计法》第十四条规定：会计凭证包括原始凭证和记账凭证。对下列经济业务事项，必须填制或者取得原始凭证并及时送交会计机构：款项和有价证券的收付；财物的收发、增减和使用；债权债务的发生和结算；资本、基金的增减；收入、支出、费用、成本的计算；财务成果的计算和处理；需要办理会计手续，进行会计核算的其他事项。

会计机构、会计人员必须按照国家统一的会计制度的规定对原始凭证进行审核，对不真实、不合法的原始凭证有权不予接受，并向单位负责人报告；对记载不准确、不完整的原始凭证予以退回，并要求按照国家统一的会计制度的规定更正补充。

原始凭证记载的各项内容均不得涂改；原始凭证有错误的，应当由出具单位重开或者更正，更正处应当加盖出具单位的印章；原始凭证金额有错误的，应当由出具单位重开，不得在原始凭证上更正。记账凭证应当根据经过审核的原始凭证及有关资料填制。

会计凭证多种多样，按其填制程序和用途，可以分为原始凭证和记账凭证两大类。原始凭证是指用来记录和证明经济业务的发生和完成情况的原始记录，也是明确经济责任和据以记账的原始依据。原始凭证按其取得来源，可以分为自制原始凭证和外来原始凭证两大类。记账凭证是指根据审核无误的原始凭证或汇总原始凭证，按照经济业务的内容加以归类并确定会计分录而填制的、据以登记账簿的凭证。由于原始凭证的形式和格式多种多样，直接据以入账容易发生差错，因而在记账前，应根据原始凭证编制相应的记账凭证。

（一）原始凭证的稽查

原始凭证是反映经济业务内容，直接取得或填制的最初的书面证明。它是编制记账凭证的原始资料，也是纳税检查的主要内容和查对核实问题的重要依据。原始凭证按其来源又可分为外来原始凭证和自制原始凭证两种。检查的重点是：通过检查，确定原始凭证的真实性，从根本上把握纳税人的纳税行为。原始凭证的种类很多，来源也很复杂，既有纳税人在经济业务活动中从对方单位获得的，也有纳税人在财务核算中自制的。

1．对外来原始凭证的稽查

在各外来原始凭证中，纳税人在财务核算中报销、入账的发票是税务稽查的重点。对外原始凭证的稽查主要是对发票的稽查，发票稽查主要包括以下的内容。

（1）稽查发票的真实性

稽查纳税人使用入账发票的真实性，要抓住三个重点：

第一，甄别发票，剔除伪造发票。按照我国有关的税收征管法规，纳税人领受使用的发票统一由税务机关或财政机关监制、保管、发放。纳税人使用的发票都是通过正常的行政管理程序获得的，因而纳税人必须对自己领用、入账的各类发票负法律责任。稽查发票的真实性，就是要落实纳税人使用或接受的发票的来源渠道是否正常，制止和打击纳税人逃避税法的管辖、使用伪造发票或接受伪造发票的偷逃税款行为。甄别发票，可以采用仪器鉴别法，也可以采用查询鉴别法。采用仪器鉴别法，可以通过专用的仪器，鉴别发票系统的防伪标志，确定发票的真实性。采用查询鉴别法，可以根据发票的编号向监制机关查询，确定发票的真实性。甄别发票，确定发票的真实性，是稽查发票的基础工作。

第二，确定发票内容的真实性，剔除虚报发票。按照我国有关税收法律的规定和会计核算原则，纳税人只能入账或报销与本单位生产经营有关的各类发票，不能将与本单位生产经营无关的发票虚报入账，尽管这些发票可能经过甄别并不是伪造发票。确定发票内容的真实性，可以通过发票的抬头、填开单位、经办人签字、报销人签字、货物或消费内容等综合判断。如果发现纳税人报销的发票不属于纳税人经营范围的，要及时剔除。

第三，核实发票填开单位的真实性。我国的有关法律规定，任何单位和个人不得转借转让、代开发票，纳税人自行决定转借转让发票或代开发票都是违法的。稽查时可以通过验证发票领购手册、税务机关相互查询等方法核实此类问题。

（2）稽查发票的合法性

稽查发票的合法性，是在确定了发票的真实性基础上进行的。按照有关法律的规定，纳税人入账的发票不仅要真实而且要合法有效。发票的合法性主要是指纳税人入账的发票必须填列合法有效和使用区域合理有效。

第一，稽查发票填列合法有效。真实的发票必须填列项目齐全、准确，才能视为合法有效，包括发票的名称、编号、联次及用途、客户名称、开户银行及账号、商品名称及经营项目、计量单位、数量、单价、金额（大小写）、开票人、开票时间、开票单位名称（公章）等项目都必须如实填列。只有取得合法有效的发票，才能作为税前列支的依据。

第二，稽查发票使用区域有效性。按照我国发票管理办法的基本规定，纳税人领购的发票只限于纳税人在本省、自治区、直辖市范围内开具，需跨省、自治区、直辖市开具发票的，由国家税务总局确定。这条规定严格限制了发票的有效使用区域，如果纳税人使用或接受的发票违反区域有效性的原则，就属于违法行为，税务稽查中要予以纠正。

第三，稽查发票使用时间有效性。按照我国发票管理办法的规定，发票有严格的时效性，即纳税使用或接受的发票不能为过期废票。因此，税务检查时应注意检查纳税人入账发票的版号及期限，及时纠正纳税人使用过期发票入账的行为。

2．对自制原始凭证的稽查

自制原始凭证包括各种报销和支付款项的凭证，其中对外自制原始凭证有现金收据、实物收据等；对内自制原始凭证有收料单、领料单、支出证明单、差旅费报销单、成本计算单等。审查时要注意以下几点：

（1）稽查自制原始凭证的种类、格式、使用是否符合有关主管机关和财务制度的规定，审批手续是否齐全，有无利用白条代替凭证的现象。例如，对收款凭证要注意其印刷、保管、审批手续是否严密，号码是否连接，如发现缺本、缺页、审批手续不全的，应进一步查明原因。

（2）稽查自制原始凭证的内容是否真实，处理是否符合规定，有无瞒报产量、扩人开支、虚报损耗、隐匿财产等现象。

（3）稽查原始凭证手续是否完备，应备附件是否齐全，如差旅费报销单应与所附车船票、住宿单据核对，内容、金额、张数是否相符。

（4）稽查自制支出凭证的报销金额是否遵守制度规定的开支标准和开支范围。例如，差旅费报销中的伙食补贴是否符合出差地区的补助标准，乘坐车、船是否符合出差人员的级别等。

（二）记账凭证的稽查

记账凭证，又称记账凭单，是指根据原始凭证或原始凭证汇总表编制的，用以确定会计分录，登记账簿的一种会计凭证。会计机构、会计人员要根据审核无误的原始凭证填制记账凭证。记账凭证可以分为收款凭证、付款凭证和转账凭证，也可以使用通用记账凭证。

第一，收款凭证是指用于现金、银行存款收入业务的凭证。它具体又可分为现金收入凭证、银行存款收入凭证等。第二，付款凭证，是指用于反映现金、银行存款付款业务的凭证。它具体又可分为现金付出凭证、银行存款付出凭证等。第三，转账凭证，是指用于反映不涉及现金或银行存款收付的其他经济业务的凭证，例如领用材料、库存商品完工入库等。以上三种记账凭证，主要是专门用来记录某一类经济业务的，所以又称为专用记账凭证。第四，有一些企业不分收款、付款和转账业务，都使用一种记账凭证，这种凭证称为通用记账凭证。

填制记账凭证的基本要求如下：第一，记账凭证的内容必须具备填制凭证的日期、凭证编号、经济业务摘要、会计科目、金额、所附原始凭证张数、填制凭证人员、稽核人员、记账人员、会计机构负责人、会计主管人员的签名或者盖章。收款和付款记账凭证还应当由出纳人员签名或者盖章。以自制的原始凭证或者原始凭证汇总表代替记账凭证的，也必须具备记账凭证应有的项目。第二，填制记账凭证时，应当对记账凭证进行连续编号。一笔经济业务要填制两张以上记账凭证的，可以采用分数编号法编号。第三，记账凭证可以根据每一张原始凭证填制，或者根据若干张同类原始凭证汇总填制，也可以根据原始凭证汇总表填制，但不得将不同内容和类别的原始凭证汇总填制在一张记账凭证上。

二、会计账簿的稽查

会计账簿，简称账簿，又叫账册，是指以会计凭证为依据，全面系统和连续地记录、反映企业经济活动的、具有一定格式的簿籍。它是由许多具有专门格式的账页组成的，设置和登记账簿是会计核算的一种专门方法。通过账簿的登记，对各项经济业务进行序时、分类地记录，既可提供总括的核算资料，又可提供明细的核算资料，全面系统地反映资金的增减变化。同时，还可为编制会计报表提供主要依据。

各单位应当按照国家统一会计制度的规定和会计业务的需要设置会计账簿。实行会计电算化的单位，用计算机打印的会计账簿必须连续编号，经审核无误后装订成册，并由记账人员和会计机构负责人、会计主管人员签字或者盖章。实行会计电算化的单位，总账和明细账应当定期打印。发生收款和付款业务的，在输入收款凭证和付款凭证的当天必须打印出现金日记账和银行存款日记账，并与库存现金核对无误。

会计人员应当根据审核无误的会计凭证登记会计账簿。登记账簿的基本要求是：第一，登记会计账簿时，应当将会计凭证日期、编号、摘要、金额和其他有关资料逐项计入账内，做到数字准确、摘要清楚、登记及时、字迹工整。第二，登记完毕后，要在记账凭证上签名或者盖章，并注明已经登账的符号，表示已经记账。第三，账簿中书写的文字和数字上面要留有适当空格，不要写满格，一般应占格距的 1/2。

（一）序时账簿的稽查分析

1. 稽查账簿的真实性

序时账簿一般是订本式账簿，应检查账簿有无缺页、造假，更改数字的现象，是否按照经济业务发生时间的先后顺序进行登记。对于记账日期与会计凭证不符或顺序颠倒的账目，应当查明凭证是否合法。

2. 稽查借贷发生额的对应账户

工商企业是生产经营单位，它的货币收入一般与商品产品的经营有关，通过其借方发生额的对应账户，重点查核产品、商品销售收入；它的货币支出，一般与物资采购、工资发放和费用开支发生联系，通过其贷方发生额的对方账户，审查料、工、费的发生额。当然，在检查时应结合账面记录，排除疑点，检查重点账户。

3. 稽查账面出现的异常情况

这种异常情况，一般有大量现金结算和提现（指不属于工资发放）的账目；在短期内同时出现对方单位和金额相同的一收一付；有涂改迹象以及用红字冲回或更正的账目；经济业务与会计处理不符的账目；期末“银行存款”余额与同期银行对账单数额不符的月份，都应查明原因，据实处理。

4. 稽查银行存款收支业务

稽查银行存款收支业务应以银行存款日记账为核心，以有关会计凭证为依据。重点稽查银行存款收支业务所附原始凭证是否真实、合法，是否与本企业生产经营活动有关，有无转移资金、倒买倒卖和场外交易等违法行为；用支票购买财产物资的，除对有关票据的技术性检查外，还应稽查相关计量测试、验收入库等相关手续，以及采购物资的性质和集控物资的审批手续；有无公款私存、私设“小金库”等违反财经纪律的行为，以及有无利用应收应付往来结算账户隐匿收入等行为。

（二）总分类账的稽查分析

总分类账是按照会计制度一级科目设置的，简称总账。

1. 账账关系的查核

账账关系的查核包含两个意思：一是将总账账户的期末借方余额合计数同贷方余额合计数核对，看其是否相符；二是将有关总账账户余额同其所控制的二级账户或明细账户的余额合计数核对，看其是否相等。通过这两种余额核对法，用来检测总账和明细账的记账内容、记账方向和记账数据的正确性。

2. 账表关系的查核

账表关系，主要是对总账与资产负债表、损益表的核对，其中与资产负债表的关系尤为密切。检查的方法有：将有关总账账户余额同据其直接填列的资产负债表有关项目的余额核对，采用这种核对方法的有短期投资等；将有关总账账户余额合计数与资产负债表有关项目金额核对。

3. 纵向关系的查核

纵向关系的查核主要通过总账各科目的本期与上期发生额、期初与期末余额的纵向比较，从其升降变化的异常情况中发现疑点，查找线索，掌握检查重点；将总账科目期初、期末余额与前期、本期会计报表进行核对，查对数据，以验证报表的正确性；将总账的“存货”和“结算资金”的本期期初余额与上期期末同科目数额核对，以防止在结账之际，转移或隐匿资金的行为发生。

4. 横向关系的查核

重点是分析与纳税有关的账户，如通过产品出库记录，分析考证产品销售收入和销售成本的变化情况等。

三、会计报表稽查

（一）资产负债表的稽查

资产负债表是反映企业在会计期末全部资产、负债和所有者权益情况的报表，它是一张揭示企业在一定时点上的财务状况的静态报表。通过资产负债表，报表使用者能够扼要地了解企业在报表目的财务状况，长期、短期和即期偿债能力，资产、负债和权益结构等重要信息。

资产负债表采用账户式结构，分左、右两部分。左边列示资产，右边列示负债和所有者权益。从整体上体现了“资产—负债—所有者权益”的会计等式。资产和负债项下各项目均按其流动性顺序依次排列。所有者权益项下各栏目则按实收资本、资本公积和盈余公积的顺序排列。资产负债表一般采用对比式（对照式）填列，即各项目均应对比填列“年初数”和“期末数”。这样做，有利于进行纵向的对比分析，也有利于考察各项目在本期增减变动的情况，便于年末编制现金流量表时获得必要的数据。稽查资产负债表主要是为了证实企业财务状况的真实性、正确性和合法性，从而为进一步审查企业有无偷税、错纳税款或违反财经纪律的情况提供线索。

（二）利润表的稽查

利润表反映企业在一定期间内利润（亏损）的实际情况。通过对利润表的稽查，可以全面了解企业生产经营情况，确定企业的盈亏，分析企业经济效益的好坏；通过对利润表所反映的营业利润、投资收益和营业外收支等企业损益项目的分析，可以测定企业损益的发展趋势，预测企业未来收益能力；通过对利润表中各项指标的分析，可以了解企业实际利润的构成、影响利润增减变动的原因等。目前的利润表分为主营业务收入、主营业务利润、营业利润、利润总额和净利润五部分。稽查时，应按照利润表的构成因素、计算过程和表列项目，重点稽查收入、成本

费用和投资收益、营业外收支等项目。

1. 主营业务收入的稽查

“主营业务收入”项目，反映企业经营主要业务所取得的收入总额。本项目应根据“主营业务收入”科目的发生额分析填列。影响主营业务收入额变化的因素是销售数量和销售价格，审查时，应分别对销售数量和销售单价进行审查。对销售数量的审查，应结合当时的产销情况，看企业有无将销售产（商）品收入不通过“主营业务收入”账户核算，漏报销售数量的情况。对销售价格的审查，可根据“主营业务利润计算表”中的销售价格进行审查，查明有无隐匿销售收入的问题。

2. 主营业务成本的稽查

“主营业务成本”项目，反映企业经营主要业务发生的实际成本。本项目应根据“主营业务成本”科目的发生额分析填列。审查销售成本的主要方法是审查期末库存产品成本是否正确，因为销售成本结转，必然导致库存产品数量和成本不实，稽查时，可将核实后的期末结存数量按产品平均单位成本计算出期末应保留的库存产品成本，并与账面数相核对，如大于账面数，则说明可能存在多转销售成本的问题，则需要进一步稽查。

3. 主营业务税金及附加的稽查

“主营业务税金及附加”项目，反映企业经营主要业务应负担的营业税、消费税、城市维护建设税、资源税、土地增值税和教育费附加等。本项目应根据“主营业务税金及附加”科目的发生额分析填列。稽查时，可将“主营业务利润计算表”中的“平均单位税金”数额与上年数额进行比较，如果有差异且税率和产品结构没有变动，则说明税金计算有错误，应进一步查明原因。此外，如发现期末数额较大，还应注意有无前期欠税或多提的税金，销售税金中是否包括了增值税等其他税金。

4. 主营业务利润的稽查

主营业务利润是利润总额的主要组成部分，应审查企业是否完成了利润计划，比上期有无增减变化，在利润表中的计算是否正确。稽查时，可将本期的销售利润率与上期、上年同期的销售利润率进行比较，如变化较大，而企业生产经营规模并无多大变化，就有可能存在收入、成本计算不准确的问题，应做进一步稽查。

（三）现金流量表的稽查

现金流量表是以现金为基础编制的财务状况变动表。它以现金的流入和流出反映企业在一定期间内的经营活动、投资活动和筹资活动的动态情况，反映企业现金流入和流出的全貌。通过现金流量表，可以了解企业一定期间内现金流入和流出的原因，即现金从哪里来，又流到哪里去。通过现金流量表的分析，可以了解企业的偿债能力。企业获利的多少在一定程度上表明了企业具有一定的现金支付能力，但是，企业在一定期间内获得的利润并不代表企业真正具有的偿债或支付能力。在某些情况下，虽然企业损益表上反映的经营业绩很可观，但可能存在财务困难，不能偿还到期债务；还有些企业虽然损益表上反映的经营成果并不可观，但却有足够的偿付能力。产生这种情况的有诸多原因，其中会计核算采用的权责发生制、配比原则等所含的估计因素也是其主要原因之一。现金流量表完全以现金的收支为基础，消除了由于会计核算采用的估计等所产生的获利能力和支付能力，综合地反映出一定会计期间现金流入与流出。对于现金支付能力困难的企业，往往会在纳税方面存在问题，如产生欠税行为。

第二节　增值税的稽查

一、纳税义务人的稽查

（一）税法基础

增值税纳税人，是指法律规定负有缴纳增值税义务的单位和个人。根据《增值税暂行条例》的规定，在中国境内销售货物或者提供加工、修理修配劳务以及进口货物的单位和个人为增值税的纳税义务人。因此，必须首先正确掌握“境内销售货物”“境内提供加工、修理修配劳务”和“进口货物”这几个概念，即明确增值税的征税范围，才能正确掌握增值税纳税义务人的概念。

1. 征税范围

我国增值税的征税范围包括：

（1）境内销售或者进目的货物

征收增值税的“货物”，是指有形动产，包括电力、热力、气体在内。有形动产是相对无形资产和不动产而言的，是指具备实物形态，能够带来经济利益的可移动的资产。电力、热力、气体等产品，本来不属于有形动产，但因为其在生产和销售等方面，与无形资产有着本质的区别，而与有形动产有许多相似之处，因此税法也将其列入“货物”的范围，对其征收增值税。除了有形动产以外的其他货物，如建筑物等不动产，以及土地使用权、专利权、著作权、专有技术、商标权、商誉等无形资产，都不属于增值税的征收范围。

税法所称“销售货物”是指有偿转让货物的所有权。在这里，无论向对方收取货币、实物，还是取得其他经济利益，都是属于“有偿”的范畴。需要注意的是，有些行为虽然不是一般意义上的销售行为，但为了平衡税负，税法将其规定为“视同销售货物行为”，并纳入增值税的征收范围。

（2）境内提供加工、修理修配劳务

税法所称“加工”，是指受托加工货物，即委托方提供原料及主要材料，受托方按照委托方的要求制造货物应收取加工费的业务；税法所称“修理修配”，是指受托对损伤和丧失功能的货物进行修复，使其恢复原状和功能的业务。税法所称“提供加工、修理修配业务”，是指有偿提供加工、修理修配劳务，但不包括单位或个体经营者聘用的员工为本单位或雇主提供加工、修理修配劳务。这里所说的“有偿”，包括从购买方取得货币、实物或其他经济利益。所谓境内提供加工、修理修配劳务，是限定只有发生在我国境内的劳务才征收增值税。根据这一规定，凡单位和个人之间在我国境内发生的劳务，都属于增值税的征税范围；凡在我国境外发生的劳务，不论结算地或核算地是否在我国境内，都不属于增值税的征收范围。

2. 纳税义务人

税法规定，凡在中华人民共和国境内销售货物或者提供加工、修理修配劳务，以及进口货物的单位和个人，均为增值税纳税义务人。税法所称“单位”，是指国有企业、集体企业、私有企业、股份制企业、外商投资企业和外国企业、其他企业和行政单位、事业单位、军事单位、社会团体及其他单位。税法所称“个人”，是指个体经营者及其他个人。因此，凡是在我国境内销售货物或者提供加工、修理修配劳务以及进口货物的，不论其经济性质、隶属关系、经营方式、所在地区，也不分是中国企业还是外国企业，是法人还是自然人，是中国公民还是外国公民，都属于增值税纳税人，应当依法缴纳增值税。

3. 一般纳税人和小规模纳税人的认定与管理

由于我国对增值税的征收实行凭增值税专用发票抵扣税款的制度，对于增值税纳税人会计核算是否健全，是否能够准确核算销项税额、进项税额和应纳税额有较高的要求。但是，对于众多的纳税人来说，其会计核算水平却高低不同；另外，对某些经营规模很小的纳税人，其销售货物或提供应税劳务的对象多是最终消费者，也无须开具增值税专用发票。因此，为了严格增值税的征收管理和对某些经营规模小的纳税人简化计税办法，《增值税暂行条例》参照国际惯例，将纳税人按其经营规模及会计核算健全与否划分为一般纳税人与小规模纳税人，分别实行不同的征收管理办法。

（二）纳税人身份的稽查

对增值税纳税义务人的稽查是增值税稽查工作的第一步，只有正确确定了增值税的纳税义务人身份，并且分清其属于一般纳税人还是小规模纳税人，才能为以后的税务稽查工作提供基础，因而必须予以重视。

二、销项税额的稽查

（一）税法基础

纳税人销售货物或提供应税劳务，属于增值税一般纳税人的，其应纳税额为当期销项税额抵扣当期进项税额后的余额，其中销项税额的计算公式为：

销项税额＝销售额 × 税率。

属于增值税小规模纳税人的，按照销售额和征收率计算应纳税额，其计算公式为：应纳税额＝销售额 × 征收率。

因此，无论是增值税一般纳税人还是小规模纳税人，在计算应纳税额时都必须先确定应税销售额与适用税率（征收率）。

1．应税销售额的确定

《增值税暂行条例》中规定，销售额是纳税人销售货物或者应税劳务向购买方收取的全部价款和价外费用，但是不包括收取的销项税额。所以说，增值税应税销售额的计算具有以下特点：第一，销售额中不包括向购买方收取的增值税额。对于小规模纳税人来说，其销售额也不包括其应纳税额。第二，销售额是指企业向货物或劳务的购买方收取的全部价款，包括货币、实物及其他经济利益。第三，销售额包括企业向购买方收取的价外费用。价外费用是指价外向购买方收取的手续费、补贴、基金、集资费、返还利润、奖励费、违约金（延期付款利息）、包装费、包装物租金、储备费、优质费、运输装卸费、代收款项、代垫款项及其他各种性质的价外收费。对纳税人代中央、地方财政收取的各种价外收入和在价外与应征增值税的销售收入一并收取的城镇公用事业附加等，都应按税法规定纳入增值税计税销售额中。

2．适用税率

目前我国增值税的税率分为三个档次：

（1）基本税率。纳税人销售或进口货物，提供加工、修理修配劳务的，除适用以下第 2、第 3 项规定外，税率为 17%，这就是通常所说的基本税率。

（2）低税率。纳税人销售或者进口粮食、食用植物油等，按低税率 13% 计征增值税。

（3）零税率。纳税人出口货物，税率为零。这些报关出口的货物，主要包括两类：一是报关出境货物；二是输往海关管理的保税工厂、保税仓库和保税区的货物。

对纳税人出口的原油，以及援外出口货物、国家禁止出口的货物，如天然牛黄、麝香、铜及铜基合金、白金、糖等，不能适用零税率，应比照内销货物的规定征收增值税。

3．征收率

考虑到小规模纳税人经营规模小，且会计核算不健全，难以按上述税率计税

和使用增值税专用发票抵扣进项税额，因此实行按销售额与征收率计算应纳税额的办法。

（1）小规模纳税人适用征收率的规定是：商业企业属于小规模纳税人的，其适用的征收率为4%；商业企业以外的其他企业属于小规模纳税人的，其适用的征收率为6%。

（2）对一些特定货物销售行为，无论其从事者是一般纳税人还是小规模纳税人，一律按简易办法，即小规模纳税人应纳税额计算办法计算应纳税额。自1998年8月1日起，下列特定货物销售行为的征收率由6%调低至4%。

（二）销项税额的账务处理基础

1. 一般纳税人的账务处理

由于增值税属于价外税，与纳税人的经营成本和经营利润无关，所以，核算增值税时，在“应交税金”科目下设置的“应交增值税”“未交增值税”明细科目中反映。一般纳税人还应在“应交增值税”明细账中设置“进项税额”“已交税金”“销项税额”“出口退税”“进项税额转出”等三级明细科目，其三级明细科目通过设专栏反映，借方设“进项税额”“已交税金”“出口抵减内销产品应纳税额”“减免税款”“转出未交增值税”专栏，贷方设“销项税额”“出口退税”“进项税额转出”“转出多交增值税”专栏。“应交税金”属于负债类账户。其中，“应交增值税——销项税额”专栏记录企业销售货物或者提供应税劳务应收取的增值税额。企业销售货物或提供应税劳务所发生的销项税额用蓝字登记，退回销售货物应冲销的销项税额，用红字登记。

2. 小规模纳税人的账务处理

小规模纳税人的应纳税额的计算，实行简易办法，即应纳税额和销售额计算征收率，所以决定了其在账务处理上的两个特点：

（1）小规模纳税人购进货物，无论是否具有增值税专用发票，其已支付的增值税额均不计入进项税额，而应计入购货成本。

（2）小规模纳税人仍然使用“应交税金——应交增值税”这个二级科目，但因为其不实行购进扣税办法，因而不需要进行三级科目核算，即不需要在“应交税金——应交增值税”账户中设置专栏。

小规模纳税人在销售货物或应税劳务后，应按销售额和收取的增值税额，借记“应收账款”“应收票据”“银行存款”等科目；按其发生的不含税销售额，贷记“产品销售收入”“商品销售收入”等科目；按销售额与征收率计算所得的增值税额贷记“应交税金——应交增值税”。账务处理如下。

借：应收账款（银行存款等）

贷：产品销售收入

应交税金——应交增值税

（三）销项税额的稽查

1. 稽查要点

对增值税销项税额的稽查，应在确认销售业务行为的前提条件下，以应税销售额为中心，正确运用税率，通过分析会计报表，核对收入、成本、费用、存货类会计账户，审核原始资料，运用测试法、观察法、核对法、复算法、盘点法等方法开展检查。其检查的要点有：第一，检查销售行为的真实性，有无隐瞒应税行为、挂账、滞后实现销售的情况；第二，检查应税项目的完整性，有无将应税项目不计税，侵吞国家税款的情况；第三，审查销售额的正确性，有无将应税收入分离为价外费用挂在对方往来账上或冲减经营费用，人为降低销售额，少计税金的情况；第四，审查销项税额计算的准确性，有无错用税率，少计或多计销项税额；第五，检查会计核算的正确性，有无违反会计核算规则、转移应缴税金的情况。

2. 对企业以一般方式销售货物的稽查

（1）货物销售环节常见的问题

在一般的货物销售中，有虚开、代开增值税专用发票；开“大头小尾发票”，少报销售额；开红字常见的偷逃税款的方式主要有利用虚开发票进行偷税的行为。常见的方式又用普通发票，冲减销售收入；发票已开，货物已经发出，但不做销售处理或延期滞后作销售处理，以少缴或不缴税款。事实上，税法已经对销售实现时间做了明确的规定。

（2）稽查方法

在对上述问题进行稽查时，要注意利用账户对应关系的原理，结合对发票的检查，追查有关经济业务的记录是否符合账户的对应关系；必要时应追查有关原始凭证、合同、协议以及存货的情况，弄清企业是否据实记录销售收入，是否存在偷逃税款的行为。

第三节　消费税的稽查

一、适用税目、税率的稽查

（一）税法基础

消费税的税目采用正列举法，共设置了 11 个税目、14 个子目。其中，按产品直接设置税目的有化妆品等 8 个税目；有 3 个税目下设子目，分别是烟、酒及酒精、小汽车。消费税税率根据税目设置，其中黄酒、啤酒、汽油、柴油四种应税消费品适用定额税率，其他应税消费品适用 3% ~ 45% 的比例税率。现行消费税税法中，

对税率有如下三个方面的规定：第一，凡生产、进口、委托加工应税消费品的单位和个人，均应根据产品所对应的税目，按照消费税税目税率表所规定的税率（税额），计算缴纳消费税。第二，纳税人兼营不同税率的应税消费品，如果分别核算不同税率应税消费品的销售额、销售数量，按不同税率分别征税；未分别核算销售额、销售数量的，从高适用税率。纳税人兼营不同税率的应税消费品，是指纳税人生产销售两种以上不同税率的应税消费品。所谓“从高适用税率”，就是对兼营税率高低不同的应税消费品，当不能分别核算销售额、销售数量时，就以应税消费品中适用的最高税率或最高税额与混合在一起的销售额或销售数量相乘，得出应纳消费税额。第三，纳税人将不同税率的应税消费品组成成套消费品销售的，从高适用税率。

（二）税目及税率的稽查

消费税税率既按税目设置不同的税率，又对某些产品因等级、功能、耗用材料的不同分别设置差别税率；既有按计税价格设置不同的比例税率，也有按数量设置不同的单位税额。在企业生产多类产品，且质量、性能、用途又接近的情况下，很容易错用税目税率，造成计算缴纳税款错误。

1. 税目、税率稽查的重点

当企业生产的产品品种较多时，税目税率确定较为复杂，很容易发生混淆现象。稽查时应注意以下几点。

（1）有无混淆等级、耗料或价格界限，将高税率的产品申报为低税率产品的情况，尤其要注意的是：①产品性能相似而税率不同的应税消费品，如化妆品与护肤护发品、汽油和柴油等，税率确定是否正确。②产品名称相似但原材料配方不同而税率不同的应税消费品，如酒和酒精，其税率确定是否正确。③同一品目因质量、价格不同而税率不同的应税消费品，如烟，其税率确定是否正确。④同一产品因容量不同而税率不同的应税消费品，如小汽车，其税率确定是否正确。

（2）有无兼营不同税率应税消费品，且没有分别核算销售收入或销售数量时，按较低税率申报纳税的情况。

（3）有无将适用税率不同的应税消费品组合成套产品销售时，从低适用税率的情况。

2. 税目、税率使用的稽查方法

（1）对纳税人有无将高税率产品申报为低税率产品情况的检查方法

适用税率的检查，一般从“主营业务收入”明细账入手，结合销售发票，对照消费税税目税率表，逐一审查税率使用的正确性。在特殊情况下，需深入车间、技术部门，了解生产工艺过程、产品结构、产品性能、用途及生产规模、产品销售价等，以确定适用税率。

（2）对兼营不同税率应税消费品的检查

纳税人兼营不同税率的应税消费品，要分别设置“主营业务收入”明细账，分别核算不同税率应税消费品的销售额；如未分别核算，则从高适用税率。对此，在税务稽查时，可以检查纳税人的“生产成本——基本生产成本”和“库存商品”等明细账，必要时也可深入生产车间和产品保管仓库进行调查了解，掌握纳税人生产、销售哪些种类、牌号和规格的产品，分别适用的税率是多少；然后与纳税人的“主营业务收入”明细账相对照，看纳税人对兼营不同税率消费品的销售收入额是否分别进行了核算。对于未按要求分设“主营业务收入”明细账，未进行分别核算的，检查纳税人是否有违反税法规定，采用较低税率计算缴纳消费税的情况。

（3）对将不同税率的应税消费品组成成套消费品销售的检查

按规定纳税人将不同税率的应税消费品组成成套消费品出售的，应从高适用税率。但在实际操作中，一些纳税人将成套消费品采用较低税率或根据成套消费品的不同组成部分分别适用税率。对此的检查办法是：首先要深入生产、销售部门进行调查了解，掌握纳税人有无将不同税率的应税消费品组成成套消费品出售的情况；然后对照纳税人的“主营业务收入”明细账，并调阅有关的会计凭证，看纳税人对于将适用不同税率的应税消费品组成成套消费品出售的行为是如何进行会计核算、如何计算缴纳消费税的，有无分解纳税的现象。

二、应税销售额（量）的稽查

（一）销售应税消费品账务处理基础

交纳消费税的企业，在“应交税金”科目下设置“应交消费税”明细科目进行会计核算。该明细科目采用三栏式账户记账，借方核算实际交纳的消费税或待扣的消费税，贷方核算按规定应交纳的消费税。期末贷方余额表示尚未交纳的消费税，借方余额表示多交的消费税。

1．产品销售应纳消费税的账务处理

应税消费品的销售，是指有偿转让应税消费品的所有权，即以从受让方取得货币、货物、劳务或其他经济利益为条件转让应税消费品所有权的行为。因此，除以取得货币的方式销售外，企业以应税消费品换取生产资料、消费资料、抵偿债务、支付代购手续费等也应视为销售行为，在会计上作为销售处理。产品销售应纳消费税的账务处理可分以下几个步骤进行：

（1）确定收入，借记“银行存款”或有关科目，贷记“主营业务收入”科目。

（2）转结成本，借记“主营业务成本”科目，贷记“库存商品”。

（3）按照售价（不含增值税额的售价）计算应纳的消费税，借记“主营业务

税金及附加”科目，贷记“应交税金——应交消费税”科目。

（4）实际交纳消费税，借记“应交税金——应交消费税”科目，贷记“银行存款”科目。

2. 包装物交纳消费税的账务处理

对包装物的会计核算，应视以下三种情况分别加以处理。

（1）随同产品出售但单独计价的包装物，在取得包装物价款时，借记“银行存款”科目，贷记“其他业务收入”。计算应纳消费税时，借记“其他业务支出”科目，贷记“应交税金——应交消费税”科目。实际交纳时，借记“应交税金——应交消费税”科目，贷记“银行存款”科目。

（2）出租、出借的包装物收取的押金，待包装物逾期收不回来而将押金没收时，借记“其他应付款”科目，贷记“其他业务收入”，同时结转包装物的成本，借记“其他业务支出”科目，贷记“包装物”等科目。而按规定应交纳的消费税，借记“其他业务支出”科目，贷记“应交税金——应交消费税”科目。

（3）包装物已作价随同产品销售，但为促使购货人将包装物退回而另外加收的押金，借记“银行存款”科目，贷记“其他应付款”科目；包装物逾期末收回而没收押金，没收押金应交纳的消费税应先自“其他应付款”科目中冲抵，借记“其他应付款”科目，贷记“应交税金——应交消费税”科目，冲抵后的净额自“其他应付款”科目转入“营业外收入”科目。

（二）消费税应税销售额（量）的稽查方法

消费税的应税销售额（量）的确定，是纳税人存在问题最多的地方。纳税人往往采取各种巧妙手法，转移、隐匿、少记应税消费品的销售收入，推迟销售收入的实现时间，偷漏消费税税款。因此，应税销售额（量）是消费税纳税检查的重点和难点。

1. 消费税应税销售额（量）的稽查重点

在消费税应税销售额（量）稽查中应着重注意的问题是：

（1）销售收入是否全部申报纳税，有无漏报、少报销售收入的情况。如只报主要产品、合格产品销售收入，不报非主要产品、不合格产品的销售收入。

（2）企业有无在销售收入中虚列、多列增值税税额，故意降低消费税税基的情况。

（3）有无转移隐瞒销售收入，逃避纳税的情况，如将销售收入长期挂在往来账户中，销售产品直接冲减库存商品或搞账外经营，将销售收入转入“小金库”等。

（4）采取期货交易或赊销的情况下，有无不按规定及时结转销售的情况。如预收货款，在商品发出后仍不体现销售；采取分期收款方式销售产品，不按合同规定的付款时间体现销售。

（5）发生销货退回，销售折扣折让，有无多冲主营业务收入或者虚列退货、折扣折让，故意冲减主营业务收入的情况。

（6）销售带包装物的消费品，有无按扣除包装物成本后的收入记账的情况。逾期包装物押金是否并入销售收入额，一并计算缴纳消费税。

（7）纳税人有无将应税销售收入，扣除佣金、手续费、推销费等价外费用后申报纳税的情况。

（8）以应税消费品换取生产资料、消费资料或抵偿应付款时，是否按规定作销售收入处理，有无直接冲减“库存商品”的情况。

（9）纳税人销售的应税消费品，以外的货币结算销售价格的，是否按规定的汇率将外币折合为人民币后申报纳税。

（10）实行从量计征的啤酒、黄酒以及汽油、柴油的应税销售数量是否全部申报纳税。在进行计量单位换算时，有无不按税法规定的换算标准，随意换算，以多算少的情况。

（11）有原因工作疏忽而造成差错的情况，如数字错位、漏记等。

2．消费税应税销售额（量）稽查的方法

（1）对纳税人有无漏记、转移销售收入的检查方法和技巧

纳税人发生销售行为不记销售收入，多属有意逃避纳税。由于这类问题手法隐蔽，不易发现，因此在检查时既要深入细致，不遗漏问题，又要方法得当，提高工作效率。对此检查的一般技巧可归结为两句话：一是对比分析，找出线索，确定重点；二是根据确定的重点，顺着线索，审查账证，落实问题。确定重点，找出线索，可采取审阅、对比分析法进行。

（2）对纳税人成立独立核算的销售公司等关联企业进行避税的稽查

由于我国目前的消费税实行单一环节一次课征制，除金银首饰、钻石及钻石饰品在零售环节纳税外，其他应税消费品都在生产环节纳税，因此，生产环节消费税税基的大小就决定了消费税的多少。近几年来，一些消费税纳税人，特别是生产高税率产品的企业，如烟厂、酒厂、汽车厂等大中型企业通过划小核算单位，成立独立核算的销售公司，降低出厂价，或通过销售后再加收“品牌使用费”的方法，将“品牌使用费”不分摊入税基；利用企业集团的内部协作关系，采取总公司低价供应零配件给生产企业，将应税消费品低价销售给公司的方式避税。

（3）对价款与增值税销项税额合并定价的应税消费品的稽查

一些纳税人在计算消费税时，没有按税法规定的换算公式，采用正确的增值税税率或征收率，将含增值税的应税销售额换算为不含增值税税款的销售额。例如小规模纳税人按 17% 的增值税税率而不是 6% 的征收率换算销售额，以减少计税依据。对此，在纳税检查时，应注意将纳税人的“主营业务收入”明细账的贷方发生额与“应交税金——应交增值税”明细账的销项税额发生额相对照，验算

二者之间的比例是否符合适用的增值税税率或征收率，如果不符，就有可能出现了纳税人未按规定办法换算产品销售收入，从而减少应税销售额的现象。

第四节 营业税的稽查

一、纳税人和扣缴义务人的稽查

（一）税法基础

1．一般规定

根据《营业税暂行条例》第一条规定，在中华人民共和国境内提供本条例规定的劳务（以下简称应税劳务）、转让无形资产或者销售不动产的单位和个人，为营业税的纳税义务人，应当依照本条例缴纳营业税。

2．具体规定

根据我国《营业税暂行条例实施细则》第十条及第十二条的规定，对纳税人的认定应注意以下几种特殊情况：

（1）企业租赁或承包给他人经营的，以承租人或承包人为纳税人。承租人或承包人是指有独立的经营权，在财务上独立核算，并定期向出租者或发包者上缴租金或承包费的承租人或承包人。

（2）中央铁路运营业务的纳税人为铁道部。铁道部所属各铁路局、铁路分局、站（段）不是铁路运营业务营业税的纳税人。

（3）中央、地方合资铁路运营业务的纳税人为合资铁路公司。站、段不是中央、地方合资铁路运营业务营业税的纳税人。

（4）地方铁路运营业务的纳税人为地方铁路管理机构，包括地方铁路局、公司，或其他管理机构。

（5）基建临管线铁路运营业务的纳税人为基建临管线管理机构。基建临时运营，是指铁道部修建的，在尚未正式验收交付所属铁路局运营之前，进行试运营或临时性运营的业务，营运收入为应税收入。

（6）从事水路运输、航空运输、管道运输或其他陆路运输业务并负有营业税纳税义务的单位，为从事运输业务并计算盈亏的单位。从事运输业务并计算盈亏的单位需要具备以下几个条件：一是利用运输工具，从事运输业务，取得运输收入；二是在银行开设有结算账户；三是在财务上计算营业收入、营业支出、经营利润。

（二）纳税人和扣缴义务人的稽查要点

1．对纳税人的稽查应注意的问题

（1）区分不同税目的纳税人，根据纳税人的应税行为准确界定其纳税义务营业税的征收范围涉及第二产业，涵盖整个第三产业，在不同税目的某些项目上，可能会出现征税范围交叉，如文化体育业与娱乐业中的某些体育项目的交叉；服务业中的咨询业与金融保险业中的咨询业务交叉；服务业中的餐饮业与娱乐业中餐饮服务的交叉等。而且，由于在营业税税收负担的设计上，不同税目之间税负轻重是不同的，这就使得纳税人可能利用上述税目间的交叉，通过避免成为高税负纳税义务人，达到逃避纳税义务的目的。因此，税务稽查人员在判定不同税目的纳税人时，要熟练掌握税收法规中对上述交叉问题的具体规定，严格界定纳税人应税行为的性质，合理确定其纳税义务。

（2）区分增值税纳税人和营业税纳税人的界限

①对于发生混合销售（即一种经营行为既涉及货物销售，又涉及提供营业税劳务）的纳税人，从事货物生产、批发或零售的，为增值税的纳税人；其他单位和个人，为营业税的纳税人。其中从事货物生产、批发或零售的纳税人包括以从事货物的生产、批发或零售为主，并兼营应税劳务的纳税人在内。

②对于发生兼营业务（即一个纳税人同时经营属于营业税征税范围的项目和属于增值税征税范围的项目）的纳税人，在稽查时应特别注意审核其应税收入能否严格划分清楚。如果纳税人能将上述兼营项目分别核算，可以分别就不同项目的营业额（或销售额）按营业税或增值税的有关规定申报纳税。如果纳税人不能将上述兼营项目分别核算，则全部收入按增值税计征。

2．对扣缴义务人的稽查要点

（1）稽查扣缴义务人是否依法履行扣缴义务

具体可通过审查扣缴义务人的账簿资料，看其对扣缴情况是否有明细记载，审查其扣缴税款的计算是否正确。

（2）稽查扣缴义务人的扣缴情况是否真实

稽查时应注意扣缴义务人在计算应对纳税人代扣代缴的税款时，是否已将全部应税款项计算在内，有无以支出冲抵收入，或将某些价外收费剔除后计税的现象。对于应扣未扣、应扣少扣的税款，按税法规定应当由扣缴义务人补缴。

二、适用税目和税率的稽查

（一）交通运输业的稽查

1．交通运输业税法基础

交通运输业，是指使用运输工具或人力、畜力将货物或旅客送达目的地，使其空间位置得到转移的产业。本税目的征税范围包括：陆路运输、水路运输、航空运输。

（1）陆路运输

陆路运输指通过陆路（地上或地下）运送货物或旅客的运输业务。内容包括：铁路运输、公路运输、缆车运输、索道运输及其他陆路运输。

①铁路运输业务

中央铁路的运营业务，是指由铁道部所属各铁路局直接管辖和经营的铁路运营业务；中央、地方合资铁路业务，是指由铁道部与地方政府或其他投资单位共同投资兴建经营的铁路运营业务；地方铁路的运营业务，是指由各省、自治区、直辖市或地、县等投资兴建并经营的铁路运营业务；中央新建铁路的临时运营业务，是指由铁道部修建的铁路，在尚未正式验收交付所属铁路局运营之前，进行试运行或临时性运输的业务，不包括城市地下铁路的运营，也不包括铁道部门所属的工业、建筑、商业、教育、科研、卫生等活动。以上各运营业务的运输收入包括铁路部门取得的货物运输收入、旅客票价收入、站台票、订票、送票、行包保管费、货物暂存费、携带物品暂存费、签证费、贵宾室使用费、退补票手续费等。

②公路运输业务

公共汽车公司、电车公司、地铁公司、缆车和索道经营企业经营的客运和其他运输业务，包括公共汽车（包括小公共汽车）、电车、出租车、地铁、索道、轨道、缆车、轮渡（包括机动和非机动船）以及摩托车、三轮车等运输工具所从事的客运活动；其他企业和行政单位、事业单位、军事单位、社会团体和其他个人所拥有公共汽车、电车、缆车、索道对外承揽的客运、货运和其他运输业务。

③公共运输业务

运输企业和个体运输户经营客运、货运、邮运和其他运输业务；其他企业和行政单位、事业单位、军事单位、社会团体和其他单位以及其他个人对外承揽运输的业务。

（2）水路运输

水路运输指通过江、河、湖、川等天然、人工水道或海洋航道运送旅客或货物的一种运输业务。水路运输业务包括远洋运输业、沿海运输业、内河内湖运输业及其他水上运输业。①远洋运输业务，是指在海洋上进行的旅客或货物的国际性运输的业务。②沿海运输业务，是指沿国内海岸线，包括岛屿之间和岛屿与大陆之间的水上运输的业务。③内河内湖运输业务，是指在内陆的江、河、湖、海等天然或人工水道上运输的业务。

（3）航空运输

航空运输指通过空中航线运送货物或旅客的业务。航空运输业务包括：

①航空运输企业、其他单位及个人通过空中航线经营货运、客运、邮运专机的运输业务。

②通用航空业务，包括工业航空、农业航空、林业航空和特种航空等各种空

中作业和游览飞行等业务。

航空运输业务收入的具体内容有航空公司、飞机场、民航管理局取得的代售机票手续费，飞机起降服务费、机务费、飞机清洁费、运输服务费、商务特种车辆使用费、航路费、夜航附加费、地面保障费、任务组织费、候机楼使用费、飞机停放费、机场建设基金、飞机救护费、空中指挥费、代理国际民航手续费、代理国内业务手续费、货物保管费，航空摄影、航空测量、航空护林、航空降雨、航空探矿等业务活动的收费。

2. 交通运输业稽查要点

对于交通运输业，税务部门主要的是稽查企业运用的征税范围是否正确，有无错划范围的现象。在稽查中还要注意以下几种情况的处理：(1)搬家业务属于“装卸搬运”税目的征收范围。(2)运输企业承揽的运输业务，凡起运地在国外的客货、邮运等运输业务，不属于营业税征税范围。我国与某国签有税收互惠协定的，我国运输企业在该国起运的运输业务，该国不征流转税，我国也不征起运地在我国境内的该国运输业务的营业税。(3)公路管理和养护业务、航道的养护和疏浚业务，不属于交通运输业的营业税征税范围，而应归入建筑业税目下计征营业税。

（二）建筑业稽查

1. 建筑业税法基础

建筑业，指建筑安装工程作业，是以砌筑组合安装为手段，使产品与大地相连固定不动的生产活动。本税目的征税范围包括建筑、安装、修缮、装饰和其他工程作业。

(1)建筑，指的是新建、改建、扩建各种建筑物、构筑物的工程作业，包括与建筑物相连的种种设备或支柱、操作平台以及窖炉及金属结构工程作业在内。

(2)安装指生产设备、动力设备、起重设备、运输设备、传动设备、医疗实验设备以及其他各种设备的装配、安置工程作业，包括与设备相连的工作台、梯子、栏杆的装设工程作业和被安装设备的绝缘、防腐、保温、油漆等工程作业在内。

(3)修缮指对建设物、构筑物进行加固、修补、养护、改善，使之恢复原来的使用价值或延长其使用期限的工程作业。

(4)装饰指为建筑物、构筑物进行修饰，使之美观或具有特定用途的工程作业。

(5)其他工程作业指除建筑、修缮、安装装饰以外的各种工程作业，如代办电信工程、水利工程、道路修建、疏浚、钻井（打井），拆除建筑物或构筑物、平整土地、搭脚手架、爆破等工程作业。

2. 建筑业稽查要点

建筑业稽查时，要注意对以下几种业务的处理：

(1)工程承包公司承包的建筑安装业务，即由工程承包公司与建设单位签订

承包合同的，不论其是否参与施工，均按“建筑业”税目征营业税。

（2）对建筑物、构筑物等不动产（如铁路大修、房屋修缮）的大修、中修按“建筑业”税目征收营业税；对货物（动产）的修理、修配，属于工业性劳务，应征收增值税。

（3）自建自售的建筑物，其自建建筑物支出直接计入建筑物的开发成本，其取得的收入属于出售建筑物收入，按税法规定自建自售建筑物除征收“销售不动产”的营业税外，还应再按“建筑业”税目征收营业税。

（4）由施工单位自己建筑、自己使用的，其自建自用的建筑物不属于营业税征税范围。但如市政、公路、房管等部门所属的工程处、工程公司等施工单位承建其所在企业、单位的工程，项目竣工后由市政、公路和房管部门使用的，则应按“建筑业”的税目征收营业税。

（5）企业、单位所属内部施工队伍属于独立核算的，其内部施工队伍不论承包何种建筑工程，均应征营业税。内部施工队伍属于非独立核算的单位，承建外单位的建筑安装工程应征营业税；承建本单位的建筑业务，如同本单位按市场价结算工程价款的，应征收营业税；如果只是从本单位领取工资的，则不征营业税。

第五节　个人所得税的稽查

一、纳税义务人的稽查

（一）居民纳税义务人的稽查

居民纳税义务人是指在我国境内有住所，或者无住所而在境内居住满一年的个人。居民纳税义务人负有无限的纳税义务，需要就其在中国境内和境外取得的全部所得缴纳个人所得税。在对居民纳税义务人进行稽查时应该把握以下三点：

1. 在中国境内有住所是指纳税人因户籍、家庭、经济利益关系而在中国境内习惯性居住。一个纳税人因学习、工作、探亲、旅游等在国外居住的理由不再存在时，如果必须回到中国境内居住，则中国为该纳税人的习惯性居住地。即使该纳税义务人在一个纳税年度内，甚至连续几个纳税年度内，都未在中国境内居住过，他仍是中国的居民纳税义务人，应就其来自全球的应纳税所得，向中国缴纳个人所得税。

2. 在中国境内居住满一年，是指在一个纳税年度中（即从公历 1 月 1 日起至 12 月 31 日止），在中国境内居住满 365 日。在计算居住天数的时候，对在一个纳税年度中一次不超过 30 日或者多次累计不超过 90 目的离境视为临时离境，不扣减其在华居住天数。凡达到这一标准的，应将其判定为居民纳税义务人。

3. 根据《个人所得税法实施条例》第六条规定，在中国境内无住所，但是居住一年以上五年以下的个人，其来源于中国境外的所得，经主管税务机关批准，可以只就由中国境内公司、企业以及其他经济组织或个人支付的部分缴纳个人所得税，对由境外公司、企业等经济实体或个人支付的部分可予以免税。如果上述个人在居住期间临时离境，在临时离境工作期间的工资、薪金所得，仅就由中国境内企业或个人雇主支付的部分纳税。对居住满五年的个人（指个人在中国境内连续居住满五年，即在连续五年中，每个纳税年度内均居住满一年），其纳税义务的确定，财政部在财税字 [1995]98 号通知中规定，对其境外所得的征税，视其有关纳税年度在华居住的状况而有所不同，从第六年起以后的各年度中，凡在中国境内居住满一年度的，应当就其来源于境内、境外的所得申报纳税；凡在境内居住不满一年的，则仅就该年内来源于境内的所得申报纳税。如该纳税人在第六年起的某一纳税年度中在境内居住不足 90 日，则可以按《个人所得税法实施条例》第七条确定为非居民纳税义务人，并从再次居住满一年的年度起重新计算五年期限。

（二）非居民纳税义务人的稽查

非居民纳税义务人是指在我国境内无住所，又不居住，或者无住所且居住不满一年的个人。非居民纳税人负有限纳税义务，仅就其来源于中国境内的所得向中国缴纳个人所得税。值得一提的是，由于我国对外签订的避免双重征税协定对不同国家关于独立个人劳务停留时间的规定是不同的，因此，在对来自不同国家的外籍个人在中国境内居住时间是否满一年进行判定时，应以国家税务总局国税发 [1995]55 号通知的规定为依据，分别确定。

在对非居民纳税义务人的稽查中应把握以下几点：

1. 对于在中国境内无住所而一个纳税年度内在中国境内工作连续或累计不超过 90 日，或者在税收协定规定的期间内，在中国境内连续或累计居住不超过 183 日的个人，由中国境外雇主支付并且不是由该雇主设在中国境内机构负担的工资、薪金所得，免予缴纳个人所得税，而仅就其实际在中国境内工作期间由中国境内企业或个人雇主支付或者由中国境内机构负担的工资、薪金所得纳税。但是，如果该中国境内企业、机构属于采取核定利润方法计征所得税或没有营业收入而不征收企业所得税的，在该企业、机构任职、受雇的个人实际在中国境内工作期间取得的工资、薪金，不论是否在该企业、机构会计账簿中记载，均应视作由该中国境内企业、机构支付或负担的工资、薪金，并予以征税。

2. 对于在中国境内无住所，但在一个纳税年度中在中国境内连续或累计居住超过 90 日，或者在税收协定规定的期间内，在中国境内连续或累计居住超过 183 日，但不满一年的个人，其实际在中国境内工作期间取得的由中国境内企业或个

人雇主支付及由境外企业或个人雇主支付的工资、薪金所得，均应缴纳个人所得税。对于该个人在中国境外工作期间取得的工资、薪金所得，不缴纳个人所得税。但是对于担任中国境内企业董事、高层管理人员，不论是否在中国境外履行职务，其所取得的由中国境内企业支付的董事费或工资、薪金，均应申报缴纳个人所得税。

二、应纳税额的稽查

（一）征税范围的稽查

1. 个人所得税征税范围税法规定

我国的个人所得税实行分国分项课征制度，根据《中华人民共和国个人所得税法》第二条和《个人所得税法实施条例》第八条规定，个人应税所得共有十一项，具体如下：

（1）工资、薪金所得，指个人因任职或者受雇而取得的工资、薪金、奖金、年终加薪、劳动分红、津贴、补贴以及与任职或者受雇有关的其他所得。

（2）个体工商户的生产、经营所得。具体指：①个体工商户从事生产、手工业、建筑业、交通运输业、商业、饮食业、服务业、修理业以及其他行业生产、经营取得的所得。②个人经政府部门批准取得执照，从事办学、医疗、咨询以及其他有偿服务活动取得的所得。③其他个人从事个体工商业生产、经营取得的所得。④上述个体工商业户和个人取得的与生产、经营有关的各项应税所得。

（3）对企事业单位的承包经营或承租经营所得，指个人承包经营、承租经营以及转包、转租取得的所得，包括个人按月或者按次取得的工资、薪金性质的所得。

（4）劳务报酬所得，指个人从事设计、装潢、安装、制图、化验、测试、医疗、法律、会计、哲学、讲学、新闻、广播、翻译、审稿、书画、雕刻、影视、录音、录像、演出、表演、广告、展览、技术服务、介绍服务、经纪服务、代办服务以及其他劳务取得的所得。

（5）稿酬所得，指个人因其作品以图书、报刊形式出版、发表而取得的所得。

（6）特许权使用费所得，指个人提供专利权、商标权、著作权、非专利技术以及其他特许权的使用权取得的所得，提供著作权的使用权取得的所得，不包括稿酬所得。

（7）利息、股息、红利所得，指个人拥有债权、股权而取得的利息、股息、红利所得。

2. 对应税所得项目征税范围的稽查

对个人所得税应税项目征税范围的稽查，主要是稽查某项应税所得应适用何种税目，各项应税所得项目的界定是否正确，适用不同税率的应税所得有无混淆等，明确各项所得的界定标准和要素。

（1）对工资、薪金所得和劳务报酬所得征税范围的稽查。纳税人在工资、薪金方面比较常见的偷逃税行为就是将工资、薪金的所得和劳务报酬所得相混淆。因为从性质上看，两者都是个人在提供劳务后取得的，很难区分它们的界限。但是由于这两项所得的适用税率、扣除费用额不同，其税负高低是不同的。因此，在进行税务稽查时需要明确区分这两项所得项目。在税务稽查中，判定一项所得是工资、薪金所得还是劳务报酬所得，其关键在于确定个人与其提供劳务的单位是否存在雇佣与被雇佣关系，如存在雇佣与被雇佣关系，则该项所得应归人工资、薪金所得的范围征税；如果是独立个人劳务，不存在雇佣与被雇佣的关系，则该项所得应属于劳务报酬所得的征税范围。

（2）对个体工商户的生产、经营所得征税范围的稽查。个人从事生产、经营活动，不论其是否经工商行政管理部门批准，在税收上对其取得的生产、经营收入都适用个体工商户的生产、经营所得计征个人所得税。

（二）计税依据的稽查

1．工资、薪金应纳税所得额的稽查

工资、薪金的应纳税所得额，是指个人因任职、受雇而取得的工资、薪金、奖金、年终加薪、劳动分红、津贴、补贴以及与任职、受雇有关的其他所得的总和减除费用后的余额。但是根据《个人所得税法实施条例》第十三条规定，对按照国务院规定发给的政府津贴和国务院规定免纳个人所得税的补贴、津贴不计入工资、薪金所得；对于以下不属于工资、薪金性质的补贴、津贴或不属于纳税人本人工资、薪金所得项目的收入，也不予征税：（1）独生子女补贴；（2）执行公务员工资制度未纳入基本工资总额的补贴、津贴差额和家属成员的副食品补贴；（3）托儿补助费；（4）差旅费津贴、误餐补助。

对工资、薪金应纳税所得额的稽查，主要应查明以下问题：（1）纳税人申报的工资、薪金所得是否属实，有无少报、瞒报应税工资、薪金所得项目，或按扣除代收费用后的实发工资申报纳税的现象。（2）纳税人在一个月内取得两次或者两次以上的工资、薪金所得，是否按规定合并申报纳税，有无因未合并申报而少纳税款的现象。（3）纳税人一个月内从两个或两个以上单位或个人处取得工资、薪金所得的，是否按规定合并计算纳税，有无因分别计算纳税或只申报一处所得而少纳税款的现象。（4）纳税人有无将工资、薪金所得按其他所得计算纳税或将其他所得视同工资、薪金所得计算纳税，从而少缴税款的现象。（5）纳税人有无任意扩大费用扣除或分多次扣减费用的现象。

2．个体工商户生产、经营所得应纳税所得额的稽查

个体工商户生产、经营的应纳税所得额，是指个体工商户或个人从事工业、手工业、商业、建筑业、交通运输业、饮食业、服务业、修理业及其他的生产、

经营活动所取得的生产、经营收入减除其成本、费用和损失后的余额。还包括个人经政府有关部门批准，取得执照从事办学、医疗、咨询和其他有偿服务活动所取得的收入减除成本、费用和损失后的余额，再加上上述纳税人取得的与生产、经营有关的其他各项应纳税所得的总和。

个体工商户的生产、经营活动与企业相近，对其财务核算和会计处理办法，可以参照企业财务通则、企业会计准则和分行业的财务制度、会计制度执行。对实行查账征收的个体工商户的生产、经营所得应纳税所得额，应根据国家税务总局印发的《个体工商户个人所得税计税办法（试行）》和财政部、国家税务总局印发的《个体工商户会计制度（试行）》进行稽查。个体工商户在生产、经营中主要通过转移、隐匿销售收入、虚增成本、费用、扩大损失等不正当手段减少应纳税所得额。因此，对个体工商户生产、经营应纳税所得额的稽查，应着重稽查以下几个方面：

（1）对生产、经营收入的稽查

个体工商户的生产、经营活动，涉及现金交易较多，且收入不稳定，往往无据可查，容易造成收入不入账或少入账，转移、隐匿、分解经营收入。对生产、经营收入的稽查，首先要平时多深入了解掌握其生产、经营情况；其次要结合其成本费用的核算状况核实其有无账外销售收入；再次要从其“原材料”“生产成本”明细账等成本费用项目的审查入手，稽查其各项耗费是否合理。

（2）对生产经营成本的稽查

生产、经营成本是指纳税人从事生产活动而发生的原材料成本、人工费成本，以及其他制造费用成本和从事经营活动而发生的商品成本及其他成本。在稽查时，要将纳税人的“生产成本”“制造费用”等明细账与有关会计凭证核对，并注意以下问题：第一，有无虚列成本的现象；第二，成本费用的分配与结转方法是否得当，计算是否正确，有无多转成本的现象，如将与生产经营无关的原材料列入成本，将生活耗用的材料、商品计入生产成本等；第三，成本费用的发生额是否符合标准，有无超标准列支的现象，如雇员工资是否超过省、自治区、直辖市人民政府规定的标准，折旧费是否超过财务制度规定的标准等，同时还要注意个体工商户主有无将本人的工资收入在税前扣除的现象。

（3）对生产、经营费用的稽查

生产、经营费用主要是指纳税人从事生产、经营活动所发生的“管理费用”“财务费用”“销售费用”“经营费用”等。稽查时，要将各费用明细账与有关会计凭证相核对，看纳税人列支的费用是否合理，是否属于正当费用，有无超标准列支现象，如贷款利息是否超过按金融机构同类、同期贷款利率计算的利息。

（4）对生产、经营损失的稽查

生产、经营损失是指纳税人在其生产、经营活动中发生的经主管税务机关核准列支的与生产、经营无直接关系的支出，包括固定资产盈亏、报废、毁损和出售的净损失、自然灾害或意外事故损失、公益救济性捐赠、赔偿金、违约金等。稽查时，应将纳税人“营业外支出”明细账与有关凭证核对，看是否符合规定，有无擅自列支现象。

（5）对兼营种植业、养殖业、饲养业、捕捞业所得的稽查

个体工商户兼营种植业、养殖业、饲养业、捕捞业的，对上述四业的所得要单独核算。对已缴纳了农业税、牧业税的农业特产所得，不再征收个人所得税；对于未缴纳农业税、牧业税和农业特产税的所得，应合并在其他行业的生产、经营所得中一并征收个人所得税。不能将兼营四业的所得单独核算的，应就其全部所得征收个人所得税。

具体的稽查方法为：深入实际调查了解，全面掌握纳税人的生产经营情况，看纳税人有无兼营上述四业的行为；对照会计核算账簿，看纳税人对兼营的上述四业是否分别进行了核算；对照有关会计账簿，看纳税人兼营上述四业取得的所得是否已缴纳了农业税、牧业税或农业特产税；对照有关会计凭证，结合调查情况，看纳税人进行的核算是否准确，有无将其他行业的所得计入上述所得之中的现象。

（6）对其他业务收入的稽查

个体工商户在其他业务收入方面存在的问题较多，如将企业联营的各项应税所得，如劳务报酬所得、稿酬所得、偶然所得等并入生产经营项目所得计税。按规定，联营企业利润应按利息、股息、红利所得项目征税；取得的与生产经营活动无关的各项应税所得，应分别计税。对于纳税人兼营多种行业，或在境内两处以上取得经营所得的，稽查时应注意其有无按规定合并同类项目的生产、经营所得作为计税依据。

第六节　企业所得税的稽查

一、应税收入的稽查

企业所得税是指在中华人民共和国境内，有生产、经营所得和其他所得的国有企业、集体企业、私营企业、联营企业、股份制企业及有生产经营和其他所得的其他组织，就其源于中国境内、境外的生产、经营所得和其他所得依法计征的一种收益税。现行的《中华人民共和国企业所得税暂行条例》（以下简称《企业所得税暂行条例》）是国务院于 1993 年 12 月 13 日发布，从 1994 年 1 月 1 日起正式施行的。企业应税收入是指企业应依法缴纳企业所得税的收入总额。在对企业所得税的稽查过程中，应税收入是稽查的重点之一。

（一）企业应税收入总额的组成

根据税法的规定，作为企业所得税的纳税义务人，应税收入总额包括以下项目：

1. 生产、经营收入

生产、经营收入指纳税人从事主营业务活动取得的收入，包括商品（产品）销售收入、劳务服务收入、营运收入、工程价款结算收入、工业性作业收入和其他业务收入。

2. 财产转让收入

财产转让收入指纳税人有偿转让固定资产、有价证券、股权和其他财产取得的收入。

3. 利息收入

利息收入指纳税人购买各种债券等有价证券的利息、外单位欠款付给的利息和其他利息收入。

4. 租赁收入

租赁收入指纳税人出租固定资产、包装物和其他财产取得的租金收入。

5. 特许权使用费收入

特许权使用费收入指纳税人提供或者转让专利权、非专利技术、商标权、著作权和其他特许权的使用权取得的收入。

6. 股息收入

股息收入指纳税人对外投资入股取得的股利、红利收入。

7. 其他收入

其他收入指固定资产盘盈收入、罚款收入、因债权人缘故确实无法交付的应付款项、物资和现金的溢余收入、教育费附加返还款、包装物押金收入、应当纳税的财政性补贴和其他补贴收入、其他收入。

8. 特殊情况的税务处理

对企业减免或返还的流转税（含即征即退、先征后退），除国家规定有指定用途的项目外，都应并入企业利润，照章征收企业所得税。对直接减免和即征即退的，应并入企业当年利润征税；对先征税后返还或先征后退的，应并入企业实际收到退税或返还款年度的应纳税所得额征企业所得税。

9. 资产评估增值的税务处理

（1）纳税人按照国务院的统一规定，进行清产核资时发生的固定资产评估净增值，不计入应纳税所得额。

（2）纳税人以非现金的实物资产和无形资产对外投资，发生的资产评估净增值，不计入应纳税所得额。但中途转让或收回该资产时的价值与原账面价值的差额部分要计入应纳税所得额，缴企业所得税。

（3）纳税人在产权转让过程中发生的净收益或净损失要计入应纳税所得额，缴企业所得税。

（4）纳税人接受捐赠的实物资产时不计入企业的应纳税所得额，但在企业出售或对该资产进行清算时，如果价格低于接受捐赠时的价格，应以实物价格计入应纳税所得额；若高于当初捐赠时的价格，应将扣除清理费用的部分计入应纳税所得额，缴企业所得税。

另外，税法还规定，纳税人依法清算之后的清算所得（即其全部资产或者财产扣除各项清算费用、损失、负债、企业未分配利润、公益金、公积金之后的余额超过实缴资本的部分）应当缴纳企业所得税。

以上这9类收入是按税法规定划分的，但是在具体的企业所得税稽查过程中，我们必须了解它们在实际会计账户中的归属情况。

生产经营收入作为企业的主营业务收入，应从“主营业务收入”账户中找到对应的数据。财产转让收入可以分为两种情况，对于固定资产的转让收入应归入“营业外收入”账户，债权人放弃债权在会计处理时记“资本公积”，但按税法规定应并入应纳税所得额。在核查这部分收入时，应注意企业变卖转让固定资产的收入实际应等于转让固定资产的收入扣除转让过程中发生的清理费用以及固定资产账面净值后的余额。

对于原材料、半成品、包装物等流动资产的转让收入应归入“其他业务收入”账户。另外，利息收入项目也应分为两种情况进行稽核。按照目前我国现行的会计准则，企业银行存款的利息收入计入“财务费用”账户的贷方，直接冲减当期的财务费用；对于企业购买债券或收回欠款所取得的利息收入可以在“投资收益”账户中找到相关数据。

按照现行会计准则，对于债券投资，其持有收益的大小与持有时间长短有直接关系。对于在短期（1年之内）投资存续期内的利息收入，不必按期预计本期已实现的投资收益，只有到投资转让或到期兑付时才作为投资收益的实现，计入当期经营成果，作为应税收入，依法交纳企业所得税；作为长期投资的债券投资则应按照权责发生制的原则同时结合简化核算手续的原则，按年计算应计利息，计入当年“投资收益”账户，核算应税收入。

租赁收入是指纳税人出租固定资产及包装物等获得的收入，应归于“其他业务收入”账户；特许权使用费收入作为企业提供或转让无形资产所获得的收入，也应归于“其他业务收入”。最后税法中所指的其他收入，基本上同企业会计中的“营业外收入”项目相对应，主要指与企业生产经营活动没有直接关系的各种收入。在对该账户进行稽查时，应着重注意固定资产盘盈的情况。固定资产盘盈是指企业在进行财产清查中发生固定资产的数量超过账面数量时所出现的盈余。对于属于盘盈的固定资产应按市场同类资产的价值，计为固定资产原值，扣除折

旧后的净值计入“待处理财产损溢”科目，经批准转销后计入“营业外收入”账户。

（二）确定应税收入总额时应注意的问题

第一，企业接受的捐赠收入转入企业资本公积金的，不计入收入总额。

第二，企业在建工程发生的试运行收入，应并入总收入予以征税，不能直接冲减在建工程成本。

第三，纳税人取得的收入为非货币资产或权益的，其收入额应当参照当时市场价格计算或估定。

第四，企业取得国家财政性补贴和其他补贴收入，除国务院、财政部和国家税务总局规定不计入损益者外，应一律并入实际收到该补贴收入年度的应纳税所得额。

第五，应税收入的确定应以权责发生制为原则，但是如下三种经营业务的收入可以分期确定：其一，以分期收款方式销售商品的，可以按合同约定收取货款的日期确定销售收入的实现；其二，为其他企业加工、制造大型机械设备、船舶等，持续时间超过一年的，可按完工进度或者完成的工作量确定收入的实现；其三，建筑、安装、装配工程和提供劳务，持续时间超过一年的，可以按完工进度或者完成的工作量确定收入的实现。

第六，纳税人在基本建设、专项工程及职工福利等方面使用本企业的商品、产品的均作为收入处理；纳税人对外进行来料加工装配业务节省的材料，如按合同规定留归企业所有的，也应作为收入处理。

（三）应税收入总额稽查的要点

通常来说，企业在应税收入上进行偷逃税款的方法主要是采用：收入不入账；账外设账，利用销售产品在数量、质量、价格上的差异，混淆收入，以少代多，将截留的部分销售收入计入企业的“小金库”；应税收入不计入规定的会计科目，通过计入企业资本公积类科目或者直接坐支现金，将收入款项用于职工福利。另外一种偷税方法则是利用往来账户，按照企业自身的意图，延迟实现应税收入或者恣意调整企业利润，控制当期的利润与应交纳的税款。因此，我们在对应税收入进行稽查时，应通过对企业会计账目的审查，发现问题。在稽查过程中可以从以下这些方面入手：第一，应税收入项目是否全部按规定入账，有无收入不实现、挂在往来账户上的；第二，企业专项工程、福利部门领用商品是否作销售处理或按市场价内部结算，有无按成本价或低于成本价结转的现象；第三，销售折扣、折让与退回是否真实、正确，有无低价将商品转让给关联企业，转移利润的；第四，价外费用是否并入收入，有无将其挂在往来账户上，直接抵减费用或挪作他用的；第五，来料加工溢料是否已作收入处理；第六，会计核算是否正确，有无影响当期利润；第七，检查企业的往来账户，确定是否有应税收入被延迟或用作企业利润的调节；第八，检查企业与关联企业的往来账户，确定没有以低价进行产品转让，转移利润；第九，检查资本公积及福利费用，确认是否有应税收入直接计入其中。

（四）生产、经营收入的稽查

1. 主营业务收入的账务处理

对于企业（以工业企业为例）来说，企业实现的主营业务收入，应计入“主营业务收入”的贷方，销货退回、折扣和折让应计入借方，期末时将贷方余额转入“本年利润”科目进行利润核算，因此期末时该科目无余额。

对于采取直接收款或委托收款方式销售货物的，其会计处理的分录应为（这里考虑增值税问题）：

借：银行存款（应收账款）

贷：主营业务收入

应变税金——应交增值税（销项税额）

当收到货款时，账务处理为（对于委托收款方式）：

借：银行存款

贷：应收账款

若购货方在收到货物后，经查验认为部分质量不合格，退回销货企业，则账务处理为：

借：主营业务收入

贷：银行存款（应收账款）

应交税金——应交增值税（销项税额）　（红字处理）

对于采取预收货款方式销售货物的，其账务处理为：

第一，收到购货方预付款时：

借：银行存款

贷：预收账款

第二，发出货物时：

借：预收账款

贷：主营业务收入

应交税金——应交增值税（销项税额）

2. 主营业务收入的稽查

在了解了主营业务收入的一般会计处理之后，我们还应结合企业产品及核算的特点，运用一定的技巧，发现企业的问题。

（1）从销售时开具的发票入手

首先，确定“主营业务收入”中所计列的收入是否包括了全部开票的销售收入。其次，通过发票的存根联检查产品的销售数量、单价以及型号等内容，并与“主营业务收入”明细账进行核对。最后，对怀疑的发票通过协查函的方式要求购货方主管税务机关进行协查，避免“大头小尾”现象的出现。

（2）通过审查银行对账单以及实物盘点发现问题

银行对账单是银行定期向企业开具的往来账目的发生凭证。通过对银行对账单的审查，可以确定有无取得收入不入账的现象。但是由于目前企业多设有几个开户银行，应注意企业内、外账分走不同的账户。实物盘点利于确定企业当期库存，通过与“库存商品”“自制半成品”“原材料”等科目中数据的比较，确定销售收入核算是否完整。

（3）通过对关联企业账户的审查，稽查企业核算应税收入的情况

由于企业在同关联企业进行交易时，往往采取以货易货的交易行为，这种交易行为有时并无资金流入，所以企业可以不在财务上反映这部分销售收入，从而偷逃所得税款。这种行为大致包括如下几种情况：第一，在以货易货的过程，只将货物兑损时的价差计入销售收入；第二，以本企业生产的产品支付应以资金支付的广告、福利、捐献等应视同销售处理的业务，从而漏计应税收入；第三，以本企业的产品直接抵偿负债类科目，这种抵账行为，将直接导致销售收入的漏计。

二、准予扣除项目的稽查

根据税法规定，企业在交纳所得税时，可以从应税收入中扣除纳税年度发生的成本费和税金以及损失，所以对企业成本费用的稽查是企业所得税稽查的重要组成部分。

（一）税法准予扣除的项目的规定

1. 成本

成本是纳税人销售商品（产品、材料、下脚料、废料、废旧物资等）、提供劳务、转让固定资产、无形资产（包括技术转让）的成本。纳税人必须将经营活动中发生的成本合理划分为直接成本和间接成本。直接成本是可直接计入有关成本计算对象或劳务的经营成本中的直接材料、直接人工等。间接成本是指多个部门为同一成本对象提出供服务的共同成本，或者同一种投入可以制造、提供两种或两种以上的产品或劳务的联合成本。直接成本可根据有关会计凭证、记录直接计入有关成本计算对象或劳务的经营成本中。间接成本必须根据与成本计算对象之间的因果关系、成本计算对象的产量等，以合理的方法分配计入有关成本计算对象中。

（1）成本内容。外购存货的实际成本包括购货价格、购货费用和税金。计入存货成本的税金是指购买、自制或委托加工存货发生的消费税、关税、资源税和不能从销项税额中抵扣的增值税进项税额。纳税人自制存货的成本包括制造费用等间接费用。

（2）成本计价方法。纳税人的各种存货应以取得时的实际成本计价。纳税人各项存货的发生或领用的成本计价方法，可以采用个别计价法、先进先出法、加权平均法、移动平均法、计划成本法、毛利率法或零售价法等。如果纳税人正在使用的存货实物流程与后进先出法相一致，也可采用后进先出法确定发出或领用存货的成本。纳税人采用计划成本法或零售价法确定存货成本或销售成本，必须在年终申报纳税时及时结转成本差异或商品进销差价。

纳税人的成本计算方法、间接成本分配方法、存货计价方法一经确定，不得随意改变，如确需改变的，应在下一纳税年度开始前报主管税务机关批准。否则，对应纳税所得额造成影响的，税务机关有权调整。

2. 费用

费用是指纳税人每一纳税年度发生的可扣除的销售费用、管理费用和财务费用，已计入成本的有关费用除外。

（1）销售费用，是应由纳税人负担的为销售商品而发生的费用，包括广告费、运输费、装卸费、包装费、展览费、保险费、销售佣金（能直接认定的进口佣金调整商品进价成本）、代销手续费、经营性租赁费及销售部门发生的差旅费、工资、福利费等费用。

从事商品流通业务的纳税人购入存货抵达仓库前发生的包装费、运杂费、运输存储过程中的保险费、装卸费、运输途中的合理损耗和入库前的挑选整理费用等购货费用可直接计入销售费用。如果纳税人根据会计核算的需要已将上述购货费用计入存货成本的，不得再以销售费用的名义重复申报扣除。

从事房地产开发业务的纳税人的销售费用还包括开发产品销售之前的改装修复费、看护费、采暖费等。

从事邮电等其他业务的纳税人发生的销售费用已计入营运成本的不得再计人销售费用重复扣除。

（2）管理费用，是纳税人的行政管理部门为管理组织经营活动提供各项支援性服务而发生的费用。管理费用包括由纳税人统一负担的总部（公司）经费、研究开发费（技术开发费）、社会保障性缴款、劳动保护费、业务招待费、工会经费、职工教育经费、股东大会或董事会费、开办费摊销、无形资产摊销（含土地使用费、土地损失补偿费）、矿产资源补偿费、坏账损失、印花税等税金、消防费、排污费、绿化费、外事费和法律、财务、资料处理及会计事务方面的成本（咨询费、诉讼费、聘请中介机构费、商标注册费等），以及向总机构（指同一法人的总公司性质的总机构）支付的与本身营利活动有关的合理的管理费等。除经国家税务总局或其授权的税务机关批准外，纳税人不得列支向其关联企业支付的管理费。

总部经费，又称公司经费，包括总部行政管理人员的工资薪金、福利费、差旅费、办公费、折旧费、修理费、物料消耗、低值易耗品摊销等。

（二）企业生产成本的稽查

对企业来说，产品生产成本的核算是确定企业应纳税所得额的关键。由于企业的生产过程涉及大量的对内、对外业务，并且有一定的专业技术包含其中，因此往往成为企业所得税稽查的难点，也是稽查人员最感头痛之处。所以人们在稽查的过程中，首先应该了解企业有关生产成本控制的内部管理体系是否合理，包括了解企业是否有专职会计进行成本核算；内部凭证制度是否健全，凭证的种类、内容、编号是否符合会计处理要求；簿记和报表的记录和制定是否及时完整；凭证、账册、报表三者之间有无严格的核对制度；资产盘点制度是否按期完成；另外还应了解企业成本核算的流程。通过上述一系列的调查摸底，确定企业成本核算的可信赖度，然后根据可信赖度的不同，搭配稽查人员，组成不同的稽查小组进行审查。

（三）企业期间费用的稽查

期间费用是指不能直接归属于某个特定产品成本的费用。它容易确定发生的期间，但是难以明确所应归属的产品，主要包括销售费用、管理费用和财务费用。期间费用的稽查也是企业所得税稽查的重要组成部分。

（四）企业预提费用和待摊费用的稽查

在企业生产成本的会计处理中已经提到了预提费用和待摊费用。但是，由于这两个科目在账务处理上有一定难度，因此需要进一步予以说明。

预提费用是指按照规定允许企业在费用尚未发生支付以前，从成本中预提的各项费用，如预提租金、保险费、借款利息、修理费用等。预提费用在提取前，应报主管部门审批，并报同级税务机关备案。

我们在对它进行稽查的过程中，首先审查该预提项目是否报经有关部门批准，有无擅自提高标准的情况。其次审查预提费用支付时对应的有关账户。预提费用一般是预提几个月后，一次转销，因此它每月的贷方余额会反映出开始金额逐步增多，然后一次结转为零的情况。如果该贷方金额只是一直增长，则应核实企业是否只预提不冲销，实际发生时又从期间费用或成本中开支。

待摊费用是指企业已经支付，但应由本期和以后各期分别负担的各项摊销期在一年之内的费用。它具体包括：预付租入固定资产的租金，预付保险费、预付报刊订阅费、从国外引进技术而支付的技术转让费等。这些费用由于受益期较长，不能一次计入当月的生产经营成本，而应接受益原则分月摊入成本、费用。

一般来说“待摊费用”的借方同“银行存款”“现金”“低值易耗品”等资产类科目发生关系，不可能同负债类科目发生关系。在稽查时，应注意被稽查企业有无将固定资产和无形资产的购置支出，建造固定资产的投资借款本金支出，无法核销的应收账款等支出混入待摊费用。对于这些问题应通过调阅原始凭证来解决。另外要仔细审查待摊费用每月应摊销的费用，确定企业是否按规定进行了摊销，特别要注意多数企业会先多摊销，从而减少近期应纳税所得额。对其他扣除项目的扣除，应结合实际情况和税法的规定进行纳税调整。

第三章 财务会计

第一节 出纳岗位核算

一、货币资金的核算

货币资金是指企业生产经营过程中处于货币形态的资产，包括库存现金、银行存款和其他货币资金。

（一）库存现金的核算

为了反映和监督企业库存现金的收入、支出和结存情况，企业应当设“库存现金”科目，借方登记企业库存现金的增加，贷方记企业库存现金的减少，期末借方余额反映期末企业实际持有的库存现金金额。企业内部各部门周转使用的备用金，可以单独设置“备用金”科目进行核算。

为了全面、连续地反映和监督库存现金的收支和结算情况，企业应当设置现金总账和现金日记账，分别进行库存现金的总分类核算和明细分类核算。现金日记账由出纳人员根据收付款凭证，按照业务发生顺序逐笔登记。每日终了，应当在现金日记账上计算出当日的现金收入合计额、现金支出合计额和结余额，并将现金日记账的余额与实际库存现金额相核对，保证账款相符。月度终了，现金日记账的余额应当与现金总账的余额核对，做到账账相同。

（二）银行存款支付结算及其核算

银行存款是企业存放在银行或其他金融机构的货币资金。企业应当根据业务需要，按照规定在其所在地银行开设账户，运用所设的账户进行存款、取款以及各种收支转账业务的结算。银行存款的收付应严格执行银行结算制度的规定。为了反映和监督企业银行存款的收入、支出和结存情况，企业应当设置“银行存款”科目，借方登记企业银行存款的增加，贷方登记企业银行存款的减少，期末借方余额反映月末企业实际持有的银行存款金额。

企业应当设置银行存款总账和银行存款日记账，分别进行银行存款的总分类核算和明细分类核算。企业可按开户银行和其他金融机构、存款种类等设置“银行存款”日记账，根据收付款凭证，按照业务的发生顺序逐笔登记。每日终了，应结出余额。

（三）其他货币资金的核算

1. 其他货币资金的内容

其他货币资金是指企业除现金、银行存款以外的其他各种货币资金，主要包括银行汇票存款、银行本票存款、信用卡存款、信用证保证金存款等。

（1）银行汇票存款

银行汇票是指由出票银行签发的，由其在见票时按照实际结算金额无条件支付给收款人或者持票人的票据。银行汇票的出票银行为银行汇票的付款人。单位和个人各种款项的结算，均可使用银行汇票。银行汇票可用于转账，填明“现金”字样的银行汇票也可以用于支取现金。

（2）银行本票存款

银行本票是指银行签发的，承诺自己在见票时无条件支付确定的金额给收款人或持票人的票据。单位和个人在同一票据交换区域需要支付的各种款项，均可使用银行本票。银行本票可以用于转账，注明“现金”字样的银行本票也可以用于支取现金。

（3）信用卡存款

信用卡存款是指企业为取得信用卡而存入银行信用卡专户的款项。信用卡是银行卡的一种。

（4）信用证保证金存款

信用证保证金存款是指采用信用证结算方式的企业为开具信用证而存入银行信用证保证金专户的款项。企业向银行申请开立信用证，应按规定向银行提交开证申请书、信用证申请人承诺书和购销合同。

2. 其他货币资金的账务处理

为了反映和监督其他货币资金的收支和结存情况，企业应当设置“其他货币资金”科目，借方登记其他货币资金的增加，贷方登记其他货币资金的减少，期末余额在借方，反映企业实际持有的其他货币资金的金额。“其他货币资金”科目应当按照其他货币资金的种类设置明细科目进行核算。

（1）银行汇票存款

汇款单位（申请人）使用银行汇票，应向出票银行填写“银行汇票申请书”，填明收款人名称、汇票金额、申请人名称、申请日期等事项并签章，签章是其预留银行的签章。出票银行受理银行汇票申请书，收妥款项后签发银行汇票，并用压数机压印出票金额，将银行汇票和解讫通知一并交给申请人。申请人应将银行汇票和解讫通知一并交付给汇票上记明的收款人。收款人受理申请人交付的银行汇票时，应在出票金额以内，根据实际需要的款项办理结算，并将实际结算的金额和多余金额准确、清晰地填入银行汇票和解讫通知的有关栏内，到银行办理现

金款项入账手续。收款人可以将银行汇票背书转让给被背书人。银行汇票的背书转让以不超过出票金额的实际结算金额为准。未填写实际结算金额或实际结算金额超过出票金额的银行汇票，不得背书转让。银行汇票的提示付款期限为自出票之日起1个月，持票人超过付款期限提示付款的，银行将不予受理。持票人向银行提示付款时，必须同时提交银行汇票和解讫通知，缺少任何一联，银行不予受理。

（2）银行本票存款

银行本票分为不定额本票和定额本票两种，定额本票面额为1000元、5000元、10000元和50000元。银行本票的提示付款期限自出票日起最长不得超过两个月。在有效付款期内，银行见票付款。持票人超过付款期提示付款的，银行不予受理。

申请人使用银行本票，应向银行填写“银行本票”申请书。申请人或收款人为单位的，不得签发现金银行本票。出票银行受理银行本票申请书，收妥款项后签发银行本票，在本票上签章后交给申请人，申请人应将银行本票交付给本票上记明的收款人。收款人可以将银行本票背书转让给被背书人。

申请人因银行本票超过提示付款期限或其他原因要求退款时，应将银行本票提交到出票银行并出具单位证明。根据银行签章退回的进账单第一联，借记“银行存款”科目，贷记“其他货币资金——银行本票”科目。出票银行对于在本行开立存款账户的申请人，只能将款项转入原申请人账户，对于现金银行本票和未到本行开立存款账户的申请人，才能退付现金。银行本票丧失，失票人可以凭中华人民共和国人民法院出具的其享有票据权利的证明，向出票银行请求付款或退款。企业填写“银行本票申请书”，将款项交存银行时，借记“其他货币资金——银行本票”科目，贷记“银行存款”科目。企业持银行本票购货、收到有关发票账单时，借记“材料采购”或“原材料”“库存商品”“应交税费——应交增值税（进项税额）”等科目，贷记“其他货币资金——银行本票”科目。

销货企业收到银行本票、填写进账单到开户银行办理款项入账手续时，根据进账单及销货发票等，借记“银行存款”科目，贷记“主营业务收入”“应交税费——应交增值税（销项税额）”等科目。

二、货币资金的清查

（一）现金的清查

为了保证现金的安全完整，企业应当按规定对库存现金进行定期和不定期的清查，一般采用实地盘点法，对于清查的结果应当编制现金盘点报告单。如果有挪用现金、白条顶库的情况，应及时予以纠正，对于超限额留存的现金应及时送存银行。如果账款不符，发现有待查明原因的现金短缺或溢余，应先通过“待处理财产损溢”科目核算，按管理权限经批准后，分别按以下情况处理：

1．如为现金短缺，属于由责任人赔偿或保险公司可赔偿的部分，计入其他应收款；属于无法查明原因的，计入管理费用。

2．如为现金盈余，属于应支付给有关人员或单位的，计入其他应付款；属于无法查明原因的，计入营业外收入。

（二）银行存款的核对

“银行存款日记账”应定期与“银行对账单”核对，至少每月核对一次。企业银行存款账户余额与银行对账单余额之间如有差额，应编制“银行存款余额调节表”调节。如果没有记账错误，调节后的双方余额应相等。银行存款余额调节表只是为了核对账目，不能作为调整银行存款账面余额的记账依据。

第二节　往来结算岗位核算

一、应收账款和应付账款的核算

（一）应收账款的核算

1．应收账款的确认

应收账款是指企业因销售商品或提供劳务等经营活动，影响购货企业或接受劳务的企业或个人收取的款项，是因赊销业务而产生的企业债权，应于收入实现时予以确认。会计上所指的应收账款有其特定的范围。首先，应收账款是指因销售活动形成的债权，不包括应收职工欠款、应收债务人利息等其他应收款。其次，作为流动债权，应收账款不包括长期债权，如购买的长期债券等。最后，应收账款是指本企业应收客户的款项，不包括本企业付出的各类存出保证金，如租入包装物保证金等。

2．应收账款的计量

一般情况下，应根据实际发生的交易价格确认应收账款的入账价值，包括发票金额（价税合计）和代购货单位垫付的运杂费。但在销售时，企业可能出于促销或尽快收回货款的目的，给予购货方商业折扣或现金折扣，也将影响到应收账款及销售收入的计价。

（1）商业折扣

商业折扣也称批量折扣，是最常用的促销手段。企业为了扩大销售，鼓励购货方多买商品而在价格上给予优惠。这种折扣发生在销售实现之前，购买方按折扣后的实际金额付款，而销售方也按折扣后的金额确认销售收入，并基于折后价格开具销售发票。在会计核算时，直接按折扣后的金额入账，不需要另外单独进行账务处理。

（2）现金折扣

现金折扣是在赊销方式下，销售方为了鼓励购货方早日付款而给予的优惠。这种折扣的多少视购货方付款时间的长短而定，付款越早，折扣越多，付款越迟，折扣越少，直至为 0。一般情况下，现金折扣只对货款折扣，不折扣增值税款。采用这种折扣方式，销售方应在销售时与购货方达成协议，明确现金折扣的条件。现金折扣条件一般以“折扣比例 / 付款时间”表示。

现金折扣是在赊销方式下产生的，在销售实现时无法确定未来是否产生现金折扣，因此仍按原价确认销售收入。但由此产生的应收账款入账金额的处理却有两种方法。

①总价法。总价法是指将为享受折扣的总金额作为应收账款的入账价值。当购买方在规定的时间内付款享受现金折扣时，销售方按实际收到的金额借记“银行存款”，实际发生的现金折扣作为理财支出借记“财务费用”，按总金额贷记“应收账款”，我国的会计实务采用总价法。

②净价法。净价法是指将扣除最高折扣后的余额作为应收账款的入账价值。购买方实际付款的金额如果超过应收账款的入账价值，差额部分销售方作为购买方应提供信贷所获得的收入，冲减财务费用。

（二）应付账款的核算

1. 应付账款的确认

应付账款是指企业因购买材料、商品或接受劳务供应等经营活动应支付的款项，这是买卖双方在购销活动中由于取得物资与支付货款在时间上不一致而产生的负债。应付账款在企业取得所购买的材料、商品等物资的所有权或者所购买的劳务已经接受时确认。在会计实务中，应付账款的确认应分为“单货同到”和“货先到，单未到”两种情况处理。

情况 1：当所购买的材料、商品等物资和发票账单同时到达，应付账款通常是在所购材料、商品等验收入库后，根据发票账单所记载的实际价款入账。

情况 2：当所购材料、商品已经验收入库，但发票账单尚未到达时，由于企业无法确定应付账款实际入账金额而无法入账，只能在收到发票账单后再按“单货同到”的情况处理。若在月度终了时发票账单仍然未到达，则应对应付账款暂估入账，待下月初再作相反的会计分录予以冲回。

2. 应付账款的计量

一般情况下，应付账款应按未来应付的金额（即发票账单所记载的实际价款）入账。入账价值包括因购买商品或接受劳务供应向供应单位支付的合同或协议价款，按照合同价款和增值税率计算的增值税进项税额，以及购货方应承担的供应方垫付的运杂费等。若在购买时，供应方为了促销或尽快收回货款，实行了商业折扣或现金折扣等方法，则企业对应付账款的计价，也需要考虑折扣因素。

（1）商业折扣

对于为促销而发生的商业折扣，其在交易发生时已确定，因此仅仅是确定实际支付价格的一种手段。销售方按折扣后的金额确认销售收入，基于折后价格开具销售发票，购买方按折扣后的实际金额付款。在会计核算时，以折后金额入账，双方无须另做账务处理。

（2）现金折扣

如果购买商品形成应付账款时是附有现金折扣条件的，根据我国现行会计制度规定，应付账款的入账金额采用总价法核算，其形成时应按发票上记载的全部应付金额入账。提前付款获得的现金折扣则作为理财收益，冲减财务费用。

二、预收账款和预付账款的核算

（一）预收账款的核算

1. 预收账款的确认

预收账款是指企业按照合同规定，向购货方或劳务购买方预先收取的款项。预收账款虽然表现为货币资金的增加，但收款时企业并未确认收入，需要在短期内以某种商品或提供劳务形式作为对价支付，因此，其实质是应付项目，即为负债科目。但与应付账款这样的应付项目不同的是，预收账款不是以货币偿付，而是在一定时间内以提供一定数量和质量额度的货物或劳务偿付。

2. 预收账款的核算

（1）账户设置

一般情况下，为总括核算企业预收货款的情况，应设置“预收账款”账户。该账户贷方登记发生的预收账款的数额和购货单位补付账款的数额。借方登记企业向购货方发货后冲销的预收账款数额和退回购货方多付账款的数额。余额一般在贷方，表示已预收货款但尚未向购货方发货的数额。该账户应按预付款单位（债权人）设置明细账进行明细核算。对于预收账款业务不多的企业，也可以不设置“预收账款”账户，而是将预收的货款直接计入“应收账款”账户的贷方。

（2）预收账款的账务处理

企业收到购货单位交来的预收账款时，借记“银行存款”账户，贷记“预收账款”账户。发出货物销售实现时，按售价及收取的增值税销项税，借记“预收账款”账户。按照实现的营业收入，贷记“主营业务收入”账户。按照增值税专用发票上注明的增值税额，贷记“应交税费——应交增值税（销项税额）”账户。

此外，收到购货单位补付的货款，借记“银行存款”账户，贷记“预收账款”账户。向购货单位退回其多付的款项时，借记“预收账款”账户，贷记“银行存款”

账户。对于不单独设置“预收账款”账户的企业，账务处理时将这项“预收账款”换作“应收账款”。

（二）预付账款的核算

1. 预付账款的确认

预付账款是指企业按照购货合同规定预付给供应单位的款项。预付账款是企业暂时被供货单位占用的资金。企业预付款后，有权要求对方按照购货合同规定发货。因此，预付账款实际上是应收项目，属于资产类账户。企业发生预付账款时必须以购销双方签订的购货合同为条件，按照规定的程序和方法进行核算。

2. 预付账款的核算

（1）账户设置

为了反映和监督预付款的增减变动情况，企业应设置“预付账款”账户，进行总分类核算。同时，还应对预付账款按供货单位的名称设置明细账户，以进行明细分类核算。“预付账款”账户属于资产类账户，核算企业按购货合同规定预付给供货单位的货款。借方登记预付的款项和补付的款项，贷方登记收到采购货物时按发票金额冲销的预付款数和因多付款而退回的款项。期末余额一般在借方，反映企业实际支付的款项。该账户应按预收款单位（债务人）设置明细账进行明细核算。

（2）预付账款的账务处理

预付账款的核算包括预付款项和收回货物两个方面：

①根据购货合同的规定向供应单位预付款项时，借记“预付账款”账户，贷记“银行存款”账户。

②企业收到支付过预付款的货物时，根据有关发票账单金额，借记“原材料”“材料采购”“应交税费——应交增值税（进项税额）”等账户，贷记“预付账款”账户。当预付货款小于采购货物所需支付的款项时，应将不足部分补付，借记“预付账款”账户，贷记“银行存款”账户。当预付货款大于采购货物所支付的款项时，对收回的多余款项应借记“银行存款”账户，贷记“预付账款”账户。

第三节 存货岗位核算

一、存货的确认与计量

（一）存货的确认

存货是企业一项重要的有形流动资产，其价值通常在企业的整个资产中占很大比重，企业持有存货的最终目的是出售并从中获利，而存货本身却具有时效性和发生潜在损失的可能性。因此，有效地确认、计量和管理存货对企业经营具有十分重要的意义。

1. 存货的确认条件

根据《企业会计准则》规定，存货在同时满足以下两个条件的时候才能予以确认：

（1）与该存货有关的经济利益很可能流入企业。通常情况下，当企业对存货拥有所有权时，其产生的经济利益很可能流入企业。

（2）该存货的成本能够可靠计量。成本的可靠计量是企业确认资产的一项基本条件，作为一项有形的流动资产，其成本能够可靠计量是存货得以确认的前提。

2. 存货的分类管理

为加强存货管理，企业通常需要对存货进行分类，主要分类方法有按经济用途分类、按存放地点分类和按取得方式分类等方法。

（1）按经济用途分类

①原材料，指在生产过程中经加工改变其形态或性质并构成产品主要实体的各种原料及主要材料、辅助材料、燃料、外购半成品等。②在产品，指仍在制造尚未完工的产品，包括正在各个生产工序加工的产品和已加工完毕但尚未检验，或已检验但尚未办理入库手续的产品。③半成品，指经过一定生产过程并已检验合格交付半成品仓库保管，但尚未制造完工成为产成品，仍需进一步加工的中间产品。④产成品，指企业已完成全部生产过程并验收入库，可以按照合同规定的条件送交订货单位，或者可以作为商品对外销售的产品。⑤商品（库存商品），指商品流通企业外购或委托加工完成验收入库用于销售的各种商品。⑥周转材料，指企业能够多次使用、逐渐转移其价值但仍保持原有形态、不确认为固定资产的材料，包括包装物、低值易耗品。

（2）按存放地点分类

①在库存货，指已经购进或生产完工验收入库的各种原材料、周转材料、半成品、产成品、商品。②在途存货，指拥有所有权却尚未运抵入库的各种物资及商品。③在制存货，指在产品、委托加工但尚未完成的物资。④在售存货，指已发运给购货方但尚不能完全满足收入确认条件，仍作为销货方存货的发出品、委托代销商品。

（3）按取得方式分类

按取得方式不同，存货可分为外购存货、自制存货、委托加工存货、投资者投入的存货、捐赠取得的存货、债务重组取得的存货、非货币性资产交换取得的存货、盘盈的存货等。

（二）原材料的核算

原材料是指在生产过程中经加工改变其形状或性质并构成产品主要实体的各种原料及主要材料、辅助材料、燃料、外购半成品等。原材料根据其核算方法的不同分为实际成本核算和计划成本核算。两种核算方法下其成本的计量以及账务处理都有很大的区别。现分别介绍如下：

1. 原材料按实际成本法核算

原材料按实际成本法核算的特点在于，从存货收发凭证到明细分类账和总分类账全部按实际成本计价。实际成本法一般适用于企业规模较小、存货品种简单、采购业务不多或单个存货价值较大的情况。

（1）账户设置

①“原材料”账户。该账户属于资产类账户，用来核算企业库存的各种原材料的实际成本。主要为借方登记入库材料的实际成本，贷方登记发出材料的实际成本。期末余额在借方，反映库存材料的实际成本。该账户应按材料类别、品种、规格设置明细账分类核算。

②“在途物资”账户。该账户属于资产类账户，用于核算企业购入尚未到达或尚未验收入库的各种物资的实际成本，期末余额在借方，反映企业在途物资的实际成本。该账户应按照材料类别、供应单位进行明细分类核算。

（2）取得原材料的账务处理

原材料的取得主要有外购、自制、委托加工、接受投资、接受捐赠等多种形式。

①外购原材料。企业购买原材料，由于结算方式和采购地点不同，可能导致收到材料和货款结算的时间有差异，账务处理上应按情况分别处理。第一，货款已支付，材料验收入库。企业支付货款或开立、承兑商业汇票，货物已验收入库的情况下，应根据结算凭证、发票账单和收料单等确定原材料的实际成本，借记“原材料”科目。根据取得的增值税专用发票注明的增值税进项税额，借记“应交税费——应交增值（进项税额）”科目。根据实际支付的款项，贷记“银行存款”“应付票据”等科目。第二，货款已支付，尚未收料。在企业支付货款或开出、承兑商业汇票时材料尚未达到或未验收入库，此时应先通过“在途物资”账户进行核算，待材料运抵并验收入库后，再根据收料单，借记“原材料”，贷记“在途物资”科目。第三，材料已验收入库，款项尚未支付。若此时发票已收到，则作为应付款项记账。

②自制原材料。企业通过辅料车间自行生产原材料，应先通过“生产成本”账户核算其料、工、费支出。待自制材料完工验收入库，填写“材料入库单”，会计上借记“原材料”，贷记“生产成本”。

③投资者投入的原材料。根据投资者投入原材料价值和增值税专用发票上注明税金，借记“原材料”“应交税费——应交增值税（进项税额）”。按投资者

在注册资本中占有的份额，股份有限公司贷记“股本”，其他公司贷记“实收资本”，差额计入“资本公积”科目。

④捐赠而来的原材料。接受捐赠企业根据相关凭证借记“原材料”“应交税费——应交增值税（进项税额）”，贷记“营业外收入”。

2．原材料按计划成本法核算

材料采用计划成本核算时，材料采购环节仍按照实际成本核算，计算材料采购的实际成本。在材料入库后，材料的收发及结存，无论总分类核算还是明细分类核算，均按照计划成本计价。因此，在材料入库时，要核算材料的实际采购成本与入库的计划成本之间的差异。入库材料的实际成本大于计划成本的差异为超支差异；入库材料的实际成本小于计划成本的差异为节约差异。月末，计算本月发出材料应负担的成本差异并进行分摊，根据领用材料的用途计入相关资产的成本或当期损益，从而将发出材料的计划成本调整为实际成本。

（1）计划成本下的账户设置

材料采用计划成核算时，使用的会计科目有“原材料”“材料采购”“材料成本差异”等。材料实际成本与计划成本的差异，通过“材料成本差异”科目核算。“原材料”科目用于核算库存各种材料的收发与结存情况。在材料采用计划成本核算时，本科目借方登记入库材料的计划成本，贷方登记发出材料的计划成本，期末余额在借方，反映企业库存材料的计划成本。“材料采购”科目用于核算各种材料的实际采购成本、入库的计划成本及成本差异。本科目借方登记采购材料的实际成本，贷方登记入库材料的计划成本。借方大于贷方表示超支，从本科目贷方转入“材料成本差异”科目的借方；贷方大于借方表示节约，从本科目借方转入“材料成本差异”科目的贷方；期末为借方余额，反映企业在途材料的采购成本。“材料成本差异”科目反映企业已入库各种材料的实际成本与计划成本的差异。借方登记超支差异及发出材料应负担的节约差异，贷方登记节约差异及发出材料应负担的超支差异。期末如为借方余额，反映企业库存材料的实际成本大于计划成本的差异（即超支差异），如为贷方余额，反映企业库存材料实际成本小于计划成本的差异（即节约差异）。

（2）计划成本法下原材料取得的计价与核算

在计划成本核算下，购入材料除需按暂估价值入账外，均须先通过“材料采购”账户进行核算。即单货同到和单先到货后到均须先用“材料采购”账户反映实际成本，然后按计划成本转入“原材料”账户，从而正确核算材料成本差异情况。

（三）委托加工物资的核算

委托加工物资是指企业委托外单位加工的各种材料、商品等物资。企业委托外单位加工物资的成本包括：加工中所消耗材料物资的实际成本；支付的加工费

以及按规定应计入加工物资成本的税金（指属于消费税应税范围的加工物资应负担的消费税、加工物资用于非应税项目的增值税等）；支付的往返运杂费和装卸费。为反映和监督委托加工物资的增减变动及结存情况，企业应设置“委托加工物资”科目，借方登记委托加工过程中发生的实际成本，贷方登记加工完成验收入库物资的实际成本和收回的余料。期末余额在借方，反映企业尚未完工的委托加工物资的实际成本。委托加工业务的核算主要包括以下环节：发出委托加工物资，支付加工费、运杂费等。

1. 发出委托加工物资

企业发出委托加工物资时，应按发出物资的实际成本，借记“委托加工物资”科目，贷记“原材料”等科目。如果发出的物资是采用计算成本核算，还应同时结转成本差异。

2. 支付加工费、运杂费

企业支付的加工费、增值税、运杂费等，借记“委托加工物资”“应交税费——应交增值税（进项税额）”科目，贷记“银行存款”等科目。企业负担的由受托加工方代扣代缴的消费税，有如下两种处理方法：第一，委托加工物资收回后直接用于销售的，应将消费税计入加工物资成本，借记“委托加工物资”科目，贷记“银行存款”科目；第二，收回后用于连续生产应税消费品，按规定准予抵扣的，借记“应交税费——应交消费税”科目，贷记“银行存款”科目。

二、存货的清查

由于行货种类繁多、收发频繁，在日常收发过程中可能发生计量错误、计算错误、自然损耗，还可能发生损坏变质以及贪污、盗窃等情况，造成账实不符，形成存货的盘盈盘亏。为加强对存货的管理和核算，确保存货信息可靠、真实，企业应定期对存货进行清查。存货清查是指通过对存货的实地盘点，确定存货的实有数量，并与账面结存数核对，从而确定存货实存数与账面结存数是否相符的一种专门方法。

（一）账户设置

对于存货清查过程中所发生的盘盈盘亏，应填写存货盘点报告（如实存账存对比表），及时查明原因，按照规定程序报批处理。为了反映企业在财产清查中查明的各种存货的盘盈盘亏和毁损情况，企业应当设置“待处理财产损溢——待处理流动资产损溢”账户，借方登记存货的盘亏、毁损金额及盘盈的转销金额，贷方登记存货的盘盈金额及盘亏的转销金额。企业清查的各种存货损益，应在期末结账前处理完毕，期末处理后，本科目应无余额。

（二）存货盘盈的核算

企业发生存货盘盈时，借记“原材料”“库存商品”等科目，贷记“待处理财产损溢——待处理流动资产损溢”科目；在按管理权限报经批准后，借记“待处理财产损溢——待处理流动资产损溢”科目，贷记“管理费用”科目。

（三）存货盘亏及毁损的核算

企业发生存货盘亏及损毁时，借记“待处理财产损溢——待处理流动资产损溢”科目，贷记“原材料”“库存商品”等科目。在按管理权限报经批准后应做如下会计处理：对于入库的残料价值，计入“原材料”等科目；对于应由保险公司和过失人的赔款，计入“其他应收款”科目；扣除残料价值和应由保险公司、过失人赔款后的净损失，属于一般经营损失的部分，计入“管理费用”科目；属于非常损失的部分，计入“营业外支出——非常损失”账户。除因自然灾害带来的非常损失可不做增值税进项税额转出外，其他损毁（除残料部分）需做增值税进项税额的转出。

三、存货的期末计价

（一）存货期末计量的原则

在日常经营中，存货存在价值变化的风险，如市价下跌、产品更新换代、商品过时甚至产品过期、霉变等。为了在资产负债表中更合理地反映期末存货的价值，企业应当选择适当的计价方法对期末存货进行计量。我国企业会计准则规定，资产负债表日，存货应当按照成本与可变现净值孰低法进行计量。

成本与可变现净值孰低法，是指按照存货的成本与可变现净值两者之中的较低者对期末存货进行计量的一种方法。当期末存货的成本低于可变现净值时，存货仍按成本计量。当期末行货的可变现净值低于成本时，存货则按可变现净值计量，同时按可变现净值低于成本的差额计提存货跌价准备，计入当期损益。这里的可变现净值，是指在日常活动中，存货的估计售价减去至完工时估计将要发生的成本、估计的销售费用以及相关税费后的金额。成本是指期末存货的实际成本，如果企业在存货成本的平常核算中采用计划成本法、零售价法核算等简化核算方法，则成本应为经调整后的实际成本。

（二）存货跌价准备的计提和转回

存货跌价准备通常按照单个存货项目计提，但对于数量繁多、单价较低的存货，也可以按照存货的类别计提存货跌价准备。与同一地区生产和销售的产品系列相关，具有相同或类似最终用途或目的，且难以与其他项目分开计量的存货，可以合并计提存货跌价准备。资产负债表日，存货成本高于其可变现净值的，应当确

认存货跌价准备，并计提资产减值损失，计入当期损益。若已计提存货跌价准备的存货价值以后全部恢复，即存货跌价的影响因素已经消失，要在原计提的存货跌价准备金额内转回，转回的金额计入当期损益（资产减值损失），应当冲减存货跌价准备，其冲减的跌价准备的金额，应以“货跌价准备”账户的余额冲减至零为限。

（三）账户设置及账务处理

为了核算和监督存货跌价准备的提取情况，企业应设置“存货跌价准备”账户，它属于资产类账户，也是有关存货账户的备抵调整账户。贷方登记企业提取利补提的存货跌价准备；借方登记企业冲回或转销的存货跌价准备；期末贷方余额反映企业已计提但尚未转销的行货跌价准备。本账户可按行货项目或类别设置明细账，进行明细核算。

当存货成不高于其可变现净值时，企业应当按照存货可变现净值低于成本的差额，借记“资产减值损失——计提的存货跌价准备”科目，贷记“存货跌价准备”科目。转回已计提的存货跌价准备金额时，按恢复增加的金额，借记“存货跌价准备”科目，贷记“资产减值损失——计提的存货跌价准备”科目。企业结转存货销售成本时，对于已计提存货跌价准备的，借记“存货跌价准备”科目，贷记“主营业务成本”“其他业务成本”等科目。

第四节 职工薪酬岗位核算

一、应付职工薪酬核算

（一）应付职工薪酬的构成

职工薪酬，是指企业为获得职工提供的服务或终止劳动合同关系而给予的各种形式的报酬。企业提供给职工配偶、子女、受赡养人、已故员工遗属及其他受益人等的福利，也属于职工薪酬。职工薪酬主要包括短期薪酬、离职后福利、辞退福利和其他长期职工福利。

1．短期薪酬

短期薪酬，是指企业预期在职工提供相关服务的年度报告期间结束后 12 个月内将全部予以支付的职工薪酬，因解除与职工的劳动关系给予的补偿除外。因解除与职工的劳动关系给予的补偿属于辞退福利的范畴。短期薪酬主要包括职工工资、奖金、津贴和补贴，是指按照构成工资总额的计时工资、计件工资、支付给职工的超额劳动报酬等的劳动报酬，为了补偿职工特殊或额外的劳动消耗和因其他特殊原因支付给职工的津贴，以及为了保证职工工资水平不受物价影响支付给职工的物价补贴等。企业的短期奖金计划属于短期薪酬，长期奖金计划属于其他长期职工福利。职工福利费，是指企业向职工提供的生活困难补助、丧葬补助、抚恤费、职工异地安家费、防暑降温费等职工福利支出。医疗保险费、工伤保险费和生育保险费等社会保险费，是指企业按照国家规定的基准和比例计算，向社会保险经办机构缴纳的医疗保险费、工伤保险费和生育保险费。住房公积金，是指企业按照国家规定的基准和比例计算，向住房公积金管理机构缴存的住房公积金。工会经费和职工教育经费，是指企业为了改善职工文化生活，为职工学习先进技术，提高文化水平和业务素质，用于开展工会活动和职工教育及职业技能培训等相关支出。短期带薪缺勤，是指职工虽然缺勤但企业仍向其支付报酬的安排，包括年休假、病假、婚假、产假、丧假、探亲假等。长期带薪缺勤属于其他长期职工福利。短期利润分享计划，是指因职工提供服务而与职工达成的基于利润或其他经营成果提供薪酬的协议。长期利润分享计划属于其他长期职工福利。其他短期薪酬，是指除上述薪酬以外的其他为获得职工提供的服务而给予的短期薪酬。

2．离职后福利

离职后福利，是指企业为获得职工提供的服务而在职工退休或与企业解除劳动关系后，提供的各种形式的报酬和福利，短期薪酬和辞退福利除外。企业应当将离职后福利计划分类为设定提存计划和设定受益计划。离职后福利计划，是指企业与职工就离职后福利达成的协议，或者企业为向职工提供离职后福利制定的规章或办法等。其中，设定提存计划，是指向独立的基金缴存固定费用后，企业不再承担进一步支付义务的离职以后福利计划。设定受益计划，是指除设定提存计划以外的离职后福利计划。

3．辞退福利

辞退福利是指企业在职工劳动合同到期之前解除与职工的劳动合同关系，或者为鼓励职工接受裁减而给予职工的补偿。

4．其他长期职工福利

其他长期职工福利，是指除短期薪酬、离职后福利、辞退福利之外所有的职工薪酬，包括长期带薪缺勤、长期残疾福利、长期利润分享计划等。

（二）应付职工薪酬科目的设置

企业应当设置的科目包括：“应付职工薪酬——工资、奖金、津贴和补贴”“职工福利费”“非货币性福利”“社会保险费”“住房公积金”“工会经费和职工教育经费”“带薪缺勤”“利润分享计划”“设定提存计划”“设定受益计划义务”“辞退福利”等。

二、短期薪酬的核算

企业应当在职工为其提供服务的会计期间，将实际发生的短期薪酬确认为负债，并计入当期损益，其他会计准则要求或允许计入资产成本的除外。

（一）货币性职工薪酬

1. 工资、奖金、津贴和补贴

（1）计提货币性职工薪酬时

借：管理费用

生产成本

制造费用

劳务成本等

贷：应付职工薪酬——工资、奖金、津贴和补贴

（2）支付工资时

借：应付职工薪酬——工资、奖金、津贴和补贴

贷：银行存款

库存现金

其他应收款（扣还代垫的各种款项）

应交税费——应交个人所得税（代扣个人所得税）

2. 职工福利费

对于职工福利费，企业应在实际发生时根据实际发生额计入当期损益或相关资产成本。

借：生产成本

制造费用

管理费用

销售费用

贷：应付职工薪酬——职工福利费

3. 国家规定计提标准的职工薪酬

对于国家规定了计提基础和计提比例的社会保险费和住房公积金，以及按规定提取的工会经费和职工教育经费。

借：生产成本

制造费用

管理费用

贷：应付职工薪酬——社会保险费

——住房公积金

——工会经费和职工教育经费

4．短期带薪缺勤

（1）累积带薪缺勤，是指带薪权利可以结转下期的带薪缺勤，本期尚未用完的带薪缺勤权利可以在未来期间使用。

企业应当在职工提供了服务从而增加了其未来享有的带薪缺勤权利时：

借：管理费用

贷：应付职工薪酬——带薪缺勤——短期带薪缺勤——累积带薪缺勤

（2）非累积带薪缺勤，是指带薪权利不能结转下期的带薪缺勤，本期尚未用完的带薪缺勤权利将予以取消，并且职工离开企业时也无权获得现金支付。我国企业职工休婚假、产假、丧假、探亲假、病假期间的工资通常属于非累积带薪缺勤。企业确认职工享有的与非累积带薪缺勤权利相关的薪酬，视同职工出勤确认的当期损益或相关资产成本，不必额外作相应的账务处理。

（二）非货币性职工薪酬

1．企业以其自产产品作为非货币性福利发放给职工

（1）确认收入

借：应付职工薪酬——非货币性福利

贷：主营业务收入

应交税费——应交增值税（销项税额）

（2）结转产品成本

借：主营业务成本

贷：库存商品——电暖器

（3）确认应付职工薪酬

借：生产成本

管理费用

销售费用等

贷：应付职工薪酬——非货币性福利

2．将企业拥有的房屋等资产无偿提供给职工使用

借：管理费用、生产成本、制造费用

贷：应付职工薪酬——非货币性福利

同时，

借：应付职工薪酬——非货币性福利

贷：累计折旧

3．租赁住房等资产供职工无偿使用的

（1）确认应付职工薪酬时

借：管理费用、生产成不、制造费用

贷：应付职工薪酬——非货币性福利

（2）支付房租时

借：应付职工薪酬——非货币性福利

贷：银行存款

三、设定提存计划的核算

对于设定提存计划，企业应当根据在资产负债表日为换取职工在会计期间提供的服务而应向单独主体缴存提存金。

借：生产成本

制造费用

管理费用

销售费用

贷：应付职工薪酬——设定提存计划

第五节　资金岗位核算

一、债务资金筹集业务的核算

（一）短期借款的核算

1．短期借款

短期借款是指企业向银行或其他金融机构等借入的期限在1年以下（含1年）的各种款项。短期借款通常是为了满足正常生产经营的需要或者是为了抵偿某项债务而借入的。无论借入款项的来源如何，企业均需要向债权人按期偿还借款的本金及利息。目前，我国企业的短期借款主要有流动资金借款、临时借款、结算借款、票据贴现借款等。

2．账户设置

企业应该设置“短期借款”账户用于核算借款本金，该账户属于负债类账户，借方归还的本金数额，贷方核算借入的本金数额。期末余额在贷方，表示尚未归还的短期借款账户可以按短期借款的种类和债权人设置明细分类账户进行核算。在实际工作中，企业的短期借款利息一般采用月末预提，按季度支付的方式，短期借款利息属于筹资费用，核算时应计入“财务费用”科目的借方。“应付利息”科目的贷方核算企业计提的利息，实际支付利息时从借方转出，期末余额表企业已经计提但尚未支付的利息。

3．账务处理

（1）核算方法

短期借款的账务处理主要涉及三个方面的问题：取得、利息的核算、偿还。①企业从银行或其他金融机构取得短期借款时，借记“银行存款”科目，贷记“短期借款”科目。②企业应当在资产负债表日按照计算确定的短期借款利息费用，借记“财务费用”科目，贷记“应付利息”科目。实际支付利息时，根据已预提的利息，借记“应付利息”科目；根据应计利息，借记“财务费用”科目；根据应付利息总额，贷记“银行存款”科目。③企业短期借款到期偿还本金时，借记“短期借款”科目，贷记“银行存款”科目。

（2）会计分录

①取得短期借款

借：银行存款

贷：短期借款

②核算短期借款利息费用

企业应在资产负债表日按照计算确定的短期借款利息费用。

借：财务费用

贷：应付利息

实际支付时。

借：应付利息

贷：银行存款

③短期借款到期偿还本金时

借：短期借款

贷：银行存款

如果企业的短期借款利息是按月支付的，或者利息是在借款到期时连同本金一起归还，但是数额不大的，可以不采用预提的方法，而在实际支付或收到银行的计息通知时。

借：财务费用

贷：银行存款（或库存现金）

（二）长期借款的核算

1．长期借款

长期借款是指企业向银行或其他金融机构借入的期限在 1 年以上（不含 1 年）的各项款。企业一般将长期借款用于固定资产的构建、改扩建工程、大修理工程、对外投资，以及为了保持长期经营能力等方面的需要。由于长期借款的期限较长，至少是在 1 年以上，因此在资产负债表非流动负债项目中列示。由于长期借款的

使用关系到企业的生产经营规模和效益，企业除了要遵守有关的贷款规定、编制借款计划并要有不同形式的担保外，还应监督借款的使用、按期支付长期借款的利息以及按规定的期限归还借款本金等。因此，长期借款会计处理的基本要求是反映和监督企业长期借款的借入、借款利息的结算和借款本息的归还情况，促使企业遵守信贷纪律，提高信用等级，同时也要确保长期借款发挥效益。

2．账户设置

企业应该设置“长期借款”账户核算长期借款，该账户核算长期借款的借入、归还等情况。该科目可按照贷款单位和贷款种类设置明细账，分别通过“本金”“利息调整”“应计利息”等进行明细核算。其中“长期借款——本金”科目的贷方登记长期借款本金的增加额，借方登记本金的减少额，贷方余额表示企业尚未偿还的长期借款本金。“长期借款——应计利息”科目核算到期一次还本付息的长期借款利息，贷方表示利息的计提，借方表示利息的支付。“长期借款——利息调整”科目核算借款合同中约定的本金和借款所实际收到款项产生的差额。

3．账务处理

（1）核算方法

长期借款的核算主要涉及 3 个方面的问题：取得、利息的核算、归还。

①长期借款的取得

企业借入长期借款，应按实际收到的金额，借记“银行存款”科目，贷记“长期借款——本金”科目。如存在差额，还应借记“长期借款——利息调整”科目。

②长期借款利息的确认

持有长期借款期间，会发生相应长期借款利息费用，通常计入“财务费用”科目。长期借款利息费用应当在资产负债表日按照实际利率法计算确定，实际利率与合同利率差异较小的，也可以采用合同利率计算确定利息费用。其中属于筹建期间的，不符合资本化条件的借款利息费用计入“管理费用”。属于生产经营期间的，如果长期借款用于购建固定资产，在固定资产尚未达到预定可使用状态前，所发生的应当资本化的利息支出数，计入“在建工程”。固定资产达到预定可使用状态后发生的利息支出，以及按规定不予资本化的利息支出，计入“财务费用”。

③长期借款的归还

企业归还长期借款的本金时，应按归还的金额，借记“长期借款——本金”科目，贷记“银行存款”科日。按归还的利息，借记“应付利息”或“长期借款——应计利息”科目，贷“银行存款”科目。

（2）会计分录

①长期借款取得与使用

借：银行存款（实际收到的金额）

长期借款——利息调整（差额）

贷：长期借款——本金

②长期借款利息的核算

借：财务费用等

贷：长期借款——应计利息（到期一次还本付息）

应付利息（分期付息）

长期借款——利息调整（差额）

③长期借款的归还

企业归还长期借款的本金时。

借：长期借款——本金

贷：银行存款

按归还的利息。

借：应付利息（分期付息）

长期借款——应计利息（到期一次还本付息）

贷：银行存款

二、权益资金筹集业务的核算

企业的资产也就是权益，权益又可以分为两种：一种是债权人权益（负债），另一种是所有者权益。这里的权益资金核算特指所有者权益资金的核算。所有者权益（又称为股东权益）是指企业资产扣除负债后由所有者享有的剩余权益，是企业投资人对企业净资产的所有权。所有者权益和债权人权益不同，首先，除非发生减资、清算或分派现金股利，企业不需要偿还所有者权益。其次，企业清算时，只有在清偿了所有的负债后，所有者权益才返还给所有者。最后，所有者凭借所有者权益能够参与企业利润的分配。所有者权益根据其核算的内容和要求，分为实收资本（股本）、其他权益工具、资本公积、其他综合收益、盈余公积和未分配利润等部分。其中，盈余公积和未分配利润统称为留存收益。

（一）实收资本的核算

1. 实收资本

实收资本是指企业按照章程规定或合同、协议约定，接受投资者投入企业的资本。按照我国有关法律规定，投资者设立企业首先必须投入资本。投入资本是指所有者在企业注册资本的范围内实际投入的资本。注册资本，是指企业在设立时向工商行政管理部门登记的资本总额，也就是全部出资者设定的出资额之和。企业对资本的筹集，应该按照法律、法规、合同和章程的规定及时进行。如果是一次筹集的，投入资本应等于注册资本。如果是分期筹集的，在所有者最后一次缴入资本以后，投入资本应等于注册资本。注册资本是企业的法定资本，是企业

承担民事责任的财力保证。在不同类型的企业中，投入资本的表现形式有所不同。在股份有限公司，投入资本表现为实际发行股票的面值，也称为股本。在其他企业，投入资本表现为所有者在注册资本范围内的实际出资额，也称为实收资本。《中华人民共和国公司法》规定，股东可以用货币出资，也可以用实物、知识产权、土地使用权等，可以用货币估价，并可以用依法转让的非货币财产作价出资。全体股东的货币出资金额不得低于有限责任公司注册资本的30%。

2. 账户设置

有限责任公司应当设置“实收资本”科目，用来核算企业接受投资者投入的实收资本。有限责任公司成立时，各投资者按照合同、协议或公司章程投入企业的资本，应全部计入“实收资本”科目，注册资本为在公司登记机关登记的全体股东认缴的出资额。在企业增资时，新加入的投资者缴纳的出资额大于其按约定比例计算的其在注册资本中所占的份额部分，应作为资本公积，计入“资本公积”科目，不计入“实收资本”科目。股份有限公司应当设置“股本”科目，“股本”科目核算股东投入股份有限公司的股本，企业应将核定的股本总额、股份总数、每股面值在股本账户中作备查记录。企业可以在“股本”科目下按股东单位或姓名设置明细账。值得注意的是，企业发行股票取得的收入与股本总额往往不一致，公司发行股票取得的收入大于股本总额的，称为溢价发行；小于股本总额的，称为折价发行；等于股本总额的，为面值发行，我国不允许企业折价发行股票。在采用溢价发行股票的情况下，企业应将相当于股票面值的部分计入“股本”科目，其余部分在扣除发行手续费、佣金等发行费用后计入“资本公积——股本溢价”科目。

3. 账务处理

（1）接受投资

①接受现金资产投资

股份有限公司以外的企业接受现金资产投资。股份有限公司接受现金资产投资。股份有限公司发行股票时，应按照实际发行价格与实际发行的股数的乘积作为发行收入，计入“银行存款”。按照实际发行的股数与面值的乘积确认为“股本”，差额计入“资本公积——股本溢价”中。股份有限公司发行股票支付的手续费、佣金等发行费用，股票溢价发行的，从发行股票的溢价中抵扣。股票发行没有溢价或溢价金额不足以支付发行费用的部分，应将不足支付的发行费用冲减盈余公积和未分配利润。

②接受非现金资产投资

接受投入固定资产，企业接受投资者作价投入的房屋、建筑物、机器设备等固定资产，应按投资合同或协议约定价值确定固定资产价值（但投资合同或协议约定价值不公允的除外）和在注册资本中应享有的份额。

（2）实收资本增减变动的会计处理

①实收资本的增加

企业增加资本主要有3个途径：接受投资者追加投资、资本公积转增资本和盈余公积转增资本。根据《中华人民共和国公司登记管理条例》规定，公司增加注册资本的有限责任公司股东认缴新增资本的出资和股份有限公司的股东认购新股，应当分别依照《中华人民共和国公司法》设立有限责任公司缴纳出资和设立股份有限公司缴纳股款的有关规定执行。公司法规定公积金转增为注册资本的，验资证明应当载明留存的该项公积金不少于转增前公司注册资本的25%。

将资本公积转增资本。

借：资本公积——资本溢价（或股本溢价）

贷：实收资本（或股本）

注意：“资本公积——其他资本公积”不能直接转增资本。

将盈余公积转增资本。

借：盈余公积

贷：实收资本（或股本）

由投资者追加投资。

借：银行存款、固定资产等

贷：实收资本（或股本）

资本公积——资本溢价（或股本溢价）

②实收资本的减少

企业减少实收资本应按法定程序报经批准。企业实收资本减少的原因通常有两种：一是资本过剩；二是企业发生重大亏损而需要减少实收资本。企业因资本过剩而减资，一般要返还股款。一般企业返还投资的会计处理比较简单，按法定程序报经批准减少注册资本的借记“实收资本”科目，贷记“库存现金”“银行存款”等科目。股份有限公司由于采用的是发行股票的方式筹集股本，返还股款时，则要回购发行的股票，发行股票的价格与股票面值可能不同，回购股票的价格也可能与发行价格不同，会计处理较为复杂。在核算上可以分为回购和注销两个步骤。

回购时，应按实际支付的金额。

借：库存股

贷：银行存款

注销库存股时，应按股票面值和注销股数计算的股票面值总额，借记“股本”科目，按注销库存股的账面余额，贷记“库存股”科目，按其差额，冲减股票发行时原计入资本公积的溢价部分，借记“资本公积——股本溢价”科目，回购价格超过上述冲减“股本”及“资本公积——股本溢价”科目的部分，应依次冲减“盈余公积”“利润分配——未分配利润”。

借：股本（按股票面值和注销股数计算的股票面值总额）

资本公积——股本溢价（差额）

盈余公积

未分配利润

贷：库存股（按注销库存股的账面余额）

如回购价格低于回购股份所对应的股本，所注销库存股的账面余额与所冲减股本的差额作为增加股本溢价处理，按回购股份所对应的股本面值，借记“股本”科目，按注销库存股的账面余额，贷记“库存股”科目，按其差额，贷记“资本公积——股本溢价”科目。

借：股本（按股票面值总额）

贷：库存股（按所注销的库存股账面余额）

资本公积——股本溢价（按其差额）

（二）资本公积的核算

1. 资本公积

资本公积是企业收到投资者的超出其在企业注册资本（或股本）中所占份额的投资，以及直接计入所有者权益的利得和损失等。资本公积包括资本溢价（或股本溢价）和直接计入所有者权益的利得和损失等。资本溢价（或股本溢价）是企业收到投资者的超出其在企业注册资本（或股本）中所占份额的投资。形成资本溢价（或股本溢价）的原因有溢价发行股票、投资者超额缴入资本等。一般企业（非股份公司）在企业创立时，出资者认缴的出资额全部作为实收资本入账，不会产生资本溢价。企业重组并有新的投资者介入，会产生资本溢价。股份有限公司按面值发行股票，发行股票取得的收入，应全部形成股本，不会产生股本溢价。股份有限公司溢价发行股票，发行股票取得的收入，相当于股票的面值部分形成股本，超过股票面值的溢价部分在扣除发行手续费、佣金等发行费用后形成股本溢价。

新《企业会计准则》规定，利得和损失分为直接计入所有者权益的利得和损失以及直接计入当期利润的利得和损失。直接计入当期利润的利得和损失，是指应当计入当期损益、最终会引起所有者权益发生增减变动的、与所有者投入资本或者向所有者分配利润无关的利得或者损失，通常通过“营业外收入”“营业外支出”及“公允价值变动损溢”科目核算。直接计入所有者权益的利得和损失是指不应计入当期损益、会导致所有者权益发生增减变动的与所有者投入资本或向所有者分配利润无关的利得或者损失，会计处理上主要通过“资本公积——其他资本公积”科目核算。

2．账户设置

资本公积账户属于所有者权益类账户，贷方表示资本公积的来源或者增加数，借方表示资本公积的运用或者减少数，期末余额在贷方，表示资本公积的实有数。资本公积一般应当设置“资本（或股本）溢价”“其他资本公积”“其他综合收益”明细科目核算。

3．账务处理

（1）资本溢价（股本溢价）

投资者投入的资本中按其投资比例计算的出资额部分，应计入“实收资本”科目，大于部分计入“资本公积——资本溢价”科目。股份有限公司在采用溢价发行股票的情况下，企业发行股票取得的收入，相当于股票的面值部分计入“股本”科目，超过股票面值的溢价部分在扣除发行手续费、佣金等发行费用后，计入“资本公积——股本溢价”。发行股票相关的手续费、佣金等交易费用，如果是溢价发行股票的，应从溢价中抵扣，冲减资本公积（股本溢价）。无溢价发行股票或溢价金额不足以抵扣的，应将不足抵扣的部分冲减盈余公积和未分配利润。

（2）其他资本公积

其他资本公积，是指除资本溢价（或股本溢价）项目以外所形成的资本公积。以采用权益法核算的长期股权投资为例，长期股权投资采用权益法核算的，被投资单位除净损益、其他综合收益和利润分配以外的所有者权益的其他变动，投资企业按持股比例计算持有的份额，应当增加或减少长期股权投资的账面价值，同时增加或减少资本公积（其本公积）。当处置采用权益法核算的长期股权投资时，应当将原计入资本公积（其他资本公积）的相关金额转入投资收益（除不能转入损益的项目外）。

（3）资本公积转增资本

按照《中华人民共和国公司法》的规定，法定公积金（资本公积和盈余公积）转为资本时，所留存的该项公积金不得少于转增前公司注册资本的25%。经股东大会或类似机构决议，用资本公积转增资本时，应冲减资本公积，同时按照转增前的实收资本（或股本）的结构或比例，将转增的金额计入“实收资本”（或“股本”）科目下各所有者的明细分类账。

用资本公积转增资本时。

借：资本公积

贷：实收资本（股本）

第四章　审计

第一节　审计基本原理

一、审计的定义

财务报表审计是注册会计师的传统核心业务。财务报表审计使注册会计师对财务报表是否存在重大错报提供合理保证，以积极的方式提出意见，增强除管理层之外的预期使用者对财务报表信赖的程度。

上述定义可以从以下几个方面加以理解：第一，审计的用户是财务报表的预期使用者，即审计可以用来有效满足财务报表预期使用者的需求。第二，审计的目的是改善财务报表的质量或内涵，增强预期使用者对财务报表的信赖程度，即以合理保证的方式提高财务报表的可信度，而不涉及为如何利用信息提供建议。第三，合理保证是一种高水平保证。当注册会计师获取充分、适当的审计证据，将审计风险降至可接受的低水平时，就获取了合理保证。由于审计存在固有限制，注册会计师据以得出结论和形成审计意见的大多数审计证据是说服性而非结论性的，因此，审计只能提供合理保证，不能提供绝对保证。第四，审计的基础是独立性和专业性。审计通常由具备专业胜任能力和独立性的注册会计师来执行，注册会计师应当独立于被审计单位和预期使用者。第五，审计的最终产品是审计报告。注册会计师针对财务报表是否在所有重大方面按照财务报告编制基础编制并实现公允反映发表审计意见，并以审计报告的形式予以传达。

二、审计的特征

（一）独立性特征

独立性是审计的本质特征，也是保证审计工作顺利进行的必要条件。国内外审计实践经验表明，审计在组织上、人员上、工作上、经费上均具有独立性。为确保审计机构独立地行使审计监督权，审计机构必须是独立的专职机构，应单独设置，与被审计单位没有组织上的隶属关系。为确保审计人员能够实事求是地检查、客观公正地评价与报告，审计人员与被审计单位应当不存在任何经济利益关系，不参与被审计单位的经营管理活动；如果审计人员与被审计单位或者审计事项有利害关系，应当回避。审计人员依法行使审计职权应当受到国家法律保护。审计机构和审计人员应依法独立行使审计监督权，必须按照规定的审计目标、审计内容、审计程序，并严格地遵循审计准则、审计标准的要求，进行证明资料的收集，做出审计判断，表达审计意见，提出审计报告。审计机构和审计人员应保持职业中精神上的独立性，不受其他行政机关、社会团体或个人的干涉。审计机构应有自己专门的经费来源或一定的经济收入，以保证有足够的经费独立自主地进行审计工作，不受被审计单位的牵制。审计对象或审计监督的内容，一般是指被审计单位的经济活动和经济资料，着眼点在于评价经济责任。因此，审计监督是一种经济监督，并不同于行政监督或司法监督。行政监督的对象是国家行政机关实施的行政管理活动（包括经济活动）；行政监督不是以第三者身份，通过授权或委托进行监督，其执行主体本身就具有管理权和处罚权。法律监督的客体是法律关系，其依据是法律。法律监督的最高机关是全国人民代表大会及其常委会，有权监督宪法的贯彻实施。实行法律监督的主体是法院和检察院，其监督要按照法律程序进行。审计虽然也是依法监督，但除法律为其依据外，还有国家的方针、政策、计划、规章、标准、法规等，依法审计，并不等于就是法律监督。审计监督虽说也是经济监督，但又不同于其他专业经济监督。审计监督是专设的部门所实行的监督，审计部门无任何经济管理职能，不参与被审计人及审计委托人任何管理活动，具有超脱性；审计监督内容取决于授权人或委托人的需要，具有广泛性；审计监督代表国家实施监督，被审计单位不得阻挠；审计监督不仅可以对所有的经济活动进行监督，而且还可以对其他经济监督部门以及它们监督过的内容进行再监督。例如，会计、财政、税务、银行等可以实行经济监督，但它们不是独立的经济监督部门，而主要是经济管理部门，经济监督是其经济管理的附带职能，监督是为其管理服务的，监督的内容总是与其管理的范围相一致。

（二）权威性特征

审计的权威性，是保证有效行使审计权的必要条件。审计的权威性总是与独立性相关，它离不开审计组织的独立地位与审计人员的独立执业。各国国家法律对实行审计制度、建立审计机关以及审计机构的地位和权力都做了明确规定，这样使审计组织具有法律的权威性。我国实行审计监督制度在宪法中做了明文规定，审计法中又进一步规定：国家实行审计监督制度。国务院和县级以上地方人民政府设立审计机关。审计机关依照法律规定的职权和程序，进行审计监督。

审计人员依法执行职务，受法律保护。任何组织和个人不得拒绝、阻碍审计人员依法执行职务，不得打击报复审计人员。审计机关负责人在没有违法失职或者其他不符合任职条件的情况下，不得随意撤换。审计机关有要求报送资料权，检查权，调查取证权，采取临时强制措施权，建议主管部门纠正其有关规定权，通报、公布审计结果权，对被审计单位拒绝、阻碍审计工作的处理、处罚权，对被审计单位违反预算或者其他违反国家规定的财政收支行为的处理权，对被审计单位违反国家规定的财务收支行为的处理、处罚权，给予被审计单位有关责任人员行政处分的建议权等。我国审计人员依法行使独立审计权时受法律保护，在被审计单位拒绝、阻碍审计时，或有违反国家规定的财政财务收支行为时，审计机关有权做出处理、处罚的决定或建议，这更加体现了我国审计的权威性。审计人员应当具备与其从事的审计工作相适应的专业知识和业务能力。审计人员应当执行回避制度和负有保密的义务，审计人员办理审计事项应当客观公正、实事求是、廉洁奉公、保守秘密。审计人员滥用职权、徇私舞弊、玩忽职守，构成犯罪的，依法追究刑事责任；不构成犯罪的，给予行政处分。这样不仅有利于保证审计执业的独立性、准确性和科学性，而且有利于提高审计报告与结论的权威性。

根据我国审计法规的要求，被审计单位应当坚决执行审计决定，如将非法所得及罚款按期缴入审计机关指定的专门账户。对被审计单位和协助执行单位未按规定期限和要求执行审计决定的，应当采取措施责令其执行；对拒不执行审计决定的，申请法院强制执行，并可依法追究其责任。由此可见，我国政府审计机关的审计决定具有法律效力，可以强制执行，这也充分地显示了我国审计的权威性。我国社会审计组织，也是经过有关部门批准、登记注册的法人组织，依照法律规定独立承办审计查账验证和咨询服务业务，其审计报告对外具有法律效力，这也充分体现它们同样具有法定地位和权威性。我国内部审计机构也是根据法律规定设置的，在单位内部具有较高的地位和相对的独立性，因此也具有一定的权威性。各国为了保障审计的权威性，分别通过《中华人民共和国公司法》《中华人民共和国证券交易法》《中华人民共和国商法》《中华人民共和国破产法》等，从法律上赋予审计超脱的地位及监督、评价、鉴证职能。一些国际性的组织为了提高审计的权威性，也通过协调各国的审计制度、准则以及制定统一的标准，使审计成为一项世界性的权威的专业服务。

（三）公正性特征

与权威性密切相关的是审计的公正性。从某种意义上说，没有公正性，也就不存在权威性。审计的公正性，反映了审计工作的基本要求。审计人员理应站在第三者的立场上，进行实事求是的检查，做出不带任何偏见的、符合客观实际的判断，并做出公正的评价和进行公正的处理，以正确地确定或解除被审计人的经济责任，审计人员只有同时保持独立性、公正性，才能取信于审计授权者或委托者以及社会公众，才能真正树立审计权威的形象。

三、审计的证据

注册会计师对财务报表提供合理保证是建立在获取充分、适当证据的基础上的。审计证据，是指注册会计师为了得出审计结论和形成审计意见而使用的必要信息。审计证据在性质上具有累积性，主要是在审计过程中通过实施审计程序获取的。然而，审计证据还可能包括从其他来源获取的信息，如以前审计中获取的信息（前提是注册会计师已确定自上次审计后是否已发生变化，这些变化可能影响这些信息对本期审计的相关性）或会计师事务所接受与保持客户或业务时实施质量控制程序获取的信息。除从被审计单位内部其他来源和外部来源获取的信息外，会计记录也是重要的审计证据来源。同样，被审计单位雇用或聘请的专家编制的信息也可以作为审计证据。审计证据既包括支持和佐证管理层认定的信息，也包括与这些认定相矛盾的信息。在某些情况下，信息的缺乏（如管理层拒绝提供注册会计师要求的声明）本身也构成审计证据，可以被注册会计师利用。在形成审计意见的过程中，注册会计师的大部分工作是获取和评价审计证据。

审计证据的充分性和适当性相互关联。充分性是对审计证据数量的衡量。注册会计师需要获取的审计证据的数量受其对重大错报风险评估的影响（评估的重大错报风险越高，需要的审计证据可能越多），并受审计证据质量的影响（审计证据质量越高，需要的审计证据可能越少）。然而，注册会计师仅靠获取更多的审计证据，可能无法弥补其质量上的缺陷。审计证据的适当性是对审计证据质量的衡量，即审计证据在支持审计意见所依据的结论方面具有的相关性和可靠性。审计证据的可靠性受其来源和性质的影响，并取决于获取审计证据的具体环境。

由于不同来源或不同性质的证据可以证明同一项认定，注册会计师可以考虑获取证据的成本与所获取信息有用性之间的关系，但不应仅以获取证据的困难和成本为由减少不可替代的程序。在评价证据的充分性和适当性以支持鉴证报告时，注册会计师应当运用职业判断并保持职业怀疑态度。

四、审计的需求

（一）资源所有者的审计需求

自审计产生以来，在相当长的发展时期内，对审计的需求源于资源所有者。政府审计和民间审计的产生都是基于资源所有权与经营权的分离而产生的。在社会经济发展过程中，对于资源所有者而言，随着自身拥有资源的扩大，当其拥有的资源扩大到不能亲自经营管理时，就以委托代理的方式将其拥有的资源委托给别人经营，于是就形成了委托受托的代理关系。作为资源所有者，拥有资源剩余索取权，无须参与资源的经营管理，而仅仅是通过签订委托契约方式将经营资源的责任完全委托给有才干的人，即经理人来经营。经理人是资源的经营者，他们受托运用所有者的资源进行生产经营活动，拥有经营决策权，并依据委托受托契约条款取得相应的报酬。对于经理人而言，资源经营权的取得是以承担相应的资源经管责任为代价的，这一资源经管责任亦即通常所说的受托责任。委托受托关系的正常维系，取决于受托方受托责任的履行情况。

因此，在委托受托关系中，为了考察受托责任的履行情况，无论是委托方，还是受托方，都需要通过一定的方式反映受托责任的履行情况，而这种反映的一个最有效途径就是会计。为使会计能够真实地记录受托责任的履行情况，代理双方通常需要就受托责任的会计计量做出事先规定，用于约束资源受托人的会计行为。在委托受托关系中，由于存在利益的非均衡性和信息非对称性，以及记录和反映受托责任履行情况的会计受聘于经理人等原因，使得经理人有着自然的控制权，他可以通过对会计信息系统进行控制与操纵，使会计信息脱离真实的经营成果而偏向其自身利益。这就意味着经理人在向委托人提供反映受托责任履行情况的信息时，在会计核算过程中可能存在着违反委托人与经理人事先约定的会计计量规则的行为。而委托人在利用经理人提供的会计信息评价经理人受托责任的履行情况时，就要通过一定的方式来降低甚至消除会计信息中所存在的风险，以便正确评价经理人受托责任的履行情况。

由于会计信息质和量的变化，以及资源所有者个人受制于时间、精力、地域、能力等多方面的原因，拥有剩余索取权的所有者在不能亲自揭示经理人违背事先约定的会计计量规则的行为时，转而寻求独立的人员（审计人员）代其行事。因此，审计人员接受资源所有者的授权或委托，对经理人提供的会计信息进行审计，是“为了维护所有者的利益，考核会计核算的所有方面是否遵循所有者与经理人之间既定的会计计量规则契约。所有不符合该契约的行为都属于错误或弊端，是注册会计师（审计人员）应予以揭示的对象”，亦即揭露会计信息中的错误和弊端，降低或消除信息风险，以便于资源所有者利用经审定后的会计信息正确评价经理人受托责任的履行情况。

（二）债权人的审计需求

在企业的经营过程中，生产经营所需要的资金最初主要是由资源所有者提供的。随着企业规模的扩大，生产经营所需资金逐渐增多，由于资源所有者所拥有资源的局限性，决定了资源所有者不可能无限度地向企业提供资金。为满足企业经营的需要，向银行借贷成为企业主要的资金来源渠道。银行将资金让渡给企业使用，为确保贷款的安全性，需要企业提供反映其偿债能力的会计信息，根据企业的偿债能力进行相应的贷款决策，确定是否发放贷款、贷款的规模、期限与利率等。而企业为了以优惠的条件取得贷款，在向银行提供这些信息时，存在有意粉饰会计信息的动机。银行为了确保贷款决策的准确性，需要通过审计揭露企业会计信息中存在的错误和弊端，以降低或消除信息风险。债权人对审计的需求与资源所有者相比，最大的区别在于债权人不需要将所有的会计核算信息作为审计对象，而只需要检查与偿债能力有关的会计信息，即主要表现在资产负债表中的少数关键账户及其所反映的资产流动性是否可靠。但其需求动机却是相同的，都是需要通过审计来降低或消除相关信息的信息风险。

（三）经营管理者的审计需求

经营管理者作为委托受托关系中的受托方，多数充当的是被审计的对象。在相当长的时期内，虽然经营管理者在审计关系中处于被动地位，然而，在确定受托责任的履行过程中，为了明确自身的清白，取信于委托方，经营管理者亦存在主动需求审计的愿望，这时其对审计的需求是希望通过审计确信反映受托责任履行情况的会计信息遵守了与委托方之间既定的会计计量规范，不存在错误和弊端，即不含有信息风险。

随着资本市场的发展，为了满足企业扩大经营规模的需要，从证券市场上直接融资成为企业的重要方式。在这一时期，企业的股权结构表现为所有者的人数激增，股权变得高度分散，单一所有者已无力对企业的经营管理实施监控，所有者只是通过委托契约关系对企业的财产保持最终的控制权，最为关心的是其股票的买卖，因此而成为纯粹的投资者。这样，所有者们失去了形式上乃至实质上对企业经济活动的控制权，经营过程中的实际控制权逐渐落入企业经理人手中。在经理人掌握企业经营管理的控制权以后，经理们所关心的就是如何将社会上闲散的资金更多地吸引到自己所经管的企业中。为了吸引投资者手中的资金，经理人必须表明自身的经营能力和较高的投资回报率，对此，需要向投资者公布企业的会计信息，以便投资者做出投资决策。为了消除理性投资者的信息风险，降低吸收资金的成本，经理人也就产生了对审计的需求。对于经理人而言，要求审计验证其提供的会计信息，是为了减小与投资者之间的信息不对称，亦即减少信息风险。

（四）投资者的审计需求

随着证券市场的发展，不仅使得社会公众成为投资者的愿望成为现实，而且也使原来拥有企业控制权的所有者逐渐演变成为投资者。对于投资者而言，所关心的是投资的盈利性，而投资的盈利性取决于其投资决策的准确性。投资者无论是购入、持有还是卖出一家企业的股票，均需要根据该企业相关的信息做出相应的投资决策。由于投资者进行决策所依据的信息是由企业提供的，而投资者本身无法实施对信息的验证，为了减少信息风险，提高决策的准确性，就需依靠审计对信息进行验证。因此，投资者对审计的需求也是为了减少信息风险。

第二节 审计流程测试

一、风险评估

（一）风险识别和评估

在风险导向审计模式下，注册会计师以重大错报风险的识别、评估和应对为审计工作的主线，最终将审计风险控制在可接受的低水平。风险的识别和评估是审计风险控制流程的起点。风险识别和评估，是指注册会计师通过实施风险评估程序，识别和评估财务报表层次和认定层次的重大错报风险。其中，风险识别是指找出财务报表层次和认定层次的重大错报风险；风险评估是指对重大错报发生的可能性和后果严重程度进行评估。

（二）风险评估程序、信息来源以及项目组内部的讨论

1．风险评估程序和信息来源

注册会计师了解被审计单位及其环境，目的是识别和评估财务报表重大错报风险。为了解被审计单位及其环境而实施的程序称为“风险评估程序”。注册会计师应当依据实施这些程序所获取的信息，评估重大错报风险。

注册会计师应当实施下列风险评估程序，以了解被审计单位及其环境。

（1）询问管理层和被审计单位内部其他人员。

（2）分析程序。

（3）观察和检查。

注册会计师在审计过程中应当实施上述审计程序，但是在了解被审计单位及其环境的每方面时无须实施上述所有程序。

2．其他审计程序和信息来源

（1）其他审计程序

除了采用上述程序从被审计单位内部获取信息以外，如果根据职业判断认为从被审计单位外部获取的信息有助于识别重大错报风险，注册会计师应当实施其他审计程序以获取这些信息。例如，询问被审计单位聘请的外部法律顾问、专业评估师、投资顾问和财务顾问等。阅读外部信息也可能有助于注册会计师了解被审计单位及其环境。外部信息包括证券分析师、银行、评级机构出具的有关被审计单位及其所处行业的经济或市场环境等状况的报告、贸易与经济方面的报纸期刊、法规或金融出版物，以及政府部门或民间组织发布的行业报告和统计数据等。

（2）其他信息来源

注册会计师应当考虑在客户接受或保持过程中获取的信息是否与识别重大错报风险相关。通常，对新的审计业务，注册会计师应在业务承接阶段对被审计单

位及其环境有一个初步的了解，以确定是否承接该业务。而对连续审计业务，也应在每年的续约过程中对上年审计作总体评价，并更新对被审计单位的了解和风险评估结果，以确定是否续约。注册会计师还应当考虑向被审计单位提供其他服务（如执行中期财务报表审阅业务）所获得的经验是否有助于识别重大错报风险。对于连续审计业务，如果拟利用以往与被审计单位交往的经验和以前审计中实施审计程序获取的信息，注册会计师应当确定被审计单位及其环境自以前审计后是否已发生变化，进而可能影响这些信息对本期审计的相关性。例如，通过前期审计获取的有关被审计单位组织结构、生产经营活动和内部控制的审计证据，以及有关以往的错报和错报是否得到及时更正的信息，可以帮助注册会计师评估本期财务报表的重大错报风险。但值得注意的是，被审计单位或其环境的变化可能导致此类信息在本期审计中已不具有相关性。例如，注册会计师前期已经了解了内部控制的设计和执行情况，但被审计单位及其环境可能在本期发生变化，导致内部控制也发生相应变化。在这种情况下，注册会计师需要实施询问和其他适当的审计程序（如穿行测试），以确定该变化是否可能影响此类信息在本期审计中的相关性。根据审计准则的要求，注册会计师应当从六个方面了解被审计单位及其环境。需要说明的是，注册会计师无须在了解每个方面时都实施以上所有的风险评估程序。例如，在了解内部控制时通常不用分析程序。但是，对被审计单位及其环境进行了解的整个过程中，注册会计师通常会实施上述所有的风险评估程序。

3．项目组内部的讨论

项目组内部的讨论在所有业务阶段都非常必要，可以保证所有事项得到恰当的考虑。通过安排具有较多经验的成员（如项目合伙人）参与项目组内部的讨论，其他成员可以分享其见解和以往获取的被审计单位的经验。《中国注册会计师审计准则第 1211 号——通过了解被审计单位及其环境识别和评估重大错报风险》要求项目合伙人和项目组其他关键成员应当讨论被审计单位财务报表存在重大错报的可能性，以及如何根据被审计单位的具体情况运用适用的财务报告编制基础。项目合伙人应当确定向未参与讨论的项目组成员通报哪些，如讨论的目标、讨论的内容、参与讨论的人员，以及讨论的时间和形式等。

（三）评估重大错报风险

1．评估财务报表层次和认定层次的重大错报风险

（1）评估重大错报风险的审计程序

在评估重大错报风险时，注册会计师应当实施下列审计程序。

①在了解被审计单位及其环境（包括与风险相关的控制）的整个过程中，结合对财务报表中各类交易、账户余额和披露的考虑，识别风险。例如，被审计单位因相关环境法规的实施需要更新设备，可能面临原有设备闲置或贬值的风险；

宏观经济的低迷可能预示应收账款的回收存在问题；竞争者开发的新产品上市，可能导致被审计单位的主要产品在短期内过时，预示将出现存货跌价和长期资产（如固定资产等）的减值。②结合对拟测试的相关控制的考虑，将识别出的风险与认定层次可能发生错报的领域相联系。例如，销售困难使产品的市场价格下降，可能导致年末存货成本高于其可变现净值而需要计提存货跌价准备，这显示存货的计价认定可能发生错报。③评估识别出的风险，并评价其是否更广泛地与财务报表整体相关，进而潜在地影响多项认定。④考虑发生错报的可能性（包括发生多项错报的可能性），以及潜在错报的重大程度是否足以导致重大错报。

注册会计师应当利用实施风险评估程序获取的信息，包括在评价控制设计和确定其是否得到执行时获取的审计证据，作为支持风险评估结果的审计证据。注册会计师应当根据风险评估结果，确定实施进一步审计程序的性质、时间安排和范围。

（2）识别两个层次的重大错报风险

在对重大错报风险进行识别和评估后，注册会计师需确定与特定某类交易的关系，同时对财务报表的整体进行广泛的关注。某些重大错报风险可能与特定的某类交易、账户余额和披露的认定相关。例如，被审计单位存在复杂的联营或合资，这一事项表明长期股权投资账户的认定可能存在重大错报风险。又如，被审计单位存在重大的关联方交易，该事项表明关联方及关联方交易的披露认定可能存在重大错报风险。某些重大错报风险可能与财务报表整体广泛相关，进而影响多项认定。例如，在经济不稳定的国家和地区开展业务、资产的流动性出现问题、重要客户流失、融资能力受到限制等，可能导致注册会计师对被审计单位的持续经营能力产生重大怀疑。又如，管理层缺乏诚信或承受异常的压力可能引发舞弊风险，这些风险与财务报表整体相关。

（3）控制环境对评估财务报表层次重大错报风险的影响

财务报表层次的重大错报风险很可能源于薄弱的控制环境。薄弱的控制环境带来的风险可能对财务报表产生广泛影响，难以限于某类交易、账户余额和披露，注册会计师应当采取总体应对措施。例如，被审计单位治理层、管理层对内部控制的重要性缺乏认识，没有建立必要的制度和程序；或管理层经营理念偏于激进，又缺乏实现激进目标的人力资源等，这些缺陷源于薄弱的控制环境，可能对财务报表产生广泛影响，需要注册会计师采取总体应对措施。

2. 需要特别考虑的重大错报风险

（1）特别风险的含义

特别风险，是指注册会计师识别和评估的、根据判断认为需要特别考虑的重大错报风险。

（2）确定特别风险时考虑的事项

在判断哪些风险是特别风险时，注册会计师应当至少考虑下列事项：风险是否属于舞弊风险；风险是否与近期经济环境、会计处理方法或其他方面的重大变化相关，因而是否需要特别关注；交易的复杂程度；风险是否涉及重大的关联方交易；财务信息计量的主观程度，特别是计量结果是否具有高度不确定性；风险是否涉及异常或超出正常经营过程的重大交易。在判断哪些风险是特别风险时，注册会计师不应考虑识别出的控制对相关风险的抵销效果。

（3）非常规交易和判断事项导致的特别风险

日常的、不复杂的、经正规处理的交易不太可能产生特别风险。特别风险通常与重大的非常规交易和判断事项有关。

3．仅通过实质性程序无法应对的重大错报风险

作为风险评估的一部分，如果认为仅通过实质性程序获取的审计证据无法应对认定层次的重大错报风险，注册会计师应当评价被审计单位针对这些风险设计的控制，并确定其执行情况。在被审计单位对日常交易采用高度自动化处理的情况下，审计证据可能仅以电子形式存在，其充分性和适当性通常取决于自动化信息系统相关控制的有效性，注册会计师应当考虑仅通过实施实质性程序不能获取充分、适当审计证据的可能性。例如，某企业通过高度自动化的系统确定采购品种和数量，生成采购订购单，并通过系统中设定的收货确认和付款条件进行付款。除了系统中的相关信息以外，该企业没有其他有关订购单和收货的记录。在这种情况下，如果认为仅通过实施实质性程序不能获取充分、适当的审计证据，注册会计师应当考虑依赖的相关控制的有效性，并对其进行了解、评估。

4．对风险评估的修正

注册会计师对认定层次重大错报风险的评估，可能随着审计过程中不断获取审计证据而作出相应的变化。例如，注册会计师对重大错报风险的评估可能基于预期控制运行有效这一判断，即相关控制可以防止或发现并纠正认定层次的重大错报。但在测试控制运行的有效性时，注册会计师获取的证据可能表明相关控制在被审计期间并未有效运行。同样，在实施实质性程序后，注册会计师可能发现错报的金额和频率比在风险评估时预计的金额和频率要高。因此，如果通过实施进一步审计程序获取的审计证据与初始评估获取的审计证据相矛盾，注册会计师应当修正风险评估结果，并相应修改原计划实施的进一步审计程序。因此，评估重大错报风险与了解被审计单位及其环境一样，也是一个连续和动态的收集、更新与分析信息的过程，贯穿于整个审计过程的始终。

二、风险应对

（一）针对财务报表层次重大错报风险的总体应对措施

1．财务报表层次重大错报风险与总体应对措施

（1）识别重大错报风险。在财务报表重大错报风险的评估过程中，注册会计

师应当确定，识别的重大错报风险是与特定的某类交易、账户余额和披露的认定相关，还是与财务报表整体广泛相关，进而影响多项认定。如果是后者，则属于财务报表层次的重大错报风险。

（2）注册会计师应当针对评估的财务报表层次重大错报风险确定总体应对措施。第一，向项目组强调保持职业怀疑的必要性，这一项很重要，一定要在一开始强调清楚。第二，指派更有经验或具有特殊技能的审计人员。由于各行业在经营业务、经营风险、财务报告、法规要求等方面具有特殊性，审计人员的专业分工细化成为一种趋势。审计项目组成员中应有一定比例的人员曾经参与过被审计单位以前年度的审计，或具有被审计单位所处特定行业的相关审计经验。必要时，要考虑利用信息技术、税务、评估、精算等方面的专家工作。第三，提供更多的督导。对于财务报表层次重大错报风险较高的审计项目，审计项目组的高级别成员，如项目合伙人、项目经理等经验较丰富的人员，要对其他成员提供更详细、更经常、更及时的指导和监督，并加强项目质量复核。第四，在选择拟实施的进一步审计程序时融入更多的不可预见的因素。被审计单位人员，尤其是管理层，如果熟悉注册会计师的审计套路，就可能采取种种规避手段，掩盖财务报告中的舞弊行为。因此，在设计拟实施审计程序的性质、时间安排和范围时，为了避免有人对审计方案的限制，避免对审计效果的人为干涉，从而使得针对重大错报风险的进一步审计程序更加有效，注册会计师要考虑使某些程序不被审计单位管理层预见或事先了解。第五，对拟实施审计程序的性质、时间安排或范围作出总体修改。财务报表层次的重大错报风险很可能源于薄弱的控制环境，相应地，注册会计师对控制环境的了解也影响其对财务报表层次重大错报风险的评估。有效的控制环境可以使注册会计师增强对内部控制和被审计单位内部产生证据的信赖程度。如果控制环境存在缺陷，注册会计师在对拟实施审计程序的性质、时间安排和范围作出总体修改时，应当考虑以下几点：其一，在期末而非期中实施更多的审计程序。控制环境的缺陷通常会削弱期中获得的审计证据的可信赖程度。其二，通过实施实质性程序获取更广泛的审计证据。良好的控制环境是其他控制要素发挥作用的基础，控制环境存在缺陷，通常会削弱其他控制要素的作用，导致注册会计师可能无法信赖内部控制，而主要依赖实施实质性程序获取审计证据。其三，增加拟纳入审计范围的经营地点的数量。

2．增加审计程序不可预见性的方法

（1）增加审计程序不可预见性的思路。注册会计师可以通过以下方法提高审计程序的不可预见性。第一，对某些以前未测试的低于设定的重要性水平或风险较小的账户余额和认定实施实质性程序。注册会计师可以关注以前未曾关注过的审计领域，尽管这些领域可能重要程度比较低。如果这些领域有可能被用于掩盖舞弊行为，注册会计师就要针对这些领域实施一些具有不可预见性的测试。第二，调整实施审计程序的时间，使其超出被审计单位的预期。比如说，如果注册会计师在以前年度的大多数审计工作都围绕着12月或在年底前后进行，那么被审计单位就会了解注册会计师的这一审计习惯，因此可能会把一些不适当的会计调整放在年度的9月、10月或11月等，以避免引起注册会计师的注意。因此，注册会计师可以考虑调整实施审计程序时测试项目的时间，从测试12月的项目调整到测试9月、10月或11月的项目。第三，采取不同的审计抽样方法，使当年抽取的测试样本与以前有所不同。第四，选取不同的地点实施，或预先不告知被审计单位所选定的测试地点。例如，在存货监盘程序中，注册会计师可以到未事先通知被审计单位的盘点现场进行监盘，使被审计单位没有机会事先安排，隐藏一些不想让注册会计师知道的情况。

（2）增加审计程序不可预见性的实施要点。第一，注册会计师需要与被审计单位的高层管理人员事先沟通，要求实施具有不可预见性的审计程序，但不能告知其具体内容。注册会计师可以在签订审计业务约定书时明确提出这一点。第二，虽然对于不可预见性程度没有量化的规定，但审计项目组可根据对舞弊风险的评估等确定具有不可预见性的审计程序。审计项目组可以汇总那些具有不可预见性的审计程序，并记录在审计工作底稿中。第三，项目合伙人需要安排项目组成员有效地实施具有不可预见性的审计程序，但同时要避免使项目组成员处于困难境地。

（二）针对认定层次重大错报风险的进一步审计程序

1. 进一步审计程序的含义和要求

（1）进一步审计程序的含义

进一步审计程序相对于风险评估程序而言，是指注册会计师针对评估的各类交易、账户和披露认定层次重大错报风险实施的审计程序，包括控制测试和实质性程序。注册会计应当针对评估的认定层次重大错报风险设计和实施进一步审计程序，包括审计程序的性质、时间安排和范围。注册会计师设计和实施的进一步审计程序的性质、时间安排和范围应当与评估的认定层次重大错报风险具备明确的对应关系。注册会计师实施的审计程序应具有目的性和针对性，有的放矢地配置审计资源，有利于提高审计效率和效果。需要说明的是，尽管在应对评估的认定层次重大错报风险时，拟实施的进一步审计程序的性质、时间安排和范围都应当确保其具有针对性，但其中进一步审计程序的性质是最重要的。例如，注册会计师评估的重大错报风险越高，实施进一步审计程序的范围通常越大；但是只有首先确保进一步审计程序的性质与特定风险相关时，扩大审计程序的范围才是有效的。

（2）设计进一步审计程序时的考虑因素

在设计程序时，注册会计师应当考虑下列因素。

①风险的重要性。风险的重要性是指风险造成后果的严重程度，风险的后果越严重，就越需要注册会计师关注和重视，越需要精心设计有针对性的进一步审计程序。

②重大错报发生的可能性。重大错报发生的可能性越大，越需要注册会计师精心设计进一步审计程序。

③涉及的各类交易、账户余额和披露的特征。不同的交易、账户余额和披露，产生的认定层次的重大错报风险也会存在差异，适用的审计程序也有差别，需要注册会计师区别对待，并设计有针对性的进一步审计程序予以应对。

④被审计单位采用的特定控制的性质。不同性质的控制（尤其是人工控制或自动化控制）对注册会计师设计进一步审计程序具有重要影响。

⑤注册会计师是否拟获取审计证据，以确定内部控制在防止或发现并纠正重大错报方面的有效性。如果注册会计师在风险评估时预期内部控制运行有效，随后拟实施的进一步审计程序就必须包括控制测试，且实质性程序自然会受到之前控制测试结果的影响。

综合上述几方面因素，注册会计师对认定层次重大错报风险的评估为确定进一步审计程序的总体审计方案奠定了基础。因此，注册会计师应当根据对认定层次重大错报风险的评估结果，恰当选用实质性方案或综合性方案。通常情况下，注册会计师出于成本效益的考虑可以采用综合性方案设计进一步审计程序，即将测试控制运行的有效性与实质性程序结合使用。但在某些情况下（如仅通过实质性程序无法应对重大错报风险），注册会计师必须通过实施控制测试，才可能有效应对评估出的某一认定的重大错报风险；而在另一些情况下（如注册会计师的风险评估程序未能识别出与认定相关的任何控制，或注册会计师认为控制测试很可能不符合成本效益原则），注册会计师可能认为仅实施实质性程序就是适当的。

小型被审计单位可能不存在能够被注册会计师识别的控制活动，注册会计师实施的进一步审计程序可能主要是实质性程序。但是，注册会计师始终应当考虑在缺乏控制的情况下，仅通过实施实质性程序是否能够获取充分、适当的审计证据。还需要特别说明的是，注册会计师对重大错报风险的评估毕竟是一种主观判断，可能无法充分识别所有的重大错报风险，同时内部控制存在固有局限性（特别是存在管理层凌驾于内部控制之上的可能性），因此，无论选择何种方案，注册会计师都应当对所有重大类别的交易、账户余额和披露设计和实施实质性程序。

2．进一步审计程序的性质

（1）进一步审计程序的性质的含义

进一步审计程序的性质是指进一步审计程序的目的和类型。其中，进一步审计程序的目的包括通过实施控制测试以确定内部控制运行的有效性，通过实施实质性程序以发现认定层次的重大错报；进一步审计程序的类型包括检查、观察、询问、函证、重新计算、重新执行和分析程序。

如前所述，在应对评估的风险时，合理确定审计程序的性质是最重要的，这是因为不同的审计程序应对特定认定错报风险的效力不同。例如，对于与收入完整性认定相关的重大错报风险，控制测试通常更能有效应对。对于与收入发生认定相关的重大错报风险，实质性程序通常更能有效应对。再如，实施应收账款的函证程序可以为应收账款在某一时点存在的认定提供审计证据，但通常不能为应收账款的计价认定提供审计证据。对应收账款的计价认定，注册会计师通常需要实施其他更为有效的审计程序，如审查应收账款账龄和期后收款情况，了解欠款客户的信用情况等。

（2）进一步审计程序的性质的选择

在确定进一步审计程序的性质时，注册会计师首先需要考虑的是认定层次重大错报风险的评估结果。因此，注册会计师应当根据认定层次重大错报风险的评估结果选择审计程序。评估的认定层次重大错报风险越高，对通过实质性程序获取的审计证据的相关性和可靠性的要求越高，从而可能影响所选择的审计程序的类型及其综合运用。例如，当注册会计师判断某类交易协议的完整性存在更高的重大错报风险时，除了检查文件以外，注册会计师还可能决定向第三方询问或函证协议条款的完整性。

除了从总体上把握认定层次重大错报风险的评估结果对选择进一步审计程序的影响外，在确定拟实施的审计程序时，注册会计师接下来应当考虑评估的认定层次重大错报风险产生的原因，包括考虑各类交易、账户余额和披露的具体特征以及内部控制。例如，注册会计师可能判断某特定类别的交易即使在不存在相关控制的情况下，发生重大错报的风险仍较低，此时注册会计师可能认为仅实施实质性程序就可以获取充分、适当的审计证据。再如，对于经由被审计单位信息系统日常处理和控制的某类交易，如果注册会计师预期此类交易在内部控制运行有效的情况下发生重大错报的风险较低，且拟在控制运行有效的基础上设计实质性程序，注册会计师就会决定先实施控制测试。

3．进一步审计程序的范围

（1）进一步审计程序的范围的含义

进一步审计程序的范围是指实施进一步审计程序的数量，包括抽取的样本量、对某项控制活动的观察次数等。

（2）确定进一步审计程序的范围时考虑的因素

在确定进一步审计程序的范围时，注册会计师应当考虑下列因素：第一，确定的重要性水平。确定的重要性水平越低，注册会计师实施进一步审计程序的范围越广。第二，评估的重大错报风险。评估的重大错报风险越高，对拟获取审计证据的相关性、可靠性的要求越高，因此，注册会计师实施的进一步审计程序的

范围也越广。第三，计划获取的保证程度。计划获取的保证程度，是指注册会计师计划通过所实施的审计程序对测试结果可靠性所获取的信心。计划获取的保证程度越高，对测试结果可靠性要求越高，注册会计师实施的审计范围越广。例如，注册会计师对财务报表是否存在重大错报的信心可能来自控制测试和实质性程序。如果注册会计师计划从控制测试中获取更高的保证程度，则控制测试的范围就更广。

第三节 各类交易和账户余额的审计

一、销售与收款循环的审计

（一）销售与收款循环的内部控制和控制测试

1. 销售交易的内部控制

（1）内部控制目标、内部控制与审计测试的关系

第一列“内部控制目标”，列示了企业设立销售交易内部控制的目标，也就是注册会计师实施相应控制测试和实质性程序所要达到的审计目标。这些目标是由所建立的基本结构而来的，各种业务的基本目标是相同的，但其具体目标则有所不同；另外，某些控制固然可以实现几个目标，但分别考虑每一个目标，更有助于增加对销售与收款循环审计全过程的了解。

第二列“关键内部控制”，列示了与上述各项内部控制目标相对应的一项或数项主要的内部控制。无论其他目标的控制如何有效，只要为实现某一项目标所必需的控制不健全，则与该目标有关的错误出现的可能性就随之增大，并且很可能影响企业内部控制整体的有效性。

第三列“常用的控制测试”，列示了注册会计师针对上述关键内部控制所实施的测试程序。控制测试与内部控制之间存在直接联系，注册会计师对每项关键控制至少要执行一项控制测试以核实其效果，并且控制测试需要有针对性地对应于某一具体的内部控制，否则就毫无意义。通常，根据内部控制的性质确定控制测试的性质大都比较容易。例如，内部控制如果是批准赊销后在客户订购单上签字，则控制测试就是检查客户订购单上有无恰当的签字。

第四列“常用的实质性程序”，列示了注册会计师常用的实质性程序。实质性程序与第一列的内部控制目标有着直接的联系，实施实质性程序用于获取证明第一列中具体审计目标的证据，其目的在于确定交易业务中与该控制目标有关的金额是否有错误。实质性程序虽然与关键控制及控制测试没有必然的关系，但实施实质性程序的性质、时间安排和范围，在一定程度上取决于关键控制是否存在

和控制测试的结果。在确定交易实质性程序时，有些程序不管环境如何，都采用共同的审计标准，而有些则应视内部控制的设计和控制测试的结果而定。当然，审计重要性、以前期间的审计结果等因素，对实质性程序的确定也有影响。

（2）销售交易的内部控制

①适当的职责分离

适当的职责分离有助于防止各种有意或无意的错误。例如，主营业务收入账如果是由记录应收账款之外的职员独立登记，并由另一位不负责账簿记录的职员定期调节总账和明细账，就构成了一项交互牵制；规定负责主营业务收入和应收账款记账的职员不得经手货币资金，也是防止舞弊的一项重要控制。另外，销售人员通常有一种追求更大销售数量的自然倾向，而不问它是否将以巨额坏账损失为代价，赊销的审批则在一定程度上可以抑制这种倾向。因此，赊销批准职能与销售职能的分离，也是一种理想的控制。

②恰当的授权审批

对于授权审批问题，注册会计师应当关注以下四个关键点上的审批程序：在销售发生之前，赊销已经正确审批；非经正当审批，不得发出货物；销售价格、销售条件、运费、折扣等必须经过审批；审批人应当根据销售与收款授权批准制度的规定，在授权范围内进行审批，不得超越审批权限。

对于超过企业既定销售政策和信用政策规定范围的特殊销售交易，需要经过适当的授权。前两项控制的目的在于防止企业因向虚构的或者无力支付货款的客户发货而蒙受损失；价格审批控制的目的在于保证销售交易按照企业定价政策规定的价格开票收款；对授权审批范围设定权限的目的则在于防止因审批人决策失误而造成严重损失。

③充分的凭证和记录

只有具备充分的记录手续，才有可能实现各项控制目标。例如，企业在收到客户订购单后，就立即编制一份预先编号的一式多联的销售单，分别用于批准赊销、审批发货、记录发货数量以及向客户开具账单和销售发票等。在这种制度下，只要定期清点销售单和销售发票，漏开账单的情形几乎就不会发生。相反的情况是，有的企业只在发货以后才开具账单，如果没有其他控制措施，这种制度下漏开账单的情况就很可能发生。

④凭证的预先编号

对凭证预先进行编号，旨在防止销售以后遗漏向客户开具账单或登记入账，也可防止重复开具账单或重复记账。当然，如果对凭证的编号不做清点，预先编号就会失去其控制意义。由收款员对每笔销售开具账单后，将发运凭证按顺序归档；而由另一位职员定期检查全部凭证的编号，并调查凭证缺号的原因，就是实施这项控制的一种方法。

⑤按月寄出对账单

由不负责现金出纳和销售及应收账款记账的人员按月向客户寄发对账单，能促使客户在发现应付账款余额不正确后及时反馈有关信息。为了使这项控制更加有效，最好将账户余额中出现的所有核对不符的账项，指定一位既不掌管货币资金也不记录主营业务收入和应收账款账目的主管人员处理，然后由独立人员按月编制对账情况汇总报告，并交管理层审阅。

2．收款交易的内部控制

（1）内部控制目标、内部控制与审计测试的关系

4-1 收款交易的内部控制目标、关键内部控制和审计测试一览表（表格来源：审计）

内部控制目标	关键内部控制	常用的控制测试	常用的实质性程序
常登记入账的现金收入确实为企业已经实际收到的现金（存在或发生）	现金折旧必须经过适当的审批手续。定期盘点现金并与账面余额核对	观察。检查是否定期盘点，检查盘点记录。检查现金折旧是否经过恰当的审批。	盘点库存现金，如与账面数额存在差异，分析差异原因。检查现金入账的日记账、总账和应收账款明细账的大额项目与异常项目。
收到的现金收入已全部登记入账（完整性）	现金出纳与现金记账的职务分离。每日及时记录现金收入。定期盘点现金并与账面金额核对。定期向客户寄送对账单。现金收入记录的内部复核。	观察。检查是否存在未入账的现金收入。检查是否定期盘点，检查盘点记录。检查是否向客户寄送对账单，了解是否定期进行。检查复合标记。	现金收入的截止测试。盘点库存现金，如与账面数额存在差异，分析差异原因。抽查客户对账单并与账面金额核对。
存入银行并记录的现金收入确系实际收到的金额（准确性）	定期取得银行对账单。编制银行存款余额调节表。定期与客户对账。	检查银行对账单。检查银行存款余额调节表。观察或检查是否每月寄送对账单。	检查调节表中未达到账项的真实性以及资产负债表日后的进账情况。
现金收入在资产负荷表中的披露正确（列报）	现金日记账与总账的登记职责分离。	观察。	

（2）收款交易的内部控制

以上以企业每项内部控制目标为单位，对与收款交易有关的关键内部控制和相应的控制测试进行了讨论，并按表4-1所列顺序列示了收款交易常用的实质性程序。尽管由于每个企业的性质、所处行业、规模以及内部控制健全程度等不同，而使得其与收款交易相关的内部控制内容也有所不同，但以下与收款交易相关的内部控制内容是通常应当共同遵循的。①企业应当按照《现金管理暂行条例》《支付结算办法》等规定，及时办理销售收款业务。②企业应将销售收入及时入账，不得账外设账，不得擅自坐支现金，销售人员应当避免接触销售现款。③企业应当按客户设置应收账款台账，及时登记每一客户应收账款余额增减变动情况和信用额度使用情况。对长期往来客户应当建立起完善的客户资料，并对客户资料实施动态管理，及时更新。④企业对于可能成为坏账的应收账款应当报告有关决策机构，由其进行审查，确定是否确认为坏账。企业发生的各项坏账，应查明原因，明确责任，并在履行规定的审批程序后作出会计处理。⑤企业注销的坏账应当进行备查登记，做到账销案存。已注销的坏账又收回时，应当及时入账，防止形成账外资金。⑥企业应收票据的取得和贴现必须经由保管票据以外的主管人员的书面批准。应有专人保管应收票据，对于即将到期的应收票据，应及时向付款人提示付款；已贴现票据应在备查簿中登记，以便日后追踪管理；并应制定逾期票据的销管理程序和逾期票据追踪监控制度。⑦企业应当定期与往来客户通过函证等方式核对应收账款、应收票据、预收款项等往来款项。如有不符，应查明原因，及时处理。

（二）销售与收款循环的实质性程序

1. 销售与收款交易的实质性程序

（1）销售与收款交易的实质性分析程序

通常，注册会计师在对交易和余额实施细节测试前实施实质性分析程序，符合成本效益原则。具体到销售与收款交易和相关余额，其应用包括以下几项：第一，识别需要运用实质性分析程序的账户余额或交易。就销售与收款交易和相关余额而言，通常需要运用实质性分析程序的是销售交易、收款交易、营业收入项目和应收账款项目。第二，确定期望值。基于注册会计师对被审计单位的相关预算情况、行业发展状况、市场份额、可比的行业信息、经济形势和发展历程的了解，确定期望值。第三，确定可接受的差异额。在确定可接受的差异额时，注册会计师首先应考虑所涉及内容的重要性和计划保证度的影响。此外，根据拟进行实质性分析的具体指标的不同，可接受的差异额的确定有时与管理层使用的关键业绩指标相关，并需考虑这些指标的适当性和监督过程。第四，调查重大差异并做出判断。注册会计师在分析上述与预期相联系的指标后，如果认为存在未预期的重大差异，

就可能需要对营业收入发生额和应收账款余额实施更加详细的细节测试。第五，评价分析程序的结果。注册会计师应当就收集的审计证据是否能支持其试图证实的审计目标和认定形成结论。

（2）销售交易的细节测试

有些交易细节测试程序与环境条件关系不大，适用于各审计项目，有些则不然，要取决于被审计单位内部控制的健全程度和注册会计师实施控制测试的结果。有些程序在审计中常常被疏忽，而事实上它们恰恰需要注册会计师给予重视并根据它们作出审计决策。事先需要指出的是这些细节测试程序并未包含销售交易全部的细节测试程序。

①登记入账的销售交易是真实的

对这一目标，注册会计师一般关心三类错误的可能性：一是未曾发货却已将销售交易登记入账；二是销售交易的重复入账；三是向虚构的客户发货，并作为销售交易登记入账。前两类错误可能是有意的，也可能是无意的，而第三类错误肯定是有意的。不难想象，将不真实的销售登记入账的情况虽然极少，但其后果却很严重，这会导致高估资产和收入。鉴别高估销售究竟是有意还是无意的，这一点非常关键。尽管无意的高估也会导致应收账款明显增多，但注册会计师通常可以通过函证发觉的形式进行估计。对于有意的高估就不同了，由于作假者试图加以隐瞒，注册会计师较难发现。在这种情况下，注册会计师就有必要制定并实施适当的细节测试以发现这种有意的高估。

如何以适当的细节测试来发现不真实的销售，取决于注册会计师认为可能在何处发生错报，测试的性质取决于潜在控制弱点的性质：第一，针对未曾发货却已将销售交易登记入账这类错误的可能性，注册会计师可以从主营业务收入明细账中抽取若干笔分录，追查有无发运凭证及其他佐证，借以查明有无事实上没有发货却已登记入账的销售交易。如果注册会计师对发运凭证等的真实性也有怀疑，就可能有必要再进一步追查存货的永续盘存记录，测试存货余额有无减少，以及考虑是否检查更多涉及外部单位的单据，例如外部运输单位出具的运输单据、客户签发的订货单据和到货签收记录等。第二，针对销售交易重复入账这类错误的可能性，注册会计师可以通过检查企业的销售交易记录清单以确定是否存在重号、缺号。第三，针对向虚构的客户发货并作为销售交易登记入账这类错误发生的可能性，注册会计师应当检查主营业务收入明细账中与销售分录相应的销货单，以确定销售是否履行赊销审批手续和发货审批手续。如果注册会计师认为被审计单位虚构客户和销售交易的风险较大，就需要考虑是否对相关重要交易和客户的情况（例如相关客户的经营场所、财务状况和股东情况等）专门展开进一步的独立调查。检查上述三类高估销售错误的可能性的另一有效的办法是追查应收账款明细账中贷方发生额的记录。如果应收账款最终得以收回货款或者由于合理的原因收到退货，则记录入账的销售交易一开始通常是真实的；如果贷方发生额是注销坏账，或者直到审计时所欠货款仍未收回而又没有合理的原因，就需要考虑详细追查相应的发运凭证和客户订购单等，因为这些迹象都说明可能存在虚构的销售交易。当然，通常只有在注册会计师认为由于缺乏足够的内部控制而可能出现舞弊时，才有必要实施上述细节测试。

②已发生的销售交易均已登记入账

从发货部门的档案中选取部分发运凭证，并追查至有关的销售发票副本和主营业务收入明细账，是测试未入账发货的一种有效程序。为使这一程序成为一项有意义的测试，注册会计师必须能够确信全部发运凭证均已归档，这一点一般可以通过检查发运凭证的顺序编号来查明。由原始凭证追查至明细账与从明细账追查至原始凭证是有区别的：前者用来测试遗漏的交易（“完整性”目标），后者用来测试不真实的交易（“发生”目标）。测试发生目标时，起点是明细账，即从主营业务收入明细账中抽取一个销售交易明细记录，追查至销售发票存根、发运凭证以及客户订购单；测试完整性目标时，起点应是发货凭证，即从发运凭证中选取样本，追查至销售发票存根和主营业务收入明细账，以确定是否存在遗漏事项。设计发生目标和完整性目标的细节测试程序时，确定追查凭证的起点即测试的方向很重要。例如，注册会计师如果关心的是发生目标，但弄错了追查的方向（即由发运凭证追查至明细账），就属于严重的审计缺陷。在测试其他目标时，方向一般无关紧要。例如，测试交易业务计价的准确性时，可以由销售发票追查至发运凭证，也可以反向追查。

③登记入账的销售交易分类恰当

如果销售分为现销和赊销两种，应注意不要在现销时借记应收账款，也不要在收回应收账款时贷记主营业务收入，同样不要将营业资产的转让（例如固定资产转让）混作正常销售。对那些采用不止一种销售分类的企业，例如需要编制分部报告的企业来说，正确的分类是极为重要的。销售分类恰当的测试一般可与计价准确性测试一并进行。注册会计师可以通过审核原始凭证确定具体交易业务的类别是否恰当，并以此与账簿的实际记录做比较。

④销售交易的记录及时

发货后应尽快开具账单并登记入账，以防止无意漏记销售交易，确保它们被记入正确的会计期间。在实施计价准确性细节测试的同时，一般要将所选取的提货单或其他发运凭证的日期与相应的销售发票存根、主营业务收入明细账和应收账款明细账上的日期做比较。如有重大差异，被审计单位就可能存在销售截止期限上的错误。

（2）收款交易的细节测试

与销售交易的细节测试一样，收款交易的细节测试范围在一定程度上要取决于关键控制是否存在以及控制测试的结果。由于销售与收款交易同属一个循环，在经济活动中密切相连，因此，收款交易的一部分测试可与销售交易的测试一并执行，但收款交易的特殊性又决定了其另一部分测试，仍需单独实施。

2. 营业收入的实质性程序

（1）营业收入的审计目标

营业收入项目核算企业在销售商品、提供劳务等主营业务活动中所产生的收入，以及企业确认的除主营业务活动以外的其他经营活动实现的收入，包括出租固定资产、出租无形资产、出租包装物和商品、销售材料等实现的收入。其审计目标一般包括以下几项：确定利润表中记录的营业收入是否已发生，且与被审计单位有关；确定所有应当记录的营业收入是否均已记录；确定与营业收入有关的金额及其他数据是否已恰当记录，包括对销售退回、销售折扣与折让的处理是否适当；确定营业收入是否已记录于正确的会计期间；确定营业收入是否已按照企业会计准则的规定在财务报表中作出恰当的列报。

（2）主营业务收入的实质性程序

主营业务收入的实质性程序一般包括以下内容：第一，获取或编制主营业务收入明细表，并执行具体工作。复核加计是否正确，并与总账数和明细账合计数核对是否相符，结合其他业务收入科目与报表数核对是否相符；检查以非记账本位币结算的主营业务收入的折算汇率及折算是否正确。第二，检查主营业务收入的确认条件、方法是否符合企业会计准则，前后期是否一致；关注周期性、偶然性的收入是否符合既定的收入确认原则、方法。按照《企业会计准则第 14 号——收入》的要求，企业商品销售收入应在下列条件均能满足时予以确认。

其一，企业已将商品所有权上的主要风险和报酬转移给购货方；其二，企业既没有保留通常与所有权相联系的继续管理权，也没有对已售出的商品实施有效控制；其三，收入的金额能够可靠地计量；其四，相关的经济利益很可能流入企业；其五，相关的已发生或将发生的成本能够可靠地计量。因此，对主营业务收入的实质性程序，应在了解被审计单位确认产品销售收入的会计政策的基础上，重点测试被审计单位是否依据上述五个条件确认产品销售收入。具体来说，被审计单位采取的销售方式不同，确认销售的时点也是不同的。

二、采购与付款循环的审计

（一）采购与付款玄幻的内部控制和控制测试

1. 采购交易的内部控制

（1）内部控制目标、内部控制与审计测试的关系

表 4-2 表示了采购交易的内部控制目标、关键内部控制和审计测试的关系。

表 4-2 采购交易的内部控制目标、关键内部控制和审计测试一览表（表格来源：审计）

内部控制目标	关键内部控制	常用的控制测试	常用的实质性程序
所记录的采购都确已世道商品或已接受劳务（发生）	请购单、订购单、验收单和买房发票一应俱全，并附在付款凭单后。采购经适当级别批准。注销凭证以防止重复使用。对买房发票、验收单、订购单和请购单作内部检查	查验付款凭证后是否附有完整的相关单据。检查批准采购的标记。检查注销凭证的标志，检查内部核查的凭证。	复核采购明细账、总账及应付账款明细账，注意是否有大额或不正常的金额。检查卖方发票、验收单、订购单和请购单的合理性和真实性。追查存货的采购账簿记录至存货永续盘存记录。检查取得的固定资产采购合同、发票。
已发生的采购交易均以记录（完整性）	订购单均事先连接编号并将已完成的采购登记入账。验收单均事先连接编号并已登记入账。应付凭单均经事先连续编号并已登记入账	检查订购单连续编号的完整性。检查验收单连续编号的完整性。检查应收凭单连续编号的完整性。	从验收单追查至采购明细账。如果获取卖方发票，从卖方发票追查至采购明细账。
所记录的采购交易估价正确（准确性、计价和分摊）	对计算准确性进行内部核查。采购价格和折扣的批准。	检查内部核查的标记。检查批准采购价格和折扣标记。	将采购明细账中激励的交易同卖方发票、验收单和其他证明文件比较。复算包括折旧和运费在内的卖方发票填写金额的准确性。
采购交易的分类正确（分类）	采用适当的会计科目表。分类的内部核查。	检查工作手册和会计科目表。检查有关凭证上内部核查的标记。	参照卖方发票，比较会计科目表上的分类。
采购交易按正确的日期记录（截止）	要求收到商品或接受劳务后及时记录采购交易。	检查工作手册并观察有无未记录的卖方发票的存在。检查内部核查的标记。	将验收单和卖方发票上的日期与采购明细账中的日期进行比较。
采购交易被正确记入应付账款和存货等明细账中，并正确汇总（准确性、计价和分摊）	应付账款明细账内容的内部核查。	检查内部核查的标记。	通过加计采购明细账，追查过入采购总账和应收账款，存货明细账的数额是否正确，用以测试过账和汇总的正确性。

（2）采购交易的内部控制

我们以每项内部控制目标为出发点，比较详细地讨论了销售交易相关的内部控制。鉴于采购交易与销售交易无论在控制目标还是在关键内部控制方面，就原理而言大同小异，并且表 4-2 也比较容易理解，因此，以下仅就采购交易内部控制的特殊之处予以说明。

①适当的职责分离

如前所述，适当的职责分离有助于防止各种有意或无意的错误。与销售和收款交易一样，采购与付款交易也需要适当的职责分离。企业应当建立采购与付款交易的岗位责任制，明确相关部门和岗位的职责、权限，确保办理采购与付款交易的不相容岗位相互分离、制约和监督。采购与付款交易不相容岗位至少包括：请购与审批；询价与确定供应商；采购合同的订立与审批；采购与验收；采购、验收与相关会计记录；付款审批与付款执行。这些都是对企业提出的有关采购与付款交易相关职责适当分离的基本要求，以确保办理采购与付款交易的不相容岗位相互分离、制约和监督。

②内部核查程序

企业应当建立对采购与付款交易内部控制的监督检查制度。采购与付款交易内部控制监督检查的主要内容通常包括以下几项：第一，采购与付款交易相关岗位及人员的设置情况。重点检查是否存在采购与付款交易不相容职务混岗的现象。第二，采购与付款交易授权批准制度的执行情况。重点检查大宗采购与付款交易的授权批准手续是否健全，是否存在越权审批的行为。第三，应付账款和预付账款的管理。重点审查应付账款和预付账款支付的正确性、时效性和合法性。第四，有关单据、凭证和文件的使用和保管情况。重点检查凭证的登记、领用、传递、保管、注销手续是否健全，使用和保管制度是否存在漏洞。

2. 付款交易的内部控制

采购与付款循环包括采购和付款两个方面。在内部控制健全的企业，与采购相关的付款交易即支出交易同样有其内部控制目标和内部控制，注册会计师应针对每个主要的具体内部控制目标确定关键的内部控制程序，并对此实施相应的控制测试和交易的实质性程序。付款交易中控制测试的性质取决于内部控制的性质，而付款交易的实质性程序的实施范围，在一定程度上取决于关键控制是否存在以及控制测试的结果。由于采购和付款交易同属一个交易循环，联系紧密，因此，对付款交易的部分测试可与测试采购交易一并实施。当然，另一些付款交易测试仍需单独实施。需要指出的是，对于每个企业而言，由于性质、所处行业、规模以及内部控制健全程度等不同，而使得与付款交易相关的内部控制内容可能有所不同，但以下与付款交易相关的内部控制内容通常是应当共同遵循的。第一，企业应当按照《现金管理暂行条例》《支付结算办法》等有关货币资金内部控制的规定办理采购付款交易。第二，企业财会部门在办理付款交易时，应当对采购发票、结算凭证、验收证明等相关凭证的真实性、完整性、合法性及合规性进行严格审核。第三，企业应当建立预付账款和定金的授权批准制度，加强预付账款和定金的管理。第四，企业应当加强应付账款和应付票据的管理，由专人按照约定的付款日期、折扣条件等管理应付款项。已到期的应付款项需经有关授权人员审批后方可办理结算与支付。第五，企业应当建立退货管理制度，对退货条件、退货手续、货物出库、退货货款回收等作出明确规定，及时收回退货款。第六，企业应当定期与供应商核对应付账款、应付票据、预付款项等往来款项。如有不符，应查明原因，及时处理。

（二）采购与付款循环的实质性程序

1. 采购与付款交易的实质性程序

对采购与付款交易实施的实质性程序通常包括以下两个方面：

（1）实质性分析程序

第一，根据对被审计单位的经营活动、供应商的发展历程、贸易条件和行业惯例的了解确定应付账款和费用支出的期望值。第二，根据本期应付账款余额组成与以前期间交易水平和预算的比较，确定采购和应付账款可接受的重大差异额。第三，识别需要进一步调查的差异并调查异常数据关系，如与周期趋势不符的费用支出，这类程序通常包括以下几项。①分析月度（或每周）已记录采购总额趋势，与往年或预算相比较。任何异常波动都必须与管理层讨论，如果有必要，还应做进一步的调查。②将实际毛利与以前年度和预算相比较。如果被审计单位以不同的加价销售产品就需要将相似利润水平的产品分组进行比较。任何重大的差异都需要进行调查。因为毛利可能由于销售额、销售成本的错误被歪曲，而销售成本的错误则又可能受采购记录的错误影响。③计算记录在应付账款上的赊购天数，并将其与以前年度相比较。超出预期的变化可能由多种因素造成，包括未记录采购、虚构采购记录或截止问题。④检查常规账户和付款。例如，租金、电话费和电费，这些费用是日常发生的，通常按月支付，通过检查可以确定已记录的所有费用及其月度变动情况。⑤检查异常项目的采购。例如，大额采购，从不经常发生交易的供应商处采购，以及未通过采购账户而是通过其他途径记入存货和费用项目的采购。⑥无效付款或金额不正确的付款，可以通过检查付款记录和付款趋势得以发现。例如，注册会计师通过查找金额偏大的异常项目并深入调查，可能发现重复付款或记入不恰当应付账款账户的付款。第四，通过询问管理层和员工，调查重大差异额是否存在重大错报风险，是否需要设计恰当的细节测试程序以识别和应对重大错报风险。第五，形成结论，即实质性分析程序是否能够提供充分、适当的审计证据，或需要对交易和余额实施细节测试以获取进一步的审计证据。

（2）采购与付款交易和相关余额的细节测试

①实施细节测试的情况

当出现下列情形时，注册会计师通常应考虑对采购与付款交易和相关余额实施细节测试：第一，重大错报风险评估为高。例如，存在非正常的交易，包括在期末发生对账户的非常调整和缺乏支持性文件的关联方交易等。第二，实质性分析程序显示出未预期的趋势。第三，需要在财务报表中单独披露的金额或很可能存在错报的金额。例如，差旅费、修和维护费、广告费、税费、咨询费等。第四，对需要在纳税申报表中单独披露的事项进行分析。第五，需要为有些项目单独出具审计报告。例如，被审计单位如果要向国外的特许权授予方支付特许权使用费，就可能存在这种需要。

②交易的细节测试

第一，注册会计师应从被审计单位的业务流程层面的主要交易流中选取样本，检查其支持性证据。第二，对主要交易流实施截止测试。

③余额的细节测试

第一，复核供应商的付款通知，与供应商对账，获取发票遗漏、未计入正确的会计期间的证据。询问并检查对付款存在争议的往来信函，确定在资产负债表日是否应增加一项应计负债。第二，在特殊情况下，注册会计师需要决定是否应通过供应商来证实被审计单位期末的应付余额。这种情况通常在被审计单位对采购与付款交易的控制出现严重缺失，记录被毁损时才会发生，或者在怀疑存在舞弊或会计记录在火灾或水灾中遗失时才会发生。

2. 应付账款的实质性程序

应付账款是企业在正常经营过程中，因购买材料、商品和接受劳务供应等经营活动而应付给供应商的款项。注册会计师应结合赊购交易进行应付账款的审计。

（1）应付账款的审计目标

应付账款的审计目标一般包括：确定资产负债表中记录的应付账款是否存在；确定所有应当记录的应付账款是否均已记录；确定资产负债表中记录的应付账款是否被审计单位当作履行的现时义务；确定应付账款是否以恰当的金额包括在财务报表中，与之相关的计价调整是否已恰当记录；确定应付账款是否已按照企业会计准则的规定在财务报表中作出恰当的列报。

（2）应付账款的实质性程序

①获取或编制应付账款明细表，并执行以下工作：复核加计是否正确，并与报表数、总账数和明细账合计数核对是否相符；检查非记账本位币应付账款的折算汇率及折算是否正确；分析出现借方余额的项目，查明原因，必要时，建议重新分类调整；结合预付账款、其他应付款等往来项目的明细余额，调查有无同挂的项目、异常余额或与购货无关的其他款项（如关联方账户或雇员账户），如有，

应作出记录，必要时建议做调整。

②根据被审计单位实际情况，选择以下方法对应付账款执行实质性分析程序。第一，将期末应付账款余额与期初余额进行比较，分析波动原因。第二，分析长期挂账的应付账款，要求被审计单位做出解释，判断被审计单位是否缺乏偿债能力或利用应付账款隐瞒利润，并注意其是否可能无须支付。对确实无须支付的应付账款的会计处理是否正确，依据是否充分。第三，关注账龄超过 3 年的大额应付账款在资产负债表日后是否偿付，检查偿付记录、单据及披露情况。计算应付账款与存货的比率、应付账款与流动负债的比率，并与以前年度相关比率对比分析，评价应付账款整体的合理性。第四，分析存货和营业成本等项目的增减变动，判断应付账款增减变动的合理性。

③函证应付账款。一般情况下，并非必须函证应付账款，这是因为函证不能保证查出未记录的应付账款，况且注册会计师能够取得采购发票等外部凭证来证实应付账款的余额。但如果控制风险较高，某应付账款明细账户金额较大，则应考虑进行应付账款的函证。进行函证时，注册会计师应选择较大金额的债权人，以及那些在资产负债表日金额不大，甚至为零，但作为被审计单位重要供应商的债权人，作为函证对象。函证最好采用积极函证方式，并具体说明应付金额。与应收账款的函证一样，注册会计师必须对函证的过程进行控制，要求债权人直接回函，并根据回函情况编制与分析函证结果汇总表，对未回函的，应考虑是否再次函证。如果存在未回函的重大项目，注册会计师应采用替代审计程序。例如，可以检查决算日后应付账款明细账及库存现金和银行存款日记账，核实其是否已支付，同时检查该笔债务的相关凭证资料，如合同、发票、验收单，核实应付账款的真实性。

④检查应付账款是否计入了正确的会计期间，是否存在未入账的应付账款。第一，检查债务形成的相关原始凭证，如供应商发票、验收报告或入库单等，查找有无未及时入账的应付账款，确认应付账款期末余额的完整性。第二，检查资产负债表日后应付账款明细账贷方发生额的相应凭证，关注其购货发票的日期，确认其入账时间是否合理。第三，获取被审计单位与其供应商之间的对账单，并将对账单和被审计单位财务记录之间的差异进行调节（如在途款项、在途商品、付款折扣、未记录的负债等），查找有无未入账的应付账款，确定应付账款金额的准确性。第四，针对资产负债表日后付款项目，检查银行对账单及有关付款凭证（如银行汇款通知、供应商收据等），询问被审计单位内部或外部的知情人员，查找有无未及时入账的应付账款。第五，结合存货监盘程序，检查被审计单位在资产负债表日前后的存货入库资料（验收报告或入库单），检查是否有大额货到单未到的情况，确认相关负债是否计入了正确的会计期间。如果注册会计师通过这些审计程序发现某些未入账的应付账款，应将有关情况详细记入审计工作底稿，

并根据其重要性确定是否需建议被审计单位进行相应的调整。第五，针对已偿付的应付账款，追查至银行对账单、银行付款单据和其他原始凭证，检查其是否在资产负债表日前真实偿付。第六，针对异常或大额交易及重大调整事项（如大额的购货折扣或退回、会计处理异常的交易、未经授权的交易，以及缺乏支持性凭证的交易等），检查相关原始凭证和会计记录，以分析交易的真实性、合理性。第七，被审计单位与债权人进行债务重组的，检查不同债务重组方式下的会计处理是否正确。第八，标明应付关联方包括持5%以上（含5%）表决权股份的股东的款项，执行关联方及其交易审计程序，并注明合并报表时应予抵销的金额。第九，检查应付账款是否已按照企业会计准则的规定在财务报表中作出恰当列报。一般来说，“应付账款”项目应根据“应付账款”和“预付账款”科目所属明细科目的期末贷方余额的合计数填列。

如果被审计单位为上市公司，则通常在其财务报表附注中应说明有无欠持有5%以上（含5%）表决权股份的股东账款；说明账龄超过3年的大额应付账款未偿还的原因，并在期后事项中反映资产负债表日后是否偿还。

三、货币资金审计

（一）货币资金与交易循环涉及的主要凭证和会计记录

货币资金审计涉及的凭证和会计记录主要有以下几种：现金盘点表；银行对账单；银行存款余额调节表；有关科目的记账凭证；有关会计账簿。

（二）货币资金内部控制

由于货币资金是企业流动性最强的资产，企业必须加强对货币资金的管理，建立良好的货币资金内部控制，以确保全部应收取的货币资金均能收取，并及时正确地予以记录；全部货币资金支出是按照经批准的用途进行的，并及时正确地予以记录；库存现金、银行存款报告正确，并得以恰当保管；正确预测企业正常经营所需的货币资金收支额，确保企业有充足又不过剩的货币资金余额。

在实务中，库存现金、银行存款和其他货币资金的转换比较频繁，三者的内部控制目标、内部控制制度的制定与实施大致相似，因此，先统一对货币资金的内部控制作一个概述，各自内部控制的特点以及控制测试将在后面分述。

1. 一般而言，一个良好的货币资金内部控制应该达到的要求是：货币资金收支与记账的岗位分离；货币资金收支要有合理、合法的凭据；全部收支及时准确入账，并且支出要有核准手续；控制现金坐支，当日收入现金应及时送存银行；按月盘点现金，编制银行存款余额调节表，以做到账实相符；加强对货币资金收支业务的内部审计。

2. 企业通常应当遵循的要求。尽管由于每个企业的性质、所处行业、规模以及内部控制制度健全程度等不同，使得其与货币资金相关的内部控制内容有所不同，但以下要求通常是应当共同遵循的。

（1）岗位分工及授权批准。第一，企业应当建立货币资金业务的岗位责任制。明确相关部门和岗位的职责权限，确保办理货币资金业务的不相容岗位相互分离、制约和监督。出纳人员不得兼任稽核、会计档案保管和收入、支出、费用、债权债务账目的登记工作。企业不得由一人办理货币资金业务的全过程。第二，企业应当对货币资金业务建立严格的授权批准制度。明确审批人对货币资金业务的授权批准方式、权限、程序、责任和相关控制措施，规定经办人办理货币资金业务的职责范围和工作要求。审批人应当根据货币资金授权批准制度的规定，在授权范围内进行审批，不得超越审批权限。经办人应当在职责范围内，按照审批人的批准意见办理货币资金业务。对于审批人超越授权范围审批的货币资金业务，经办人员有权拒绝办理，并及时向审批人的上级授权部门报告。

（2）现金和银行存款的管理。第一，企业应当加强现金库存限额的管理，超过库存限额的现金应及时存入银行。第二，企业必须根据《现金管理暂行条例》的规定，结合本企业的实际情况，确定本企业现金的开支范围。不属于现金开支范围的业务应当通过银行办理转账结算。第三，企业现金收入应当及时存入银行，不得用于直接支付企业自身的支出。因特殊情况需坐支现金的，应事先报经开户银行审查批准。第四，企业借出款项必须执行严格的授权批准程序，严禁擅自挪用、借出货币资金。第五，企业取得的货币资金收入必须及时入账，不得私设“小金库”，不得账外设账，严禁收款不入账。第六，企业应当严格按照《支付结算办法》等国家有关规定，加强银行账户的管理，严格按照规定开立账户，办理存款、取款和结算。第七，企业应当定期检查、清理银行账户的开立及使用情况，发现问题应及时处理。第八，企业应当加强对银行结算凭证的填制、传递及保管等环节的管理与控制。第九，企业应当严格遵守银行结算纪律，不准签发没有资金保证的票据或远期支票，套取银行信用；不准签发、取得和转让没有真实交易和债权债务的票据，套取银行和他人资金；不准无理拒绝付款，任意占用他人资金；不准违反规定开立和使用银行账户。第十，企业应当指定专人定期核对银行账户（每月至少核对一次），编制银行存款余额节表，使银行存款账面余额与银行对账单调节相符。如调节不符，应查明原因，及时处理。第十一，企业应当定期和不定期地进行现金盘点，确保现金账面余额与实际库存相符。发现不符，及时查明原因并作出处理。

（3）票据及有关印章的管理。第一，企业应当加强与货币资金相关的票据的管理，明确各种票据的购买、保管、领用背书转让、注销等环节的职责权限和程序，并专设登记簿进行记录，防止空白票据的遗失和被盗用。第二，企业应当加强银行预留印鉴的管理。财务专用章应由专人保管，个人名章必须由本人或其授权人员保管，严禁一人保管支付款项所需的全部印章。第三，按规定需要有关负责人签字或盖章的经济业务，必须严格履行签字或盖章手续。

第四节 对特殊事项的考虑

一、会计估计的审计

（一）会计估计的审计目标

会计估计通常是被审计单位在缺乏精确计量手段的情况下，以最近可利用的信息为基础所作的判断。在财务报表审计中，注册会计师应该取得充分、适当的审计证据，以确认被审计单位作出的会计估计及其变更是否合理，会计估计变更的会计处理是否正确，披露是否充分。

（二）会计估计的审计程序

注册会计师应当了解被审计单位及其环境，了解被审计单位管理层作出会计估计的程序和方法，以识别和评估会计估计的重大错报风险，并确定适当的审计程序。在审计会计估计中，注册会计师应当执行下列审计程序。

1. 复核和测试被审计单位管理层作出会计估计的过程

（1）评价会计估计依据的数据，考虑会计估计依据的假设。为此，要注意以下几点：要评价会计估计所依据的数据来源是否准确可靠，数据是否完整并具有相关性；要分析和评价会计估计所依据的主要假设是否有合理的依据；要分析和复核被审计单位使用的会计估计公式是否适当，分析时可以参考以前期间的经营成果以及所处行业的惯例等。

（2）测试会计估计的计算过程。注册会计师应当根据评估的重大错报风险、对管理层会计估计程序和方法的了解与评价等因素来确定测试程序的性质、时间和范围。

（3）了解被审计单位管理层对会计估计的批准程序，主要看批准程序是否合理合法合规。

（4）在可能的条件下，应当将被审计单位以前期间作出的会计估计与实际结果进行比较，从总体上判断被审计单位会计估计是否可靠。

2. 利用独立估计与被审计单位作出的会计估计进行比较

独立估计是指独立于被审计单位人员对相关事项所作的估计。将其与被审计单位会计估计进行比较，判断二者是否存在差异。如果二者差异明显，且确认被审计单位的会计估计不合理，则应当考虑提请被审计单位进行调整。

3. 复核能够证实会计估计的期后事项

资产负债表日后至审计完成之前发生的交易或事项，可能为注册会计师审计会计估计提供审计证据。

二、持续经营假设的审计

（一）持续经营假设的审计目标

根据适当的会计准则和相关会计制度的规定评估持续经营能力是被审计单位管理层的责任。注册会计师的责任是考虑管理层在编制财务报表时运用持续经营假设的适当性，并考虑是否存在需要在财务报表中披露的有关持续经营能力的重大不确定性。

注册会计师对持续经营假设的审计目标如下：评价管理层对持续经营能力作出的评估是否恰当；确定可能导致对持续经营能力产生重大疑虑的事项或情况是否存在重大不确定性；确定是否在财务报表中披露有关持续经营能力的重大不确定性；确定被审计单位在编制财务报表时运用持续经营假设是否适当，如不适当，是否选用其他适当的编制基础。

（二）持续经营假设的审计程序

在计划和实施审计程序以及评价其结果时，注册会计师都应当考虑管理层在编制财务报表时运用持续经营假设的适当性。

1．评价被审计单位管理层对持续经营能力的评估。在了解被审计单位时，注册会计师应当考虑是否存在可能导致对持续经营能力产生重大疑虑的事项或情况以及相关经营风险，并及时与管理层讨论并复核其针对已识别的持续经营问题制订的应对计划。

2．对识别出的可能导致对持续经营能力产生重大疑虑的事项或情况进步实施审计程序。第一，复核管理层依据持续经营能力评估结果提出的应对计划。第二，确认是否存在与此类事项或情况相关的重大不确定性。可以通过考虑管理层提出的应对计划和其他缓解措施的效果，以及其他的审计程序来获取审计证据。第三，向管理层获取有关应对计划的书面声明。

3．询问管理层的应对计划。判断管理层提出的应对计划是否可行，以及应对计划的结果是否能够改善持续经营能力。

4．对识别出的可能导致对持续经营能力产生重大疑虑的事项或情况，确定现金流量分析对考虑其未来结果是否重要。如果重要，应当实施审计程序以确定现金流量分析的合理性和可靠性。

三、期初余额的审计

（一）期初余额的含义

期初余额是指期初已存在的账户余额，也就是说，期初余额是指注册会计师首次接受委托时，所审计的财务报表在期初已经存在的余额。

（二）期初余额的审计目标

注册会计师对首次接受委托的财务报表审计业务，应当获取充分、适当的审计证据，以证实以下几点：第一，期初余额不存在对本期财务报表产生重大影响的错报，即期初余额中是否存在足以影响或改变财务报表使用者决策的错报。第二，上期期末余额已正确结转至本期，或在适当的情况下已作出重新表述。第三，被审计单位一贯运用恰当的会计政策，或对会计政策的变更作出正确的会计处理和恰当的列报。

（三）期初余额的审计程序

为了完成期初余额的审计目标，注册会计师对期初余额的审计程序通常包括以下几项：第一，分析被审计单位上期运用的会计政策是否恰当，以及这些会计政策是否在本期财务报表中得到一贯运用。第二，分析期初余额是否反映了上期运用恰当会计政策的结果，以及上期期末余额是否正确转至本期，或在适当的情况下已作出重新表述，上期审计调整分录是否已正确入账。第三，了解上期财务报表是否经过审计。如上期财务报表由前任注册会计师审计，注册会计师应当考虑通过查询前任注册会计师的工作底稿，获取有关期初余额的审计证据，但要考虑前任注册会计师的独立性和专业胜任能力，以判断获取证据的充分性和适当性。第四，如果上期财务报表经过审计，就需了解前任注册会计师是否出具了非标准审计报告。若是，应查清影响前任注册会计师审计意见的原因，并特别关注与本期财务报表有关的部分。

第五章 出口货物退（免）税

第一节 出口货物退（免）税基础知识

一、出口货物退（免）税的企业范围

我国现行享受出口货物退（免）税的出口企业具体有下列八类：

第一类是经对外贸易经济合作部及其授权单位批准的有进出口经营权的外贸企业，含外贸总公司和到异地设立的经对外贸易经济合作部批准的有进出口经营权的独立核算的分支机构。对出口企业在异地设立的分公司，凡没有进出口经营权的，可汇总到出口企业总部统一向其主管出口退税的税务机关申报办理退（免）税。对只是提供货源，而没有取得外经贸部批准进出口经营权的市（县）外贸企业不可以申报办理退（免）税。

第二类是经对外贸易经济合作部及其授权单位批准的有进出口经营权的自营生产企业和生产型集团公司，以及经省级外经贸部门批准的实行自营进出口权登记制的国有、集体生产企业。

第三类是经对外贸易经济合作部批准的有进出口经营权的工贸企业、集生产与贸易为一体的集团贸易公司等。这类企业，既有出口货物生产性能，又有出口货物经营（贸易）性能。对此，凡是执行外贸企业财务制度、无生产实体、仅从事出口贸易业务的可比照第一类外贸企业的有关规定办理退（免）税；凡是有生产实体，且从事出口贸易业务，执行业企业财务制度的，可比照第二类自营生产企业的有关规定办理退（免）税。

第四类是外商投资企业。1994 年 1 月 1 日后批准设立的外商投资企业；1993 年 12 月 31 日前成立的外商投资在 1994 年 1 月 1 日后新上生产项目且新上生产项目生产的货物并能单独核算的企业；1993 年 12 月 31 日前成立的外商投资企业，自 1999 年 11 月 1 日起，其出口货物除继续要求实行免税方法以外的企业，该类企业从 2000 年 1 月 1 日起，一律实行退（免）税方法；外商投资企业在规定退税投资总额内且在 1999 年 9 月 1 日以后以货币采购的国产设备也享受退税政策。

第五类是委托外贸企业代理出口的企业。有进出口权的外贸企业委托外贸企业代理出口的货物，无进出口经营权的内资生产企业，委托外贸企业代理出口的自产货物（含扩散产品、协作生产产品）亦可办理退税。

第六类是经国务院批准设立，享有进出口经营权的中外合资企业和利用合资连锁企业（简称“商业合资企业”）。其收购自营出口业务准予退税的国产货物范围，按外经贸部规定出口经营范围执行。

第七类是特准退还或免征增值税和消费税的企业。这类企业有：将货物运出境外用于对外承包项目的对外承包工程公司；对外承接修理修配业务的企业；将货物销售给外轮及远洋国轮而收取外汇的外轮供应公司、远洋运输供应公司；在国内采购货物并运往境外作为在国外投资的企业；利用外国政府贷款或国际金融组织贷款，通过国际招标机电产品的中标企业；境外带料加工装配业务所使用出境设备、原材料和散件的企业；利用中国政府的援外优惠贷款和合资合作项目基金方式下出口货物的企业；对外进行补偿贸易项目和易货贸易的企业；按国家规定计划向加工出口企业销售“加工出口专用”钢材的列名钢铁企业；文化和旅游部所属中国免税品公司统一管理的出境口岸免税店。

第八类是指定退税的企业。为了严防假冒高税率货物利用贵重货物出口，杜绝骗取出口退税行为的发生，对一些的贵重货物的出口，国家指定了一些企业经营。由这些企业出口的这类货物，可予以退税，不属于国家的指定企业，即使有出口经营权，出口这类货物也不予退税。但对生产企业自营或委托出门的贵重货物，给予退（免）税。

二、出口退（免）税的货物范围

确定出口货物退（免）税的货物范围是正确执行出口货物退（免）税政策的基本依据，我国出口货物在现阶段的退税是以海关报关出口的增值税、消费税应税货物为主要对象的，但考虑到国家宏观调控的需要和与国际惯例接轨，对一些非海关报关出口的特定货物也实行了退（免）税。

（一）一般退（免）税的货物范围

《出口货物退（免）税管理办法》规定：对出口的凡属于已征或应征增值税、消费税的货物，除国家明确规定不予退（免）税的货物和出口企业从小规模纳税人购进并持普通发票的部分货物外，都是出口货物退（免）税的货物范围，均应予以退还已征增值税和消费税或免征应征的增值税和消费税。可以退（免）税的出口货物一般应具备以下四个条件：

1. 必须是属于增值税、消费税征税范围的货物。这两种税的具体征收范围及其划分，《中华人民共和国增值税暂行条例》和《中华人民共和国消费税暂行条例》对其税目、税率（单付税额）均已明确。强调要具备这一条件，主要是考虑我国退税以征税为前提这一基本原则，因此，我们讲退税，只能是对已征税的出口货物退还其已征的增值税、消费税税额，不征税的出以货物则不能退还上述“两税”。

否则，所退税款就没有来源。免税也只能是对应税的货物免税，不属于免税的货物，则不存在免税问题。那种把出口货物退（免）税视同出口补贴，要求对所有出口货物都予以退（免）税的观点是不正确的。

2. 必须是报关离境的货物。所谓报关离境，即出口，就是货物输出海关，这是区别货物是否应退（免）税的主要标准之一。凡是报关不离境的货物，不论出口企业以外汇结算还是以人民币结算，也不论企业在财务上和其他管理上做何处理，均不能视为出口货物予以退（免）税。

3. 必须是在财务上做销售处理的货物。现行外贸企业财务会计制度规定：出口商品销售陆运以取得承运货物收据或铁路联运运单，海运以取得出口货物的装船提单，空运以取得空运单并向银行办理交单后作为销售收入的实现。出口货物销售价格一律以离岸价（FOB）折算人民币入账，出口货物只有在财务上做销售后，才能办理退税。这是因为目前，我国对出口货物退（免）税的规定只能适用于贸易性质的出口货物，非贸易性质的出口货物，如向国外捐赠；不做对外销售在国外展出的样品货物；个人在国内购买、国家又允许自带离境的已征增值税、消费税的货物等是不予退（免）税的。

4. 必须是出口收汇并已核销的货物：将出口退税与出口收汇核销挂钩可以有效地防止出口企业高报出口价格骗取退税，有助于提高出口收率，有助于强化出口收汇核销制度。出口货物只有在同时具备上述四个条件情况下，才能向税务部门申报办理退税；否则，不予办理退税。

（二）特准退（免）税货物范围

在出口货物中，有一些虽然不同时具备上述四个条件的货物，但由于这些货物销售方式、消费环节、结算办法的特殊性，以及国际间的特殊情况，国家特准退还或免征其增值税和消费税，这些货物主要有对外承包工程公司运出境外用丁对外承包项目的货物；对外承接修理修配业务的企业用于对外修理修配的货物；外轮供应公司、远洋运输供应公司销售给外轮、远洋国轮而收取外汇的货物；企业在国内采购并运往境外作为在国外投资的货物；利用外国政府贷款或国际金融组织贷款，通过国际招标由国内企业中标的机电产品；对境外带料加工装配业务所使用的出境设备、原材料和散件；利用中国政府的援外优惠贷款和合资合作项目基金方式下出口的货物；对外补偿贸易及易货贸易、小额贸易出口的货物，以及列名钢铁企业销售给加工出口企业用于生产出口货物的钢材。

（三）特准不予退税的免税出口货物

对一些企业，虽具有进出口经营权，但出口的货物如属税法规定免征增值税、消费税的，不予办理出口退税。这类特案不予退税的出口货物，主要包括以下几个方面：来料加工复出的货物；避孕药品和用具、古旧图书；军品以及军队系统企业出口军需部门调拨的货物。

三、出口货物退（免）税的税种

按现行政策规定，出口货物退（免）税的税种为增值税和消费税。增值税是指对在中华人民共和国境内的销售货物或者提供加工、修理修配劳务以及进口货物的单位和个人就其应税货物销售、加工、修理修配过程中的增值额和进口货物金额征收的一种税。消费税是指对我国境内生产、委托加工和《中华人民共和国消费税暂行条例》规定中列举的消费税征收的一种税。我国现行的增值税和消费税在西方被称之为间接税，而且我国的增值税已实行价外税。这种价外税在生产、流通环节是采取价税分别记账，价税分栏开票，价税合计收费方法实施的，它最终转嫁给了消费者。这种转嫁，税收实际上是由消费者承担的。因此，可以说价外税（间接税）是在生产和流通环节直接或间接地对消费者征收的一种税。由于出口货物不在国内消费，而是在国外消费，按照国际惯例，应该予以退（免）税。

四、出口货物退（免）税的期限

退税期限是指货物出口的行为发生后，办理出口退税、退库的时间要求。它包括企业的申报期限、外经贸部门的稽核期限，以及税务部门审核办理退库的期限。

（一）企业的申报期限

出口企业应在货物报关离境在财务上做销售处理后，按月填报出口货物退（免）税申报表，并按规定提供办理出口货物退（免）税的有关凭证。因为货物报关离境往往是连续不断的，一天可能发生多次货物报关离境，每发生一次就申报一次，存在一定的困难。为了简化手续，出口企业货物报关出口并在财务上做销售后，按月提供退（免）税所需法定的凭证进行按月申报，一般在次月的 10 日前申报，原则上一个月申报一次，但一个年度结束后，出口企业必须把上年已做销售的退税资料在次年的 3 月底前向税务机关办理清算申报手续，对于清算期内备案的单证不齐的应退未退税款，出口企业必须在次年 6 月 30 日前补齐单证，并向税务机关申报退税，否则税务机关不再受理企业上年度的退税申报。没有经营出口权的生产企业，委托外贸出口企业在取得代理出口货物证明及有关退税凭证后，按批或按月（季）报。

（二）外经贸部门的稽核期限

外经贸部门的稽核部门，在收到出口企业申报的退税资料和申报软盘后，必须在 3 个作日内提出稽核或处理意见。

（三）税务部门审核、退库的期限

负责审核出口退税的税务机关在收到企业申报的经外经贸部门稽核的退税资料后，必须严格按照出口货物退（免）税规定认真审核。经审核无误逐级报请负责出口退税审批的税务机关批准后填具《收入退还书》，交当地银行（国库）办理退库手续。企业提出的退税申报手续齐备，内容真实，主管出口退税的税务机关，除另有规定外，必须自接到申请之日起，20 个工作日内办完有关退（免）税手续。

五、出口货物退（免）税的地点

退（免）税地点，是出口企业按规定申报退（免）税的所在地，按有关规定，出口退（免）税的地点划分为以下几种情况：一是外贸企业自营（委托）出口的货物，由外贸企业向其所在地主管出口退税的国税机关申报办理。二是生产企业自营（委托）出口的货物，报经其主管征税的税务机关审核后，再向其主管出口退税的税务机关申报办理。三是两个以上企业联营出口的货物，由报关单上列明的经营单位向其所在地主管出口退税的国税机关申报办理。四是出口企业在异地设立分公司的，总支机构有出口权，分支机构是非独立核算的企业，一律汇总到总支机构所在地办理退（免）税，经过外经贸部批准设立的独立核算的分支机构，且有自营出口权，可以在分支机构所在地申报办理退（免）税。五是其他特准予以退税的出口货物，如外轮供应公司等销售给外轮、远洋国轮而收取外汇的货物等，由企业向所在地主管出口退税的国税机关申报办理退税。

六、出口货物退（免）税的预算级次

出口货物退税的预算级次经历了几次变化。1998 年前，出口货物应退的产品税或增值税是按出口企业隶属关系分别由中央预算收入和地方预算收入退付的。后来为了适应外贸体制改革的需要，促进外向型经济发展。从 1988 年 1 月 1 日起，对出口货物应退的产品税、增值税、营业税税款，一律由中央预算收入退付，中央金库退税的科目是：“中央出口产品退产品税”“中央出口产品退增值税”“中央出口产品退特别消费税”。出口产品应退的营业税已随产品税、增值税一并计算退付，不另设科目退税。后来，由于出口退税实行与出口创汇任务和上缴外汇任务挂钩的办法，国家税务总局明确出口退税实行计划管理，中央规定退税计划，所退税额先由中央预算收入退付，年度终了后由中央财政与地方财政算账分摊，以减轻中央财政的压力，1991 年中央财政负担 90%，地方财政负担 10%；1999 年调整为中央财政负担 80%，地方财政负担 20%，对地方政府和主管部门在国家计划外自行追加的超计划出口创汇任务，由地方政府安排退税，不能从中央预算收入退付。自 1994 年起，随着税制和外贸体制的改革，出口退税计划不再和出口创汇任务挂钩，而是纳入税务机关内部工商税收计划统一管理，同时对外贸企业出口退税，除 1993 年地方已经负担的 20% 部分列入地方上缴中央基数外，以后发生的出口退税全部由中央财政负担。

对有进出口经营权的生产企业自营或委托外贸企业代理出口货物，实行“免、抵、退”税办法，主管征税机关对生产企业在征税时计算免、抵税额，县级以上征税机关根据主管出口退税的税务机关批准下达的免、抵、退税数额。计算公式：免抵税额＝［（出口货物离岸价 × 外汇人民币牌价 × 退税税率－当期海关核销的免税进口料件组成计税价格 × 退税税率）－已退税额］。调整税收收入，每季度的“免、抵、退”税数额在下一季度第一月内办理，调整的具体办法是：按“免、抵”税数额同时增加“免、抵调增增值税”和“免、抵调减增值税”两个科目的数额，并将免、抵调增增值税的 25% 部分由中央国库划入地方国库。

第二节　出口货物退（免）税常规管理

一、出口企业退（免）税登记管理

出口货物退（免）税是我国税收政策的一个重要组成部分。根据《中华人民共和国税收征收管理办法》第 9 条及《出口货物退（免）税管理办法》规定，出口企业必须办理《出口企业退税登记证》。办理出口企业退（免）税登记是退税机关了解出口企业组织结构、经营范围、法人地位资产规模等情况，确定出口企业是否具备退（免）税资格的有效途径。

（一）登记时限及地点

出口企业应持对外经济贸易合作部及其授权单位批准其出口经营权的批件和工商营业执照，于批准之日起 30 日内或者发生出口业务之日起 30 日内，向所在地主管出口退税的税务机关办理退税登记证。未办理出口退税登记或没有重新认定的出口企业，一律不予办理出口货物退税或免税。

（二）登记附送材料

第一，对外经济贸易合作部及其授权单位批准其进出口经营权的批件；外商投资供《中华人民共和国外商投资企业批准证书》；实行自营进出口经营权登记制的国有、集体生产企业，需提供省级外经贸主管部门颁发的《生产企业自营进出口权登记证书》。第二，国家工商行政管理部门核发的《企业法人营业执照》（副本）。第三，主管海关核发的《自理报关单位注册登记证明书》。第四，招标单位所在地国家税务局签发的《中标证明通知书》（无进出口经营权的中标企业用）。第五，对外贸易经济合作部批准使用中国政府优惠贷款和合资合作项目基金援外出口的批文（援外出口企业用）。第六，委托出口协议（无进出口经营权的委托

出口企业用）。第七，出口企业开设的基本账号、退税账户和开户银行证明。第八，主管税务机关要求提供的其他证件、资料。

（三）变更登记、注销登记及其他

1. 变更登记

出口企业改变单位名称、法定代表人、经营地点、进出口经营范围、经营方式、开户银行及账号等事项的，自工商行政管理机关办理变更登记或者有关批准宣布变更之日起 30 日内，持变更登记的有明文件和原退税登记证件等资料到退税机关办理退税变更登记。退税机关根据出口企业的申请，经过调查核实后，在原《出口企业退税登记证》上签署意见，加盖“变更”字样的印章，并核发新的《出口企业退税登记证》。

2. 注销登记

出口企业发生破产解散、撤销以及其他依法应当终止退税事项的情况，须在批准撤并之日起 30 日内，向工商行政管理机关办理注销登记前，申报办理出口退税注销登记。退税机关按规定对其清算退税款后，注销并收回原签发的《出口企业退税登记证》。

3. 验证与换证

退税机关应当每年组织一次对出口企业退税登记的查验工作，对登记证的有关内容与出口企业提供的有关证件资料的原件进行审验并确认。根据国家税务总局的统一部署，出口企业在办理国税税务登记证换证的同时，办理出口退税登记证换证手续。

4. 其他

（1）《出口企业退税登记证》不得转借、涂改、损毁、买卖或者伪造。

（2）纳税人遗失出口退税登记证，应当书面报告主管出口退税的税务机关并登报公告声明作废，同时申请补发。

二、出口货物退（免）税申报管理

出口企业自营或委托出口的货物，另有规定者除外，在货物报关出口并在财务上做销售后，持有关凭证按月向退税机关申报办理退还或免征增值税和消费税手续。出口企业退（免）税申报方式分为集中录入申报、分散录入申报和电子信箱申报。1996 年 5 月份，国家税务总局印发的《出口退税电子化管理办法》（国税发 19679 号）规定，出口企业申报退税单证录入计算机的方式原则上采取由退税部门集中录入的方式。经过一段时间运行，出口企业录入水平有所提高，采取分散录入的条件已经成熟。为此，国家税务总局规定，在保证录入数据质量完全符合出口退税电子化管理要求的前提下，将出口退税单证录入方式改为由出口企业自行分散录入；如出口企业不能自行录入的，可由出口企业委托社会中介机构协助录入。凡出口企业申报退税未录入或录入退税单证信息不正确的，税务机关一律不予受理申报、不予退税。

（一）生产企业退（免）税申报

1. 实行“先征后退”办法

（1）附送或提供退（免）税单证、资料；（2）申报明细数据填写或录入；（3）进口料件明细申报数据填写或录入；（4）申报。

2. 实行“免、抵、退”税办法

（1）附送或提供的退（免）税单证、资料；（2）免、抵、退申报数据填写或录入；（3）免、抵、退税申报。

（二）外贸（工贸）企业退税申报

第一，附送或提供的退税单证、资料；第二，申报数据填写或录入，包括加权平均法进货申报数据填写或录入、加权平均法退税申报数据填写或录入、单票对应法退税申报数据填写或录入。

（三）特准退（免）税企业退税申报

特准退（免）企业可退税申报的业务主要有对外修理、修配业务、对外承包工程、销售给外轮远洋国轮的货物、国内采购运往境外投资的货物、中标机电产品、出境口岸免税店，援外出口、带料加工、外商投资企业采购国产设备等。出口企业须报主管退税机关批准，确定采取电子申报或手工申报。

三、出口货物退（免）税证明管理

（一）出口商品退运已补税证明

1. 办理依据

出口货物因故退运时，出口货物发货人应先到外汇管理局办理出口货物出口收汇核销单注销手续。外汇管理局应给出口货物发货人出具证明，出口货物发货人持证明和海关出具的专为出口收汇核销用的报关单向海关办理退运货物的报关手续。退运货物如属出口退税货物，出口货物发货人还应向海关交验审批出口退税的税务机关出具的未退税或出口退税款已收回的证明和原出口退税专用报关单，凭以办理退运手续。

出口企业将货物报关实际离境出口后，因故发生退运情况，凡海关已签发出口退税报关单的，出口企业须出具主管其出口退税的地（市）国家税务局签发的《出口商品退运已补税证明》海关方能办理退运手续。

2. 办理程序

出口企业应持以下资料向主管出口退税的税务机关申请办理《出口商品退运已补税计明》：第一，出口货物报关单（出口退税联）；第二，出口收汇核销单（出口退税专用）；第三，出口货物外销发票；第四，税务机关要求提供的其他资料。

主管出口退税的税务机关受理出口企业“出口商品退运已补税证明”申请后，发现出口货物已办理了出口退税，应办理已退税出口货物的税款返纳手续。对已退税款追缴入库的出口货物及未办理税款退税的出口货物，主管出口退税税务机关应按出口退税电子化管理办法要求对出口企业填报的《出口商品退运已补税证明》的相关内容和数据录入计算机。同时自动查找是否开出代理证明，报关单是否办理过退税，已办理退税数量、计税金额、税额等情况，审核通过后，方能签署意见和印章。出口企业持此证明及外汇管理部门的有关证明向货物原报关地海关办理出口商品退运（关）手续。

（二）出口货物转内销证明

1. 政策依据

外贸企业出口货物必须单独设账核算购进金额和进项税额，如购进的货物当时不能确定是用于出口或内销的，一律记入出口库存账，内销时必须从出口库存账转入内销库，存账征税机关可凭该批货物的专用发票或退税机关出具的证明办理抵扣。

2. 办理程序

主管退税的税务机关在收到出口企业申请办理出口货物转内销证明的申请后，应分别按以下不同情况审核开具《出口货物转内销证明》。

（1）如转内销的出口货物是国外退关退货货物，主管退税机关应核查企业的《出口商品退运已补税证明》，按照实际补税情况出具证明。

（2）如转内销的出口货物是已申报退税的库存出口货物，主管退税机关应根据出口退税审核系统中该笔商品进项结余情况和企业申请的转内销货物的数量、金额等情况，出具证明，同时将《出口货物转内销证明》上的数据及时扣减出口退税审核系统中相应的进货结余。

（三）补办报关单证明

1. 政策依据

出口企业遗失出口退税报关单向海关申请补办的，出口企业须在6个月内向海关提出补办申请，逾期海关不予受理。出口企业申请补办报关单，须出具主管出口退税的国家税务局签发的“关于申请出具（补办报关单）证明的报告”。

2. 办理程序

申请出具（补办报关单）证明的报告的出口企业应持以下资料凭证向主管出

口退税的税务机关申请办理：第一，出口货物报关单联次未全丢失的，应提供其他联次的出口货物报关单；第二，出口收汇核销单；第三，运单或提货单及出口发票；第四，税务机关要求提供的其他资料。

出口企业填报“关于申请出具（补办报关单）证明的报告”后，主管出口退税的税务机关应根据出口退税电子化管理办法的要求，对“关于申请出具《补办报送单）证明的报告”的有关信息录入计算机进行对审，经审核无误后签署意见和印章。

计算机审核的基本内容：第一，根据出口报关单号、企业代码、出口数量，出口商品代码、贸易性质等，查找海关报关单信息中是否有此票报关单。报关单信息中如有此票报关单，则计算机自动核实是否开出过代理证明、是否办理过退运证明，若均无，则审核通过。第二，计算机审核查找到报关单没有退运，若已开出代理证明，则自动提示已开出代理证明，提示出已开出代理证明数量。若计量单位一致，计算机自动审核报关单信息中出口数量是否大于已开出代理证明数量，若大于则审核通过，小于则提示出应核实相关数据；若计量单位不一致，则自动显示出报关单信息中出口数量和已开出代理证明数量，人工判断是否可以开《补办报关单证明》。第三，计算机审核查找到报关单没有办理过代理证明的，但已办理退运证明的，则提示出已办理退运数量。若计量单位一致，计算机自动审核报关单信息中出口数量是否大于退运数量，若大于则审核通过，若小于则提示出应核实相关数据；若计量单位不一致，则自动提示出已办理退运数量、报关单信息中出口数量，人工判断是否可以开《补报关单证明》。第四，计算机审核找到报关单，但已开出代理证明、已办理过退运，则自动显示出三个数量。若计量单位一致则自动审核是否可以开《补报关单证明》；若计量单位不一致、提示三个数量，人工判断是否可以开《补办报送单证明》。出口企业持已签署的“关于申请出具（补办报关单）证明的报告”向原报关地海关办理补办手续。

第三节　出口货物退（免）税计算机管理

一、出口退（免）税计算机管理产生的背景及发展概况

（一）出口退（免）税计算机管理产生的背景

出口退税工作是一项政策性强，管理环节多，涉及面广的工作，具体操作及计算的工作量很大，特别随着我国改革开放的不断深入和外贸出口的迅猛发展，出口退税的规模也大幅度的增长，退税申报稽核、审核及管理完全靠手工进行已无法适应退税工作的需要。而且从 1989 年下半年以后，一些不法分子利用手工审

核的薄弱环节，采取种种非法手段，大肆骗取出口退税的犯罪活动时有发生，因此迫切需要制定一套严密的、科学的出口退税管理办法。在借鉴国内外先进管理经验的基础上，国家税务总局和外经贸部认识到对出口退税实行电子化管理已是大势所趋，势在必行。自 1990 年开始，各地进出口税收管理机关和外经贸主管部门开始研究和探索如何使用计算机进行出口退税管理工作。不少地区，如大连、上海、武汉等地都开始尝试使用计算机进行出口退税管理，外经贸部也于 1990 年委托山西省经贸计算中心开发出口退税计算机申报系统，并在全国进行了试点。试点积累了一定的经验，在全国推行统一的出口退税电子化管理软件的条件已经基本成熟。

（二）出口退税计算机管理系统发展及概况

1. 出口退税系统的研制开发和推广应用

自 1992 年开始，在国家税务总局领导的关心和支持下，总局进出口税收管理司和信息中心会同大连市国家税务局积极进行了出口退税计算机管理软件的研制开发工作，经过近 3 年的努力，完成了出口退税单机版的研制工作，并率先于 1995 年初在大连市进行了试运行。1995 年 9 月，国家税务总局和外经贸部先后在吉林、汕头地区举办了两期培训班，选择了吉林、上海、江苏、青岛等 14 个省市进行了试运行。同年 11 月在大连召开了试点地区的研讨会，会上各地普遍反映，这一软件具备税收政策、法规包容全面、界定准确及操作简便、技术设计严密等特点，可以在全国推行。1995 年 12 月，国家税务总局又分别在北京、河南地区举办两期培训班，对全国出口退税业务骨干和具体应用与操作计算机的同志进行了培训。此外，还专门为外经贸系统的稽核员举办了两期培训班，重点讲解了申报系统和稽核系统介绍了审核系统。国家税务总局于 1996 年 5 月以国税发（1996）79 号文件下发了关于实行出口退税电子化管理的通知，继而出口退税计算机管理在全国全面推行。

随着出口退税管理改革的进一步发展和对出口退税实行网络化管理的新需求，总局又把出口退税单机版管理软件升级为“一期网络版”管理软件，并于 1997 年 10 月，先后在宁波、云南举办了“一期网络版”培训班。从 1998 年 1 月 1 日起在全国推行出口退税的网络化管理。计算机网络技术和数据库技术迅速发展，出口退税业务也不断在软件运行中提出了新要求，“一期网络版”软件基于前几年技术平面上所提供的性能逐渐难以满足出口退税管理的需要，总局又在大连组织设计开发了 WINDOWS 操作平台，采用最新数据库处理技术的出口退税“二期网络版”管理软件，并在 2000 年先后在大连、北京、内蒙古等地区举办了“二期网络版”培训班。国家税务总局于 2000 年 6 月以国税函（2000）489 号文件下发了关于推广使用出口退税二期网络版管理软件的通知，决定从 2000 年 7 月 1 日起在全国全面推行。

2. 现行出口退税管理系统的概况

现行出口退税计算机管理系统包括三个子系统：出口企业退税申报子系统、外经贸主管部门的稽核子系统、税务机关退税审核子系统。其主要目的在于实现出口货物退（免）税业务的电子化管理，充分利用海关、外管部门、征税机关等部门的电子数据，建立科学、严谨、高效的出口货物退（免）税管理机制，更好地履行税务机关的出口退税管理职责。出口退税计算机管理的近期目标是实现出口退税操作管理、决策的电子化；建立出口退税网络管理系统，实现与征税机关、海关、总局等的信息资源共享，以防范和打击出口骗税；总局建立宏观调控管理系统，通过网络系统随时了解各地退税进度，检查各地工作，预测全年退税，以及为领导决策提供可靠的数据依据。远期目标是逐步适应国际贸易无纸化、交易过程电子化、信息传输网络化的要求，建立一套全面的出口退税网络化管理机制。

出口退税管理系统是国家“金关工程”的重要组成部分。国务院和国家税务总局的领导都十分关心这项工作，早在 1995 年，国务院有关领导就指示，出口退税计算机管理系统是国家“三金工程”中“金关工程”的重中之重。因为出口退税计算机管理系统利用海关的出口报关单电子信息和外汇管理局的出口收汇核销电子信息来加强对外贸出口行为和出口退税的管理，对海关和外汇管理部门保证其数据的准确性、完整性、及时性提出了更高的要求，同时对同属“金关工程”的海关进出口统计子系统和外汇管理局出口收汇和进口付汇核销子系统的实施起到了促进作用。

二、出口退（免）税计算机管理系统的设计原则及特点

（一）出口退税计算机管理系统的设计原则

现行出口退税“二期网络版”管理系统在设计时主要遵循了以下原则：

1. 统一性原则

该系统以总局认定的现有出口退税业务规范为主，兼顾和吸取各地对出口退税业务处理的具体操作办法和管理经验。

2. 适应性原则

该系统提供了灵活的设置，以保证各地在不违背基本出口退税流程的前提下，适应其具体操作方法和管理手段的不同。另外，本系统是一个不断提高完善的系统，能够进行不断地发展，从而最大限度地适应未来的业务发展的需要。

3. 易用性原则

该系统使用人员范围广，计算机水平也层次不一。有的基层部门计算机应用水平较低，缺少计算机专业人员。因此，系统设计时尽可能地做到操作简单、维

护简单、使用方便，有严格的文档规范，完备的文档，程序也有完备的中文注释。

4．可靠性原则

由于操作失误出现的故障或一时的设备故障，该系统提供了自主功能，可以进行恢复，而不破坏数据的一致性和完整性。

5．安全性原则

根据业务管理的需要，系统具有不同的安全级别及操作权限，系统内部重要业务操作均留有痕迹，充分发挥了操作系统、数据库、应用软件三层安全保证措施，以确保数据的安全性。

6．排他性原则

系统要接受大量的外部电子数据，能对错误的数据和结构不合理的数据进行识别并拒绝接受这些数据。

7．易二次开发、易维护性原则

系统采用封装技巧，建立稳定的底层工具，核心技术文档随机等手段，使具有基本技术水平的系统维护人员可以在一定程度上对系统进行较复杂的维护及一般性扩充。

8．与一期网络版兼容性原则

贯穿所有环节，系统设计时考虑到一期网络版在一定时期内存在的必然性，软件在充分发挥所用新技术的先进性、业务处理的合理性的前提下，尽可能保证数据结构、处理流程、操作界面风格与一期网络版的兼容性。

（二）出口退（免）税计算机管理系统的特点

现行出口退税计算机管理系统的特点具体体现在以下几个方面：

1．系统设计规范

出口退税电子化管理系统采用了结构化的设计方法，各子系统和模块之间，相对独立，遵循“高内聚，低耦合”的原则。在程序设计上，采用了一套规范化的底层模块，系统界面统一，参数统一，语言规范。业务上以现行出口退税制度为依据，规范地进行了设计。另外，系统采用的20多种代码，有国标的采用了国标，商品代码使用了国际上统一的海关标准商品代码。对于自编的代码，也严格按照编码的规则进行，摘要采用了汉语简拼编。

2．系统设计严谨，配置科学

系统设计采用了多级授权保密，每个子系统都设有系统配置口令。在申报子系统中，只有办税人员才有权设置人工申报标志。对稽核通过的数据，需有特殊的稽核标志。审核时对海关、外汇管理和税务部门三方面的外部信息进行交叉核对，在及时性、严谨性和准确性方面提高了一大步。对于一些未通过数据，则可由审核人确认后人工挑过，并自动置上特殊通过标志。

3．系统有较强的可移植性和安全性，易于维护

程序设计时，所有录入、修改全部采用滚屏方式，当需要增加项目时，只要在基础数据库中添加上该项目，执行生成程序，就可以生成出新的录入、修改程序和数据库，查询部分采用了标准的组合查询模块，组合项目也采用滚屏方式，查询方式可以有多种选择，条件可以任意组合，建立各种索引方式。系统中使用了一套规范化的底层模块，每一个子系统都设有系统维护功能模块，可随时对系统进行维护，对数据进行优化和保护。

4．系统操作简单，人机界面友好

系统采用下拉式菜单，操作灵活简便，层次鲜明，每一步都有中文操作提示，随时可以调阅操作说明。数据录入时汉字信息全部采用代码录入，大大减轻了操作难度。录入代码时，可随时进行代码查询，并将查询到的代码自动带到录入项中，数据录入时，系统设有范围和一致性错误的检查，帮助操作者正确地操作。二期网络版审核系统还设计了“审核向导”功能，即系统自动控制审核步骤，在审核中间环节也可以直接人工干预。

5．“二期网络版”管理系统的新特点

二期网络版采用新的数据库处理技术，在一期网络版的基础上重新设计开发，进一步优化业务处理过程，完善管理机制。系统的安全性、处理速度、数据的一致性与完备性、宏观数据共享、用户界面的友好等方面都有了长足的改进。具体讲主要有以下几个特点：进一步强化了监督制约机制；增加了单票对应的退税机制；优化审核机制；增强了审批的控制；增加了生产企业先征后退的退税管理；增加了生产企业免、抵、退税管理；改进了年终清算功能；增强了宏观调控功能等。

第四节　出口货物退（免）税的检查

一、出口货物退（免）税检查的特点及方法

出口货物退（免）税检查是根据出口企业的账、表、单、票证以及其他有关证明资料按照出口货物退（免）税管理办法及有关规定，对出口货物的真实性和所退、免税款及抵扣税款的计算是否正确进行的检查。

（一）出口货物退（免）税检查的特点

由于出口退（免）税政策在我国是一项比较新的政策，并且在不断完善之中，因此，当前出口货物退（免）税的检查，根据出口货物退（免）税本身固有的性质和出口货物退（免）税管理所应具有的条件来看有以下特点。

第一，出口货物退（免）税遵循“征多少，退多少，未征不退”的原则，所

以出口货物退（免）税检查不但要检查出口货物退（免）税，而且要检查征税情况。

第二，出口货物退（免）税范围的限定，不仅要检查申请退（免）税的货物是否能退（免）税，退（免）税的计算是否正确，而且要检查要求退（免）税的企业资格。

第三，出口货物退（免）税涉及的环节多，应提供的凭证也多，因此检查范围广，工作量大。

第四，出口货物应退（免、抵）税的计算，由于外贸企业和生产企业采用的记账方法和会计核算方法不同，出口货物的退（免）税的计税依据和计算方法不同，所以采用的检查方法也不一样。

第五，随着外贸体制改革的不断深入，对外贸易出现经营多元化、贸易方式多样化，如有自营进出口、代理进出口、补偿贸易、易货贸易、进料加工、来料加工等，对不同贸易方式的退（免）税检查的范围也不同。

第六，由于出口货物退（免）税管理机制不够完善，特别是对出口货物的征税、出口退税不在一地，且征（免）税、抵扣和退税又属不同的税务机关，因而使得衔接困难，检查难度增大。

第七，不仅要检查出口货物应提供的凭证和有关账簿，而且要检查货物是否真实存在，申请退（免）税的有关金额数量是否与实际相符。

第八，由于出口货物退（免）税的退税率变化较大，出口货物不能完全依据其进项税额进行退税，对不同货物和同一种货物在不同时期所适用的退税率是否正确要进行核定。

（二）出口货物退（免）税检查的方法

出口货物退（免）税检查是一项政策性和技术性很强的业务工作，涉及出口企业大量的财务会计资料，要使检查工作减少盲目性，克服混乱性，提高工作效率，就必须讲究科学的检查方法和技巧，只有熟练和正确地运用科学的检查方法，才能保证出口退税检查的质量。出口货物退（免）税检查和征税检查一样，其检查的方法有很多，按检查的顺序划分有顺查法和逆查法；按对出口企业一定时期内有关经济内容检查面大小和深浅程度划分有全面检查和重点检查；按检查的组织形式划分有自查法、复查法和重点抽查法。根据出口退税检查自身的特点在检查工作中常见的实用检查方法主要有以下三种：

1. 日常稽查法

日常稽查法是出口退税中最常用、最基本的方法，是主管出口退税机关日常工作的一个重要组成部分。它主要是对日常单证对审或计算机审核出来的错误、疑点信息，特别是机审为“E”和“W”的疑点信息，通过与企业会计报表、账册和申报出口退税的其他有关资料核对，以检查出口退税申报是否正确。这一日常检查工作执行的好坏，直接关系到退税工作的质量，有许多骗取出口退税的线索也能从这检查中发现。

2. 专项检查法

专项检查法又称重点检查法，是对出口企业某一时期内有关资料或对某一方面的经济业务，通过事先分析资料发现疑点和线索，以及平时了解掌握的情况有的放矢地进行检查的方法，通常用于对骗税案件检查，对某一类出口商品或某笔出口业务，以及某种贸易方式出口退税业务进行专题检查。重点检查法是出口退税检查工作中最常用的方法。其特点是突出重点，针对情况，收效较明显而且节省力和时间，可以达到事半功倍的效果。

3. 全面检查法

全面检查法是对出口企业的各项退税会计凭证，账、表、票据、单证等项目进行全面系统的检查，是对一定时期内某一出口企业涉及出口退税的各种资料进行的一种全方位的检查。检查能达到查清、查透的效果，但工作量大，较费人力和时间。一般在年度清算时选择一些重点企业进行。在检查时，一般可着手从“库存商品”“自营出口销售收入”“应收外汇账款”“应交税金——应交增值税”等账和有关凭证报表进行检查。

二、出口货物退（免）税检查的程序

出口货物退（免）税检查的程序与税务稽查的基本程序相同，即：检查选案、检查实施、检查审理和处理决定执行四个环节。各环节实行分工负责的模式，形成相互合作、相互制约、彼此促进的运行机制，以保证准确有效地执行税法。

（一）退（免）税检查的选案

检查选案是出口货物退（免）税检查的第一个环节，根据有关资料、信息进行分析、对比、排列和组合，从中发现异常，列出检查的重点对象，出口货物退（免）税检查对象的确定方法大体上有以下几种。

1. 计算机选案

申报的出口退（免）税货物的有关数据，通过事先设置可能出现疑点的条件、范围，从中选择检查的企业名单及检查的业务内容。从目前来看，计算机选案的指标主要有以下几个方面。

（1）出口增长变化幅度分析，主要是根据海关提供的出口货物报关单电子信息，排列检查出口额比往年增长特别大的企业名单。

（2）出口金额异常分析，主要是根据海关提供的出口货物报关单电子信息，对通过海运、铁路运输方式一次出口金额在20万美元以上的，及通过公路运输和航空运输等运输方式一次出口金额在10万美元以上的出口退税报关单进行排列检

查，从中确定检查企业的名单及重点检查的内容。

（3）出口货物情况分析，主要是根据海关提供的出口货物报关单的电子信息，对出口企业报关出口的敏感货物进行分类统计，将其中报关出口敏感、货物金额较大的企业作为检查的对象。

（4）报关口岸情况分析，主要是根据海关提供的出口货物报关单的电子信息，将从敏感口岸报关出口次数比较多，金额比较大，又比较集中的出口企业作为检查的对象。

（5）换汇成本分析，主要是对外贸企业已申报退税的出口货物，将换汇成本低于规定的下限或高于规定上限的出口企业作为检查的对象。

（6）单价差异倍数分析，主要是对外贸企业已申报退税的出口货物，通过事先设置的计算公式，计单价差异倍数，将低于规定的下限或高于规定上限的出口企业作为检查的对象。

2. 举报、转办、交办、情报交换

（1）举报是指人民群众或单位通过口头、书面等形式向税务机关报告出口企业涉嫌骗税、涉嫌从事“四自，三不见”买单业务的其他税收违法行为的一种方式。有条件的进出口税收管理部门应设立“税务违法案件举报中心”，公开举报电话。（2）转办是指同级政府的有关部门接到的反映出口企业涉嫌违法行为的人民来信来访或其他部门发现税务违法行为的信函电话、口头等形式反映给税务机关的各种案源。（3）交办是指上级党政机关或上一级税务机关交办查处的各种税务违法案件。（4）情报交换是通过国际间的情报交换得到的涉嫌骗税的信息。通过以上四种形式发现的案情都是确定检查对象的重要依据。

（二）退（免）税检查的实施

检查实施是出口货物退（免）税第二个环节，也是核心环节。即税务人员按照税收法律、法规、规章及检查方案所确定的检查范围、种类、方式和内容等要求，依据检查标准，采取科学有效的方法，有目标、有步骤地进行检查的实务操作活动。出口货物退（免）税检查是对被查单位进行检查、取证、分析和综合评价的过程，也是将检查方案付诸实施并取得预期效果进而完成检查任务的过程。

1. 检查实施前的准备工作

（1）下达税务稽查通知书

税务机关和稽查人员在实施检查之前，除公民举报或者税务机关有根据认为有税务违法行为，或者预先通知有碍检查及其他另有规定外，应当提前以书面形式通知被查对象。向被查对象下达《税务稽查通知书》，告知其稽查时间，需要准备的资料、情况等。

（2）工作准备

税务稽查人员在实施出口货物退（免）税检查前，应当根据计算机审核系统提供的资料或其他信息资料，全面调阅被查对象的出口退税申报情况，了解被查对象的生产经营状况，同时熟悉财务会计制度或者财务会计处理方法，了解相关的税收法律、法规，确定相应的检查方法，制定检查方案。

（3）回避与否

税务稽查人员与被查对象有利害关系，或者与被查对象有其他关系，可能影响公正执法的情形，应当回避。回避可由稽查人员主动要求回避。

2. 检查的具体实施

（1）调查取证

调查取证是实施检查的必要步骤，税务机关必须先调查取证，再决定处理。调查取证大致由调查和取证两个阶段构成。

（2）查账

税务查账是税务机关依据国家税收法律法规和财务会计制度的规定，对被查单位的账簿记账凭证、报表等有关资料进行审查，它是税务机关进行税务稽查的基本方式。税务机关去查账时，可以采取两种检查形式：一是在被查单位进行；二是将被查单位的有关出口货物退（免）税的资料调回税务机关检查。将出口企业的账簿及有关凭证、退税资料调回税务机关检查时，应当填写《调取账簿资料通知书》，收到有关账簿资料后，应当开具《调取账簿资料清单》，经双方签章后各执一份备查，并在3个月内完整归还。

（3）账外调查

账外调查是指税务稽查部门在税务查账或调查税务案件时，为核实某些情况，取得有关证明材料，对当事人、其他知情人以及有关部门进行的调查活动。账外调查还包括对被查单位账外情况的现场调查。税务机关在实施检查中需要对出口企业存款账户进行核查时，必须持有县以上税务局局长签发的《税务机关检查纳税人、扣缴义务人存款账户许可证》，方可进行查核。

（4）异地协查

异地协查即委托其他地区的税务机关就税务违法案件及其他检查事项进行协调调查。税务机关在实施检查过程中，需要跨区域检查的，可以通过异地协查的方式要求有关税务机关予以协助，对方税务机关均应无条件协助。异地协查主要包括函查和异地调查两种方式。

（5）编制《税务稽查底稿》

税务稽查人员在税务检查中应认真填写《税务稽查底稿》，税务稽查底稿是税务人员在税务查账时，对查出问题所涉及的账户、记账凭证以及相关的税收问题所做的记载。在编制《税务稽查底稿》时应注意以下两点：第一，税务稽查人

员在税务查账时，应逐笔如实记录稽查中发现的问题及所涉及的账户、记账凭证金额等细节全面反映此项检查工作的情况。第二，实施检查结束时，《税务稽查底稿》应当交由被查单位有关负责人逐栏核对认可，证明无误后签字或盖章，以此作为处理依据。

3．检查实施的终结

税务检查实施终结税务稽查人员应当认真整理检查资料，收集相关证据，计算应补税款，分析检查结果提出处理意见。

第五节 出口货物退（免）税相关法律事务

一、出口货物退（免）税违章处理

口货物退（免）税违章处理是指国家为了加强出口货物退（免）税管理，保证出口退（免）税政策的贯彻执行，对出口企业在办理退（免）税过程中，违反出口退（免）税管理规定，由税务机关给予相应的处理。出口退（免）税违章处理的形式主要有不予办理出口货物退（免）税加收滞纳金和采取税收强制执行措施等。

（一）不予办理出口货物退（免）税规定

1．违反退税登记管理，不予办理退（免）税规定

出口企业应该持对外贸易经济合作部及其授权单位批准其出口经营权的批件和工商营业执照于批准之日起30日内向所在地主管退税业务的税务机关办理退税登记证。未办理退税登记的出口企业一律不予办理出口货物的退税或免税。

2．违反出口货物退（竞）税单管理，不予办理退（免）税规定

（1）出口企业在办理退（免）税过程中，无法提供购进出口货物的增值税专用发票（税款抵扣联）或普通发票逾期无法提供出口货物报关单（出口退税联）应提供而没有提供出口收汇核销单（出口退税联）的，不予办理出口货物退（免）税，已办理退（免）税的，一律扣回已退（免）的税款。

（2）出口企业出口货物不能提供“专用缴款书”或“分割单”原件的，以及所提供的“专用缴款书”或“分割单”原件内容填开不规范、字迹不清、国库（银行）印章不齐的，税务机关不得办理退税。

（3）出口企业申请退税时，提供的“专用缴款书”或“分割单”，如有伪造、涂改、非法购买等行为的，不予办理退税。

（4）出口企业申请退税时，提供的“出口货物报关单（出口退税联）”中“经营单位”名称增值税专用发票中“购货单位”名称，以及“专用缴款书”或“分割单”

中“购货企业”名称与申报退税企业名称不一致的货物，不予办理退（免）税（委托外贸企业代理出口的货物除外）。

（5）出口企业申报办理退税提供的增值税专用发票属于虚开、伪造或发票内容不规范、印章不符的货物，不予办理退（免）税。

（6）出口退税凭证有涂改伪造或内容不实的出口货物，税务机关不予办理退（免）税。

3. 出口退税函调工作中，不予办理退（免）税规定

（1）对出口货物已发函调查尚未收到回函的，不予办理退税。

（2）对出口货物发函调查，回函不清或虽回函但不足以排除骗税嫌疑的，不予办理退税。

（3）对出口货物函调回函属非自产货物和征税机关虽已回函，但退税机关认为仍有问题的，退税机关须对非自产货物的上道货源情况及问题进行再次发函调查。追踪两道环节仍查不清楚的暂不予退税而由出口企业自己负责调查举证。企业举证工作必须在 1 年内完成，1 年内完不成的，不得再申报办理退税。应举证的该出口业务，如有出假证，隐瞒事实，造成发生骗税的，要按有关规定严肃处理。

（4）对从骗税多发地区购进出口货物进行函调时，必须根据《国家税务总局关于出口货物税收函调问题的补充通知》的格式进行函调。凡回函内容不清、格式不对或填写项目不全的，或没有回函税务机关税务所所长、税务局局长签字的，以及不是县级以上税务机关回函等情况的一律不予退税。

（二）补缴税款及加收滞纳金的规定

对出口企业在办理退（免）税过程中，由于企业的过失而造成实际退（免）税款大于应退（免）税款，包括清算中发现企业已退（免）税大于应退（免）税款或企业办理来料加工免税手续后逾期未核销的，税务机关应当令其限期缴回多退或已免征的税款。逾期不缴的，从限期期满之日起，依未缴税款按日加收 2‰的滞纳金。

（三）采取强制执行措施规定

1. 对有骗取出口退税嫌疑的出口业务，经检查人员提出理由并报经当地国税局主管局长或进出口税收管理分局局长的批准，可专项立案检查。在检查期间，对该项货物暂停办理退税，已办理退税的企业应提供补税担保。如果企业不能提供担保，经审批退税的税务机关批准可书面通知企业开户银行暂停支付相当于应补税款的存款。

2. 出口企业多退或已免征的应补缴税款经税务机关责令限期缴纳逾期仍未缴纳的，税务机关可采取强制执行措施，强迫其履行义务。税务机关采取强制执行措施时，对出口企业未缴纳的滞纳金应同时强制执行。企业欠缴税款除了强制执

行措施追缴其不缴或少缴税款外，税务机关还可以处以不缴或者少缴的税款 5 倍以下的罚款。

二、出口货物退（免）税行政法制

出口货物退（免）税行政法制包括出口企业在办理出口退货物（免）税过程中，违反国家税收法律、法规规章的规定，由税务机关对出口企业作出的行政处罚，以及出口企业认为税务机关作出的行政处罚侵犯其合法权益，依法要求进行行政复议、行政诉讼、行政赔偿，以获得法律救济。出口货物退（免）税行政处罚、行政复议、行政诉讼，行政赔偿的管辖、程序、受理、执行等内容依据《中华人民共和国行政处罚法》《中华人民共和国行政复议法》《中华人民共和国行政诉讼法》《中华人民共和国国家赔偿法》《税务行政复议规则》等相关规定执行。下面主要介绍出口货物退（免）税行政处罚种类、行政复议、行政诉讼、行政赔偿的范围。

（一）出口货物退（免）税行政处罚

出口货物退（免）税行政处罚是指出口企业有违反出口退（免）税管理秩序的违法行为，尚未构成犯罪，依法应当承担行政责任，以及由税务机关给予的行政处罚。出口货物退（免）税行政处罚的规定，主要体现在《中华人民共和国税收征管法》《中华人民共和国发票管理办法》等有关法律、行政法规和国家税务总局制定的行政规章中。出口退（免）税行政处罚的种类主要有罚款、没收非法所得、停止出口退税权。

1. 罚款和没收非法所得

（1）对经营出口货物的企业有下列违法行为之一的除令其限期纠正外，处以 1000 元的罚款，包括未按规定办理出口退税登记变更或者注销登记的；未按规定建立使用和保存有关出口退税账簿票证的；拒绝主管退税的税务机关检查和提供退税资料、凭证的。

（2）出口企业未按规定设置和保管有关出口退税账簿票证，经税务机关责令限期改正而逾期不改正的，可以处以 2000 元以下的罚款；情节严重的，处以 2000 元以上 1000 元以下的罚款。

（3）对出口企业未按规定取得发票的，根据《中华人民共和国发票管理办法》规定税务机关应责令限期改正，没收非法所得，并处 10000 元以下罚款。如果导致其他单位或者个人未缴、少缴或者骗取税款的由税务机关没收非法所得，可以并处未缴、少缴或者骗取税款 1 倍以下的罚款。

（4）对为经营出口货物企业非法提供或开具假退税凭证的，有违法所得的，处以其违法所得额 3 倍以下不超过 30000 元的罚款；没有违法所得的，处以 10000 元以下的罚款。

（5）企业事业单位采取对所生产或者经营的商品假报出口等欺骗手段，骗取国家出口退税款，数额不满 10000 元的，由税务机关追缴其骗取的退税款，处以骗取税款 5 倍以下的罚款。上述企业事业单位以外的其他单位或者个人骗取国家出口退税数额较小，未构成犯罪的，由税务机关追缴其骗取的税款，处以骗取税款 5 倍以下的罚款。

2. 停止出口税权

对出口企业采取伪造、涂改贿赂或其他非法手段骗取退税，以及从事“四自、三不见”（指“客商”或中间人自带客户、自带货源、自带汇票、自行报关和出口企业不见出口产品、不见供货货主、不见外商）买单业务的，除按《中华人民共和国税收征收管理法》处罚外，可由国家税务总局批准停止其半年以上的出口退税权。在停止退税期间出口和代理出口的货物，一律不予退税。对于骗取退税数额较大或情节特别严重的，由对外贸易经济合作部撤销其出口经营权。

（二）出口货物退（免）税行政复议

出口货物退（免）税行政复议是指当事人认为税务机关及其工作人员作出的具体行政行为侵犯其合法权益，依法向上一级税务机关（复议机关）提出复查该具体行政行为的申请，由复议机关对该具体行政行为的合法性和适当性进行审查，并作出裁决的制度和活动。出口货物退（免）税的行政复议受案范围包括以下几个方面：第一，多退或已免征的税款补缴入库，加收滞纳金；第二，税务机关作出的责令出口企业提供纳税担保行为；第三，税务机关作出的税收保全措施；第四，税务机关未及时解除税收保全措施；第五，税务机关作出的退（免）税行政处罚行为；第六，税务机关不予依法办理或答复的行为；第七，税务机关作出的其他税务具体行为。

（三）出口货物退（免）税行政诉讼

出口货物退（免）税行政诉讼是指当事人认为税务机关及其工作人员作出的具体行政行为违法或者不当，侵犯了其合法权益，依法向人民法院提起行政诉讼，由人民法院对具体行政行为的合法性和适当性进行审理并作出裁决的司法活动。出口货物退（免）税的行政诉讼受案范围与出口货物退税行政复议的受案范围基本一致。

（四）出口货物退（免）税行政赔偿

出口货物退（免）税行政赔偿是指税务机关作为履行国家赔偿义务的机关，对本机关及其工作人员的职务违法行为给当事人的合法权益造成的损害予以的赔偿。出口货物退（免）税行政赔偿的范围主要包括：第一，税务机关及其工作人员违法补征税款及滞纳金；第二，税务机关及其工作人员对当事人违法实施罚款、

没收非法所得等行政处罚；第三，税务机关及其工作人员对当事人财产违法采取强制措施或者税收保全措施；第四，税务机关及其工作人员造成当事人财产损害的其他违法行为。

三、出口退（免）税涉税犯罪及刑事责任

出口退税刑事责任是指当事人在办理出口货物退税过程中，违反法律，构成犯罪的，由司法机关作出的刑事处罚。出口退税涉税犯罪及刑事责任的规定，主要体现在《中华人民共和国刑法》、全国人大《关于惩治偷税抗税犯罪的补充规定》中。1992 年，全国人大《关于惩治偷税、抗税犯罪的补充规定》增加骗取出口退税罪，1997 年颁布实施的新《中华人民共和国刑法》，专门规定了危害税收征管罪，对骗取出口退税罪，虚开增值税专用发票、用于骗取出口退税、抵扣税款发票罪，非法制造、出售非法制造的用于骗取出口退税、抵扣税款发票罪，非法出售用于骗取出口退税、抵扣税款发票罪都作出了具体刑事处罚。新《中华人民共和国刑法》还规定了税务工作人员在出口退税工作中的职务犯罪。

（一）骗取出口退税罪

骗取出口退税罪是指采取假报出口或其他欺骗手段，骗取国家出口退税款数额较大的行为。新《中华人民共和国刑法》规定的骗取出口退税罪与《关于惩治偷税、抗税犯罪的补充规定》中规定的骗取出口退税罪的内容完全不同，实质上是一个新罪。

1. 骗取出口退税犯罪主体

《关于惩治偷税、抗税犯罪的补充规定》规定的骗取出口退税罪的犯罪主体是特殊主体。该补充规定第 5 条规定，企事业单位采取对所生产或者经营的商品假报出口等欺骗手段，骗取国家出口退税，数额在 10000 元以上的，处骗取税款 5 倍以下罚款，并对负有直接责任的主管人员和其他直接责任人员，处 3 年以下有期徒刑或者拘役。前款规定以外的单位或者个人、骗取国家出口退税款的，按照诈骗罪追究刑事责任，并处骗取税款 5 倍以下罚款；单位犯本罪的，除处以罚金外，对负有直接责任的主管人员和其他直接责任人员按照诈骗罪追究刑事责任。根据该规定，构成骗取出口退税罪的，只能是具有出口退税权在缴纳税款后又假冒出口骗回税款的企事业单位。自然人和没有出口退税权的单位不能构成骗取出口退税罪，其骗取国家出口退税的，以欺骗罪论处。而新《中华人民共和国刑法》规定的骗取出口退税罪的犯罪主体是一般主体，包括所有达到刑事责任年龄、具备刑事责任能力的自然人和不同单位。

2. 骗取出口退税罪的客观表现

骗取出口退税罪在客观上表现为采取假报出口或其他欺骗手段骗取国家出口

退税款数额较大的行为。出口退税作为国家鼓励出口的一项优惠政策，获得出口退税的前提是必须出口了的已经缴纳税款的货物。骗取出口退税罪有三种表现形式：一是有出口经营权的单位为了骗取出口退税，自己进行虚假申报等，骗取出口退税；二是有出口经营权的单位为了获取代理费，明知其代理的单位或者个人所提供的各种凭证不实，仍与其共同进行骗取出口退税的活动；三是无出口经营权的单位和个人利用有出口经营权的单位进行骗取出口退税。

依据《关于惩治偷税、抗税犯罪的补充规定》第五条规定：骗取出口退税罪的客观方面表现为，具有出口退税权的企事业单位，在缴纳税款后又假冒出口骗回税款的行为，是先缴后骗；而依据新《中华人民共和国刑法》的规定纳税人缴纳税款后采取假报出口等欺骗手段骗取所缴纳税款的依照偷税定罪处罚，对骗取税款超过所缴纳的税款部分才以骗取出口退税罪论处。由此可见，新《中华人民共和国刑法》中的骗取国家出口退税的行为，不是先缴后骗，而是未缴就骗。因此，《关于惩治偷税、抗税犯罪的补充规定》第五条规定的骗取出口退税罪实际已被取消，新《中华人民共和国刑法》论之以偷税罪；新《中华人民共和国刑法》规定的骗取出口退税罪实际上相当于《关于惩治偷税、抗税犯罪的补充规定》第五条规定的“前款规定以外的单位或者个人、骗取国家出口退税款的，按照诈骗罪追究刑事责任”，是国家出口退税款这一特殊款项的诈骗罪。

3. 骗取出口退税罪的构成标准

依据新《中华人民共和国刑法》的规定骗取国家出口退税款数额较大的才能构成骗取出口退税罪，否则，只能作为一般违法行为处理。何为数额较大，法律没有明文规定，目前也无司法解释。一般说来，这一标准应与普通诈骗罪的构成标准一致。

（二）妨害发票管理罪

1. 虚开增值税专用发票、用于骗取出口退税、抵扣税款发票罪

虚开增值税专用发票、用于骗取出口退税、抵扣税款发票罪是指违反税收法规，虚开增值税专用发票或者用于骗取出口退税、抵扣税款的其他发票的行为。本罪的犯罪对象包括三类发票：增值税专用发票、用于骗取出口退税的其他发票和用于抵扣税款的其他发票。如果行为人用于骗取出口退税的是值税专用发票，则对行为人定虚开增值税专用发票罪；如果行为人用于骗取出口退税的是虚开的其他发票（如普通发票），则对行为人定虚开用于骗取出口退税发票罪。

（1）虚开增值税专用发票、用于骗取出口退税抵扣税款发票罪的犯罪主体。任何企事业单位和具有刑事责任能力的自然人均可构成虚开增值税专用发票用于骗取出口退税发票罪。

（2）虚开增值税专用发票、用于骗取出口退税抵扣税款发票罪的客观表现。

虚开增值税专用发票、用于骗取出口退税、抵扣税款发票罪的客观方面表现为行为人为他人虚开、为自己虚开、让他人为自己虚开、介绍他人虚开增值税专用发票或者用于骗取出口退税、抵扣税款的其他专用发票的行为，行为人有其中一个行为即可构成本罪。所谓虚开，既包括在没有任何商品交易情况下的凭空填写，也包括在有一定商品交易情况下的不实填写。

（3）虚开增值税专用发票、用于骗取出口退税、抵扣税款发票罪的处罚。依据新《中华人民共和国刑法》第 205 条规定，犯虚开增值税专用发票、用于骗取出口退税、抵扣税款发票罪的，处 3 年以下有期徒刑或者拘役，并处 20000 元以上 20000 元以下罚金；虚开的税款数额较大或者有其他严重情节的，处 3 年以上 10 年以下有期徒刑，并处 50000 元以上 5000000 元以下罚金；虚开的税款数额巨大或者有其他特别严重情节的，处 10 年以上有期徒刑或者无期徒刑，并处 500 元以上 5000 以下罚金或者没收财产；虚开增值税专用发票、用于骗取出口退税、抵扣税款的其他发票骗取国家税款数额特别巨大、情节特别严重，给国家利益造成特别重大损失的，处无期徒刑或者死刑，并处没收财产。单位犯虚开增值税专用发票、用于骗取出口退税、抵扣税款发票罪的，对单位判处罚金，并对其直接负责的主管人员和其他直接责任人员，处 3 年以下有期徒刑或者拘役；虚开的税款数额较大或者有其他严重情节的，处 3 年以上 10 年以下有期徒刑；虚开的税款数额巨大或者有其他特别严重情节的，处 10 年以上有期徒刑或者无期徒刑。

依据关于适用《全国人民代表大会常务委员会关于惩治虚开、伪造和非法出售增值税专用发票犯罪的决定》的若干问题的解释规定，虚开税款数额 10000 元以上，属于虚开税款数额较大；虚开增值税专用发票、用于骗取出口退税、抵扣税款的其他发票致使国家税款被骗 50000 元以上的，属于情节严重。虚开税款数额 500000 元以上，属于虚开税款数额巨大；虚开增值税专用发票、用于骗取出口退税、抵扣税款的其他发票致使国家税款被骗 300000 以上，虚开税款数额接近巨大并有其他严重情节的属于情节特别严重。利用虚开的增值税专用发票、用于骗取出口退税、抵扣税款发票，实际抵扣税款或者骗取出口退税 1000000 元上的，属于骗取国家税款数额特别巨大。

2. 非法制造、出售非法制造的用于骗取出口退税、抵扣税款发票罪

非法制造、出售非法制造的用于骗取出口退税抵扣税款发票罪是指伪造、擅自制造或者出售伪造、擅自制造的除增值税专用发票以外的，可以用于骗取出口退税的其他专用发票的行为。

（1）非法制造、出售非法制造的用于骗取出口退税、抵扣税款发票罪的犯罪主体。任何单位或者具有刑事责任能力的自然人均可构成非法制造、出售非法制造的用于骗取出口退税发票罪。

（2）非法制造、出售非法制造的用于骗取出口退税、抵扣税款发票罪的客观

表现。伪造是指无权印制可以用于骗取出口退税、抵扣税款的其他专用发票的单位或者个人私自印制；擅自制造是指有权印制的单位未经批准印制，或者不按规定印制；出售是指将自己或者他人伪造、擅自制造可以用于骗取出口退税、抵扣税款的其他专用发票卖出。只要行为人有其中一种行为的，即构成本罪。

（3）非法制造、出售非法制造的用于骗取出口退税、抵扣税款发票罪的处罚：依据新《中华人民共和国刑法》等二百零九条规定，犯非法制造、出售非法制造的用于骗取出口退税抵扣税款发票罪的，处3年以下有期徒刑、拘役或者管制，并处元2000以上20000元以下罚金；非法制造、出售非法制造的用于骗取出口退税、抵扣税款发票数量巨大的，处3年以上7年以下有期徒刑，并处5000元以上500000元以下的罚金；数量特别巨大的，处7年以上有期徒刑，并处5000元以上50000以下罚金或者没收财产。依据新《中华人民共和国刑法》第211条规定，单位犯非法制造、出售非法制造的用于骗取出口退税、抵扣税款发票罪的，对单位判处罚金，并对其直接负责的主管人员和其他直接责任人员依照自然人犯非法制造、出售非法制造的用于骗取出口退税、抵扣税款发票罪处罚。依据《关于适用（全国人民代表大会常务委员会关于惩治虚开、伪造和非法出售增值税专用发票犯罪的决定）的若干问题的解释》的规定，所谓数量巨大，是指非法制造或出售非法制造的用于骗取出口退税、抵扣税款的其他发票200份以上；所谓数量特别巨大，是指非法制造或出售非法制造的用于骗取出口退税抵扣税款的其他发票1000份以上。

第六章　会计学

第一节　会计学概述

一、会计的含义

在人类文明出现的背景下，早期的会计现象也随之产生。会计随着社会生产力的发展而演变，同时也随着客观实践的变化而变革、创新。物质资料的生产是人类社会赖以生存和发展的基础。不论是生活资料的生产还是生产资料的生产，都是人们运用劳动工具、耗费劳动对象和劳动时间的过程。在任何社会形态下，人们进行生产的目的都是以尽可能少的劳动耗费取得尽可能多的劳动成果，以提高经济效益。为达到这一目的，人们必须采用一定的方式、方法对生产活动进行管理。这种管理，一方面对生产过程中人力、物力、财力的耗费数量和劳动产品的数量进行记录和计算；另一方面将劳动耗费与劳动成果进行比较，考核其经济成果。这种借以取得有关生产活动方面的信息（数据资料）的行为就属于会计的内容。

二、会计的职能

职能是指人、事物或机构组织本身具有的功能或产生的作用。也就是说，职能是指一切事物所固有的功能。会计职能就是会计自身所具有的功能。会计职能与会计目标不同，会计目标是人们期望会计所可能履行的任务、所可能达到的境界，它的内容受人们主观期望的影响；会计职能则是会计本质的具体化，是会计这一客观事物的内在要求，人们只能认识到会计具备这方面或那方面的职能，而不能创造或要求会计必须具有某种它在本质上所不具备的职能。相对而言，会计职能更抽象，更难以捉摸。

随着社会经济发展水平的提高，会计系统不断完善，会计反映和控制的内容涉及的范围越来越广，管理会计的产生也从一定程度上拓宽了会计的预测、决策和控制等派生性职能。加强会计职能的建设，可使会计在经济发展中的作用日益重要，其在管理活动中的地位也将不断提高。

会计的职能是指会计在经济管理中所具有的功能。马克思提出的会计是对生产过程的“控制和观念的总结”，就是对会计职能最精辟、最科学的概括。这里所说的“过程”，是指包括生产、交换、分配和消费等经济活动的再生产过程；“控制和观念的总结”就是反映和监督经济活动。核算和监督是会计的两个基本职能。生产力发展水平和经营管理水平的高低，对会计的职能具有决定性的影响。会计的基本职能包括以下两个方面：

（一）进行会计核算

会计核算贯穿于经济活动的全过程，是会计最基本的职能，也称反映职能。它是指会计以货币为主要计量单位，通过确认、计量、记录、报告等环节，对特定对象（或称特定主体）的经济活动进行记账、算账、报账，为各有关方面提供会计信息的功能。会计确认是指将某一项目作为资产、负债、收入、费用等正式地记录并列入会计主体资产负债表或利润表的过程。会计计量是指根据一定的计量标准和计量方法，记录并在会计主体资产负债表和利润表中确认和列示会计要素而确定其金额的过程。记账是指对特定对象的经济活动采用一定的记账方法，在账簿中进行登记；算账是指在记账基础上，对企业一定时期的收入、费用（成本）、利润和一定日期的资产、负债、所有者权益进行计算；报账是指在算账的基础上，对企业的财务状况、经营成果和现金流量情况，以会计报表的形式向有关方面报告。

（二）实施会计监督

会计监督职能也称控制职能，是指会计人员在进行会计核算的同时，对特定对象经济业务的合法性、合理性进行审查。合法性审查是指保证各项经济业务符合国家的有关法律法规，遵守财经纪律，执行国家的各项方针政策，杜绝违法乱纪行为；合理性审查是指检查各项财务收支是否符合特定对象的财务收支计划，是否有利于预算目标的实现，是否有奢侈浪费等行为，是否有违背内部控制制度等现象，为增收节支、提高经济效益严格把关。

会计核算和会计监督这两个基本职能是密切联系、相辅相成的。会计核算是会计监督的基础，会计监督是会计核算的延伸和发展。没有会计核算提供数据资料，会计监督就没有客观依据；如果只有核算而没有监督，就不能发挥会计在经济管理中的作用，也难以保证核算所提供信息的真实性、可靠性。

三、会计的目标

如前所述，会计职能与会计目标有所不同，会计职能更抽象化，是对客观事物的内在要求，而会计目标更容易受人们主观因素的影响。会计目标又称为会计目的，通常是指会计资料的使用者对会计的总体要求。会计目标决定着会计工作的导向，决定着会计的程序、方法体系和会计工作的组织。因此，会计目标是会计理论研究的一个重要课题。

会计目标取决于会计资料使用者的要求，但也受会计职能、会计对象的制约。

人们不能离开会计对象和职能来提要求。同时在有些国家，会计目标还要受经济环境的制约、受经济管理体制的影响。

会计的目标，是指会计活动应达到的效果或标准。会计目标为会计活动指明了方向，对会计系统的设置提出了要求。在财务会计概念结构中，财务会计的目标占有非常重要的地位。会计目标的提出不能超越会计系统所具有的内在职能范围，否则提出的目标将无法完成。总体上说，会计目标不如会计职能稳定，它受到会计所处的政治、经济、法律、教育、科技和社会环境等因素的深刻影响，在不同的国家或同一国家的不同时期会计目标可能有很大差异。

我国《企业会计准则——基本准则》对会计目标做了明确规定：财务报告的目标，是向财务报告使用者提供与企业财务状况、经营成果和现金流量等有关的会计信息，反映企业管理层受托责任履行情况，有助于财务报告使用者做出经济决策。这里的会计目标，实质上是对会计信息质量提出的要求，可以划分为三个层次：第一层次是满足政府宏观调控的需要；第二层次是满足投资者进行决策的需要；第三层次是满足企业自身经营管理的需要。会计目标除了对会计信息质量提出要求外，还必须满足经济管理工作总目标的要求。

四、会计规范

（一）会计规范的含义

会计规范是指导和约束会计工作的法律、法规、准则、制度和政策的总称。没有或缺乏一定的会计规范，会计处理则可能充满随意性，会计信息的质量也无法得到保证。可见，会计规范对于会计人员做好会计工作具有相当重要的意义。会计规范是指人们在从事与会计有关的活动时所应遵循的约束性或指导性的行为准则。会计规范是由专业机构通过一定程序和方式制定的，具有很强的可操作性。

（二）会计规范的种类

1．法律规范

我国的会计法规体系具体包括：

（1）会计法律，即《中华人民共和国会计法》。它是调整我国经济生活中会计关系的法律规范。《中华人民共和国会计法》是会计法律制度中层次最高的法律规范，是制定其他会计法规的依据，也是指导会计工作的最高准则。

（2）会计行政法规。它是调整经济生活中某些方面的会计关系的法律规范。会计行政法规由国务院制定并发布或者国务院有关部门拟订经国务院批准发布，制定依据是《中华人民共和国会计法》。如国务院发布的《总会计师条例》，国务院批准、财政部发布的《企业会计准则》等。

（3）会计规章。它是指由主管全国会计工作的行政部门——财政部就会计工作中的某些方面所制定的规范性文件。国务院有关部门根据其职责制定的会计方面的规范性文件，如实施国家统一的会计制度的具体办法等，也属于会计规章，但必须报财政部审核批准。会计规章依据会计法律和会计行政法规制定，如财政部发布的《会计基础工作规范》、财政部与国家档案局联合发布的《会计档案管理办法》等。

（4）会计规范性文件。各省、自治区、直辖市人民代表大会及其常委会在同宪法和会计法律、行政法规不相抵触的前提下制定、发布的会计规范性文件，也是我国会计法律制度的重要组成部分。

2．准则规范

会计准则是处理会计对象的标准，是进行会计工作的具体规范，是评价会计工作质量的准绳。我国的会计准则是财政部以政府法规的形式颁布的，具有相当强的强制性，是会计规范体系中至为重要的一环，是连接法律规范和其他规范的纽带。

我国的企业会计准则根据其适用范围，可以划分为以下两个层次：

第一层次为基本会计准则。它是会计实务中普遍适用的基本指导和约束条件的概括，是体现会计工作基本规律、基本特征的原则性规范。基本会计准则适用面最广，它由原始成本计价原则、收入与费用配比原则、收益支出与资本支出划分原则、权责发生制以及对会计信息要求的若干原则组成。

第二层次为具体业务会计准则。具体业务会计准则是确认、计量、报告某一会计个体的具体业务对财务状况和经营成果的影响时所应遵循的会计准则。这些内容属于技术性规范的范畴，通常具体说明每一个步骤或某种问题的操作方法。设备租赁、企业联营、长期投资、发行债券等的会计业务处理须遵循具体准则的要求。

3．内部控制规范

内部控制是指一个单位的各级管理层，为了保护其经济资源的安全、完整，确保经济和会计信息的正确、可靠，协调经济行为，控制经济活动，利用单位内部分工而产生的相互制约、相互联系的关系，形成的一系列具有控制职能的方法、措施、程序，并予以规范化、系统化，使之成为一个较为严密、完整的体系。

第二节　会计核算的程序

一、记账方法

会计就是对企业发生的经济业务，在相关的账户中，用复式记账法进行准确的核算与反映。下面介绍了其中的知识点，包括经济业务、会计科目、账户和借贷记账法。

（一）经济业务

企业在日常经营过程中，会进行各种各样的经济活动，但并不是所有的经济活动都能通过会计工作进行处理。人们把能引起会计要素增减变化进而可以确认与计量的经济活动称为经济业务，或称会计事项。企业作为一个经济上的独立主体，在其生存和发展过程中不可避免会与企业的内部和外部的部门、单位或个人发生各种交往活动，因此人们可以将经济业务分为对外经济业务和对内经济业务。对外经济业务也称为交易，即企业与外部主体（其他单位或个人）的价值交换行为。一般的交易有购买材料、销售商品、提供劳务等，还有较特别的对外经济业务，如接受捐赠、上缴税款等。对内经济业务也称为事项，即企业主体内部有关部门之间发生的价值转移行为，如企业在生产经营中为了生产产品领用原材料、产成品完工入库等。

根据会计要素和会计等式的内容，我们不难理解，企业发生的各种经济业务不但可以被会计等式的变化所表述，而且经济业务的发生会影响企业的财务状况和经营成果。为了核算和反映一个企业完整的财务状况和经营成果，就需对企业的每一笔经济业务的发生，运用正确的记账方法进行记录。简言之，记账方法解决的正是经济业务的记录问题。

（二）会计科目

会计科目是对会计要素的具体内容进行分类核算的项目。通过设置会计科目，可以对纷繁复杂、性质不同的经济业务进行科学的分类，可以将复杂的经济信息变为有规律的、容易识别的经济信息。通过设置会计科目，不仅可以对会计要素的具体内容进行科学的分类，还可以为会计信息的使用者提供科学、详细的分类指标体系。同时通过设置会计科目，也可以将纷杂的、性质不同的经济业务经过科学的分类，系统地反映在会计核算资料上。会计科目为编制会计凭证、设置账户和登记账簿提供了依据，为编制会计报表奠定了基础，并能为企业的管理者、投资者、信贷者等有关各方提供全面、规范的会计信息。

1. 会计科目的设置

会计科目设置的合理与否直接决定会计信息的科学性、系统性，从而决定会计工作的质量。因此，设置会计科目应遵循合规性原则，即会计科目的设置应当符合国家统一的会计制度的规定；遵循相关性原则，即会计科目的设置应为提供有关各方所需要的会计信息服务，满足对外报告与对内管理的要求；遵循实用性原则，即在合规性的基础上，企业应根据自身的特点，设置符合企业需要的会计科目。

2. 会计科目的分类

会计科目的设置并非孤立的，就某一个单位来说，会计科目是相互联系、相互补充的一个完整体系。为了正确地掌握和运用会计，必须对会计科目进行科学的分类。按照不同的标准对会计科目进行分类，可以从不同的角度认识它，并且把全部会计科目划分为各种类别。

（1）按照会计内容分类

按照会计内容分类，就是按照会计科目所核算的经济内容与会计要素的联系分类，它是最主要的、最基本的分类。会计科目就是按照会计要素进行的分类，科目按照会计要素分类，一般分为资产类科目、负债类科目、共同类科目、所有者权益类科目、成本类科目和损益类科目 6 大类。

（2）按照会计科目提供信息的详细程度分类

为了适应企业经营管理的要求、会计核算的要求，会计科目按照提供信息的详细程度分成总分类科目和明细分类科目。总分类科目又称总账科目、一级科目，是对会计对象具体内容进行的总括分类的科目，能够提供某一具体内容的总括核算指标。例如“原材料”科目就是总分类科目，它核算企业库存的各种材料的实际成本或计划成本。在我国，为了保证会计核算指标、口径、规范一致，并具有可比性，保证会计核算资料能在一个部门、一个行业、一个地区甚至全国范围内综合汇总、分析，根据企业会计准则应用指南，总分类科目由国家财政部发布，每一个企业都要根据本企业的规模和业务特点，使用其中的若干个总分类科目。

明细分类科目又称子目、二级会计科目，是指对总分类科目进一步分类的科目，主要为企业内部、外部管理提供详细核算指标。在实际业务中，总分类科目提供信息的详细程度对于企业经营管理是不够的，还需要根据企业自身经济业务的具体内容和特点对这些科目进一步分类，设置明细分类科目。鉴于各个单位、企业的经济业务具体内容不同，经营管理的水平也不一致，因此明细分类科目的名称、核算内容和使用方法不便统一规定，可由各企业、各单位根据经济管理需要自己制定。例如在“原材料”总分类科目下，应该按照材料的类别、品种或规格设置明细分类科目。又如“应付账款”是一个总括反映企业负债的总分类科目，而要反映每笔债务的清偿情况，还必须按照债权人名称设置明细分类科目。明细科目又称细目、三级会计科目，是指由各企业根据内部管理需要自行制定的对明细分类科目进一步分类的科目。

应该指出，并非所有一级科目都需要分设二级和三级科目，根据所需信息的详细程度，有的只设一级科目，有的则要设置一级和二级科目，而不进行三级科目的设置。

（三）账户

账户是根据会计科目设置的，具有一定的格式和结构，用于分类反映会计要素增减变动情况及其结果的载体，它是分类和归纳会计数据并进行记录的工具。前面介绍过的会计科目仅仅是分类核算的标志，而核算指标的具体数据资料则要通过账户记录取得。所以，设置会计科目后，还必须根据规定的会计科目开设一系列反映不同经济内容的账户，用来对各项经济业务进行分类记录。会计科目就是账户的名称。

（四）借贷记账法

借贷记账法是指以“借”“贷”为记账符号的一种复式记账法。复式记账法是指对每一笔经济业务，都要在两个或两个以上的相互关系的账户中以借贷方相等的金额进行登记的记账方法。最早的“借”“贷”两字分别表示债权、债务的增减变化。随着商品经济的发展，借贷记账法得到广泛地运用。记账对象不再局限于债权、债务关系，而是扩大到记录财产物资的增减变化和计算经营损益。“借”“贷”两字原来仅限于记录债权、债务已经不能概括经济活动的全部内容，它表示的内容应该包括全部会计要素的增减变化，它们逐渐脱离了其自身的含义，转化为纯粹的记账符号。

二、会计凭证

（一）会计凭证概念

会计凭证，是指用来记录经济业务、明确经济责任并作为登记账簿依据的书面证明文件。会计凭证是重要的会计档案资料，填制和审核会计凭证是会计核算工作的第一步，也是会计核算的基础工作。会计凭证是登记账簿的依据，会计凭证所记录的有关信息是否真实、可靠、及时，对于能否保证会计信息质量具有至关重要的影响。会计凭证有多种多样，可以按照不同的标志进行分类。通常根据取得和填制会计凭证的程序和用途，将会计凭证分为两大类：一类是用来记载和说明经济业务的发生和完成情况、明确经济责任的最初书面证明，即“原始凭证”；另一类是企业的会计人员根据原始凭证填制的、作为登记账簿依据的“记账凭证”。

（二）原始凭证

原始凭证又称单据，是在经济业务发生或完成时取得或填制的，用以记录或证明经济业务的发生或完成情况的原始凭据。原始凭证是会计核算的原始资料和重要依据，也是填制记账凭证和登记账簿的原始依据。

1. 原始凭证的基本内容

原始凭证记载着大量的经济信息，又是进行会计核算的重要原始资料，具有很强的法律效力，所以它是一种很重要的凭证。因此，办理会计事项，必须取得或者填制原始凭证，并及时送交会计机构以保证会计核算工作得以顺利进行。由于各种经济业务的内容和经济管理的要求不同，每种原始凭证的名称、格式和内容不一样，其填制与审核的具体内容也会因此而多种多样。原始凭证必须具备的基本内容，又称为凭证要素，主要包括 7 个方面：原始凭证的名称、填制原始凭证的日期、接受原始凭证单位名称、经济业务内容（含数量、单价、金额等）、填制单位签章、有关人员签章、凭证附件。应当注意，不能证明经济业务的发生或者完成情况的各种书面证明，如银行对账单、购销合同、购料申请单等，不能作为原始凭证。

2. 原始凭证的种类

原始凭证种类繁多，按其取得来源的不同，可以分为外来原始凭证和自制原始凭证两类。

（1）外来原始凭证是指同外部单位发生经济往来关系时，从外部的单位或个人取得的原始凭证，如购货时取得的发货票、付款时取得的收据等。

（2）自制原始凭证是指由本单位内部经办经济业务的部门或人员，在办理经济业务时自行填制的凭证，如商品、材料入库时由仓库保管人员填制的收料单，生产领料时填制的发料单等。

自制原始凭证按照填制手续及完成情况的不同，可以分为一次凭证、累计凭证、汇总原始凭证、记账编制凭证。一次凭证是指一次填制完成、只记录一笔经济业务的原始凭证。在自制的原始凭证中，大部分是一次性凭证。累计凭证是指在一定时期多次记录发生的同类型经济业务的原始凭证。其特点是，在一张凭证内可以连续登记相同性质的经济业务，随时结出累计数及结余数，并按照费用限额进行费用控制，期末按实际发生额记账，如限额领料单。限额领料单中标明了某种材料在规定期限内的领用额度，用料单位每次领料及退料都要由经办人员在限额领料单上逐笔记录、签单，并结出限额结余。使用这种凭证，既可以做到对领取材料的事前控制，又可减少凭证填制的手续。

汇总原始凭证是指对一定时期反映经济业务内容相同的若干张原始凭证，按照一定标准综合填制的原始凭证，如收货汇总表、工资汇总表、发出材料汇总表等。记账编制凭证是根据账簿记录和经济业务的需要对账簿记录内容加以整理而编制的一种自制原始凭证，如制造费用分配表。

3. 原始凭证的填制

原始凭证的填制有三种形式：一是根据实际发生或完成的经济业务，由经办人员直接填列，如“入库单”“出库单”等；二是根据已经入账的有关经济业务，由会计人员利用账簿资料进行加工、整理、填列，如各种记账编制凭证；三是根据若干张反映同类经济业务的原始凭证，定期汇总填列的汇总原始凭证。

原始凭证的种类不同，其具体填制方法和填制要求也不尽相同。原始凭证是具有法律效力的证明，又是会计核算的原始资料和重要依据。为了确保会计核算资料的真实、正确且及时反映，应按下列要求填制原始凭证：

（1）记录要真实。原始凭证的内容和数字必须根据实际情况填列，确保原始凭证所反映的经济业务真实、可靠，与实际情况相符。

（2）手续要完备。填制的原始凭证必须由经办人员和部门签章。

（3）内容要完整。原始凭证的各项内容必须填写齐全、不得遗漏，而且凭证填写的手续必须完整、符合内部牵制原则。

（4）书写要清楚、规范。原始凭证要用蓝色或黑色笔书写，字迹必须清楚、工整、规范，填写支票必须使用碳素笔。属于需要套写的凭证，必须一次写清楚。合计的小写金额前应加注币值符号，如“¥”“HK$”“US$”等。大写金额前应加注币值单位，注明“人民币”“美元”等字样，且币值单位与金额数字之间以及各金额数字之间不得留有空隙。大写金额有分的，后边不加整字，其余一律在末尾加“整”字。

（5）不得涂改、刮擦、挖补。各种凭证不得随意涂改、刮擦、挖补，若填写错误，应当由出具单位重开或更正，更正处应当加盖出具单位印章。原始凭证金额有错误的，应当由出具单位重开，不得在原始凭证上更正。

（6）各种凭证编号要连续。如果已预先印定编号，在写坏作废时，应加盖“作废”戳记，全部保存，不得撕毁。

（7）填制要及时。各种凭证填制必须及时，并按规定的程序送交财会部门，由财会部门审核后，据以编制记账凭证。

4. 原始凭证的审核

为了正确反映并监督各项经济业务，会计部门的经办人员必须严格审核各项原始凭证，以确保会计核算资料的真实、可靠。对原始凭证的审核，主要从原始凭证的合规性、完整性和正确性三个方面入手。只有经审核无误的原始凭证，才能作为登记明细账和编制记账凭证的依据。

（三）记账凭证

记账凭证又称记账凭单，是会计人员根据审核无误的原始凭证，按照经济业务的内容加以归类，并据以确定会计分录后所填制的会计凭证，它是登记账簿的直接依据。记账凭证有多种形式，但作为确定会计分录和进行款项收付、账簿记录的依据，必须反映经济业务归类核算的项目、填制依据以及有关人员的责任。因此，记账凭证必须具备以下基本内容：记账凭证的名称；填制凭证的日期；凭证的编号；经济业务内容摘要；应记会计科目（包括一级科目、二级科目和明细科目）的名称、记账方向和金额；所附原始凭证的张数；填制凭证人员、稽核人员、记账人员、会计主管人员的签名或盖章。收款和付款记账凭证还应由出纳人员签名或盖章。

1. 记账凭证的分类

记账凭证按其反映的经济业务内容的不同，可以分为专用记账凭证和通用记账凭证。

（1）专用记账凭证是专门用于记录某一特定种类经济业务的记账凭证。按其所记录的经济业务是否与货币资金收付有关，又可以进一步分为收款凭证、付款凭证和转账凭证。收款凭证是用以反映现金和银行存款收入业务的记账凭证，根据有关现金和银行存款收入业务的原始凭证填制而成。收款凭证一般按库存现金和银行存款分别编制。付款凭证是用以反映现金和银行存款支出业务的记账凭证，根据现金和银行存款支出业务的原始凭证填制而成。付款凭证一般也按现金和银行存款分别编制。会计实务中，为了避免记账重复，对于现金和银行存款之间的划转业务，一般只编制付款凭证、不编制收款凭证，即：将现金存入银行时，编制现金付款凭证；从银行存款提取现金时，编制银行存款付款凭证。转账凭证是用以反映与现金和银行存款收付无关的转账业务的凭证，根据有关转账业务的原始凭证填制而成。收款凭证、付款凭证和转账凭证分别用以记录货币资金收入事项、货币资金支出事项和转账业务（与货币资金收支无关的业务）。为了便于识别，不同种类的记账凭证一般印制成不同的颜色。

（2）通用记账凭证是采用一种通用格式记录各种经济业务的记账凭证。这种通用记账凭证既可以反映收款、付款业务，也可以反映转账业务。

2. 记账凭证的填制

记账凭证作为登记账簿的直接依据，其填制必须有根据，以保证账簿记录的真实、正确。记账凭证除严格按上述原始凭证的填制要求填制外，还应注意以下几方面的问题：凭证摘要需简明扼要，以便于查阅凭证和登记账簿；科目运用必须准确，严格按照规定的会计科目编制会计分录；附件数量标注完整；填写的内容要齐全，不得简化；凭证须按顺序编号；使用正确的凭证改错方法，若记账之前发现记账凭证有错误，应予重新编制正确的记账凭证，并将错误凭证作废或撕毁，若发现已经登记入账的记账凭证存在错误，可以参考错账更正法中的介绍。

3. 记账凭证的审核

记账凭证是登记账簿的直接依据。为确保账簿记录的准确，监督款项收付，全面提供会计信息，必须严格按照要求填制记账凭证，同时要由专人对已经填制的记账凭证严格审核。记账凭证的审核主要包括审核记账凭证的合规性、完整性和准确性。只有经审核无误后的记账凭证，才能作为记账的依据。

三、会计账簿

（一）会计账簿的概念

会计账簿简称账簿，是由具有一定格式又相互联系在一起的账页组成的，以会计凭证为依据，用来全面、连续、系统地记录各项经济业务的簿籍。设置和登记账簿，是编制会计报表的基础，是连接会计凭证与会计报表的中间环节。通过账簿的设置和登记，可以记载、储存会计信息，分类、汇总会计信息，检查、校正会计信息，编报、输入会计信息，对充分发挥会计在经济管理中的作用具有重要意义

（二）会计账簿的种类

账簿可以按其用途、外表形式和账页格式等不同标准进行分类。

1. 按账簿的用途分类

账簿按用途分类，可分为序时账簿、分类账簿和备查账簿。

（1）序时账簿又称日记账，是按各项经济业务发生的时间顺序，逐日逐笔连续进行登记的账簿。日记账又分为普通日记账和特种日记账。普通日记账是用来登记全部经济业务发生情况的日记账，它是把每天所发生的经济业务，按照业务发生的先后顺序，编制相关会计分录并记入账簿中。特种日记账是用来记录某一类经济业务发生情况的日记账，企业通常仅设现金日记账和银行存款日记账。

（2）分类账簿又称分类账，是对全部经济业务按总分类账户和明细分类账户进行分类登记的账簿。分类账簿按其反映指标的详细程度划分，又分为总分类账簿和明细分类账簿两种。总分类账簿又称总账，是根据总分类科目开设，用以记录全部经济业务总括核算资料的分类账簿。明细分类账簿又称明细账，是根据总账科目设置，按其所属的明细科目开设，用以记录某一类经济业务明细核算资料的分类账簿。分类账簿和序时账簿的作用不同。序时账簿能提供连续、系统的信息，反映企业资金运动的全貌；分类账簿则是按照经营与决策的需要而设置的账户，归集并汇总各类信息，反映资金运动的各种状态、形成及其构成。

（3）备查账簿又称辅助账簿，是对某些不能在日记账和分类账中记录的经济事项或记录不全的经济业务进行补充登记的账簿，为经营决策提供参考资料，如以经营租赁方式租入的固定资产的登记簿、受托加工材料登记簿等。各单位可根据实际需要自行设计格式开设此账簿。

2. 按账簿的外表形式分类

账簿按外表形式分类，可以分为订本式账簿、活页式账簿和卡片式账簿。

（1）订本式账簿又称订本账，是在账簿使用之前就把按顺序编号的若干账页装订在一起的账簿。订本式账簿可以避免账页散失，防止抽换账页。订本式账簿

只能适用于总分类账簿和现金、银行存款日记账簿。

（2）活页式账簿又称活页账，是把若干张零散的账页，根据业务需要，自行组合装订而成的账簿，活页式账簿主要适用于各种明细账簿。

（3）卡片式账簿又称卡片账，是利用卡片进行登记的账簿。卡片账的优缺点与活页账基本相同，主要适用于财产明细账，如固定资产卡片账簿。

3. 按账页格式分类

账簿按账页格式分类，可以分为两栏式账簿、三栏式账簿、多栏式账簿和数量金额式账簿。

（1）两栏式账簿，是指只有借方和贷方两个基本金额栏目的账簿。普通日记账和转账日记账一般采用两栏式。

（2）三栏式账簿，是指设有借方、贷方和余额三个基本栏目的账簿。特种日记账、总分类账以及资本、债权、债务明细账都可采用三栏式账簿。三栏式账簿又分为设对方科目和不设对方科目两种。

（3）多栏式账簿，是指在账簿的两个基本栏目借方和贷方按需要分设若干专栏的账簿，如多栏式日记账、多栏式明细账。收入、费用明细账一般采用这种格式的账簿。

（4）数量金额式账簿，是指账簿的借方、贷方和余额三个栏目内，部分设数量、单价和金额三小栏，借以反映财产物资的实物数量和价值量的账簿。原材料、库存商品等明细账一般采用数量金额式账簿。

（三）会计账簿的基本内容

各种账簿所记录的经济内容不同，账簿的格式也多种多样，不同账簿格式所包括的基本内容也不尽一致。但各种账簿应具备一些基本要素，主要包括以下内容：

1. 封面

封面主要标明各种账簿的名称和记账单位的名称，如总分类账、现金日记账、银行存款日记账、原材料明细账等。

2. 扉页

扉页主要列明科目索引及账簿使用登记表，无论是订本账还是活页账，在使用之前首先填列：账簿启用日期和截止日期、页数等；经管账簿人员一览表和签章；会计主管人员签章；账户目录等。

3. 账页

账页是账簿的主要内容，虽然账页格式多种多样，但一般应包括以下6个方面：账户名称；登账的日期栏；凭证种类和号数栏；摘要栏（记录经济业务内容的简要说明）；借方、贷方、余额栏以及余额的方向（记录经济业务的增减变动）；总页次和分户页次。

第三节 货币资金与应收款项

一、货币资金

（一）货币资金定义

货币资金是指企业生产经营过程中处于货币形态的资产，包括现金、银行存款和其他货币资金。它属于流动资产，其特点是流动性强，使用时不受任何特定用途的限制，具有普遍的可接受性。

在生产经营活动中，企业必然要和外部经济单位或个人发生经济往来，进行货币收支活动，这都需要利用货币资金进行往来款项的核算。货币资金的核算应做到：加强货币资金需用量的预测，提高货币资金的使用效益；规范货币资金收支业务处理的会计程序，明确责任分工，严格凭证手续；实行“钱账分管，互相监督”的内部牵制制度，设专职的出纳人员掌管货币资金；实行货币资金收付两条线，收入业务和付出业务要分开核算；对货币资金要进行财产清查，保证账实相符。

（二）库存现金

库存现金通常是指存放于企业财会部门、由出纳人员经管的货币。库存现金是企业流动性最强的资产，企业应当严格遵守国家有关现金管理制度，正确进行现金收支的核算，监督现金使用的合法性与合理性。在会计核算上，现金的范围有广义和狭义之分。广义的现金不仅包括库存现金，还包括企业存放在银行及其他金融机构的存款，以及因结算方式、存放地点和用途不同而产生的其他货币资金；狭义的现金仅指库存现金。

1. 库存现金的管理

根据国务院发布的《现金管理暂行条例》的规定，现金管理制度主要包括以下内容：

（1）现金的使用范围

企业可用现金支付的款项有职工工资、津贴；个人劳务报酬；根据国家规定颁发给个人的科学技术、文化艺术、体育等各种奖金；各种劳保、福利费用以及国家规定的对个人的其他支出；向个人收购农副产品和其他物资的款项；出差人员必须随身携带的差旅费；结算起点（1000 元）以下的零星支出；中国人民银行确定需要支付现金的其他支出。除上述情况可以用现金支付外，其他款项的支付均应通过银行转账结算。

（2）库存现金的限额

库存现金的限额是指为了保证企业日常零星开支的需要，允许企业留存的最高数额。这一限额由开户银行根据单位的实际需要核定，一般按照单位 3 ~ 5 天日常零星开支的需要确定，边远地区和交通不便地区开户单位的库存现金限额，可按多于 5 天但不超过 15 天日常零星开支的需要确定。核定后的库存现金限额，开户单位必须严格遵守，超过部分应于当日终了前存入银行。需要增加或减少库存现金限额的单位，应向开户银行提出申请，由开户银行核定。

（3）现金收支的日常管理

开户单位收入现金应于当日送存开户银行，当日送存确有困难的，由开户银行确定送存时间。开户单位支付现金，可以从本单位库存现金中支付或从开户银行提取，不得从本单位的现金收入中直接支付，即不得“坐支”现金。因特殊情况需要坐支现金的单位，应事先报经有关部门审查批准，并在核定的范围和限额内进行，同时收支的现金必须入账。开户单位从开户银行提取现金时，应如实写明提取现金的用途，由本单位财会部门负责人签字盖章，并经开户银行审查批准后予以支付。此外，不准用不符合制度规定的凭证顶替库存现金，即不得“白条顶库”；不准谎报用途套取现金；不准用银行账户代其他单位和个人存入或支取现金；不准将单位收入的现金以个人名义存入储蓄账户、不准保留账外公款，即不得“公款私存”、不得设置“小金库”等。银行对于违反上述规定的单位，将按照违规金额的一定比例予以处罚。

（4）现金的内部控制制度

企业必须按照国家规定的货币资金内部控制规范、现金管理制度和结算制度，加强现金管理的内部控制。单位财会部门作为管理现金的职能部门，应该建立现金管理责任制，配备专职出纳人员，负责办理库存现金的收支和保管业务。企业非出纳人员不能经管现金收付业务，出纳人员收付现金，必须根据经过审核签证的凭证才能办理。现金的审核由会计主管人员或指定的人员负责。现金收付凭证的审核包括审核收入和支出是否合法合理，数据计算是否正确，手续是否齐全等。经审核无误后，出纳人员才可办理收付业务。对于现金收据、发票等要连续编号并由专人保管，现金支出的审批、支票的签发与使用应完全分开。一切现金收支事项必须以审核签证的会计凭证为依据办理，及时登账，定期清点，做到收支正确、手续完备、账存与实存相符。

2．库存现金的核算

为了总括地反映企业库存现金的收入、支出和结存情况，应设置“库存现金”科目。该科目的借方登记现金的增加，贷方登记现金的减少，期末余额在借方，反映企业实际持有的库存现金的金额。企业内部各部门周转使用的备用金，通过“其他应收款”科目核算，或者单独设置“备用金”科目，而不在本科目核算。

（1）现金收入的核算

现金收入的内容主要有从银行提取的现金，职工出差报销时交回的剩余借款，收取的结算起点以下的零星收入款，收取的对个人的罚款，无法查明原因的现金溢余等。收取现金时，借记“库存现金”科目，贷记“有关科目”。

（2）现金支出的核算

企业应当严格按照国家有关现金管理制度的规定，在允许的范围内办理现金支出业务。企业按照现金开支范围的规定支付现金时，借记“有关科目”，贷记“库存现金”科目。

3. 库存现金的清查及其核算

现金清查是指对库存现金的盘点与核对，包括出纳人员每日终了前进行的现金账款核对和清查小组进行的定期或不定期的现金盘点、核对。现金的清查是加强对出纳工作的监督，防止发生现金收付差错、贪污盗窃、侵占挪用等现象的重要措施，也是强化现金业务的内部控制，以保持账款相符的需要。现金清查的内容是确定现金账款是否相符，查明是否存在违反现金管理制度的行为。清查的方法主要采用实地盘点法，将现金的实有数额与账面余额进行核对。进行现金清查时，需成立现金清查小组，出纳员将截止清查时尚未记账的收付凭证全部登记入账，并结出余额，将所经管的现金整理完毕，以备核对，清查小组在出纳员的陪同下清点现金，核对账款，并根据清查结果编制现金盘点报告单，填明实存额、账存额及盈亏情况，并由清查小组负责人与出纳员共同签章。如果账款不符，即有待查明原因地现金短缺或者溢余，应通过“待处理财产损溢”科目核算。当现金短缺时，应按实际短缺金额，借记“待处理财产损溢——待处理流动资产损溢”科目，贷记“库存现金”科目；待查明原因后，应分别情况处理：属于记账差错的，应及时予以更正；如为现金短缺，属于应由责任人赔偿或保险公司赔偿的部分，记入“其他应收款”科目，属于无法查明的其他原因的部分，根据管理权限经批准后记入“管理费用”科目。

（三）银行存款

银行存款是企业存入银行或其他金融机构并可以随时支取的货币资金。

1. 银行存款的管理

银行存款的管理主要包括银行存款开户管理及结算管理两方面。

（1）银行结算账户的管理

企业应当根据业务需要，按照规定在其所在地银行开设账户，运用所开设的账户进行存款、取款以及各种收支转账业务的结算。《银行账户管理办法》将企业的存款账户分为四类：基本存款账户、一般存款账户、临时存款账户和专用存款账户。

基本存款账户是企业办理日常转账结算和现金收付的账户。企业的工资、奖金等现金的支取，通过本账户办理。企业只能在银行开立一个基本存款账户，不能多头开立基本存款账户。企业在银行开立基本存款账户，实行由中国人民银行当地分支机构核发开户许可证制度。银行对存款人开立或撤销账户，必须向中国人民银行分支机构申报。

一般存款账户是企业在基本存款账户以外的银行办理借款转存的账户。企业可以通过本账户办理转账结算和现金缴存，但不能办理现金支取。

临时存款账户是指企业因临时经营活动需要开立的账户，企业可以通过该账户办理转账结算和根据国家现金管理规定办理现金收付。

专用存款账户是指企业因特定用途需要开立的账户。企业拥有的基本建设资金、更新改造的资金、特定用途需要专户管理的资金，可在银行开立专用存款账户。

（2）银行结算方式

银行存款的收付必须严格执行银行结算制度的规定。中国人民银行颁布的《支付结算办法》规定，现行结算种类主要有银行汇票、银行本票、商业汇票、支票、信用卡、汇兑、委托收款、托收承付、信用证。

①银行汇票

银行汇票是目前使用较广的一种票据，银行汇票是汇款人将款项交存当地出票银行，由汇票银行签发的，由其在见票时按照实际结算金额无条件支付给收款人或持票人的票据。银行汇票由于具有票随人走、人到款到、当面结算、手续简便的特点而深受使用人的欢迎。单位、个体经营户和个人各种款项的异地结算，不论是否在银行开立存款账户，均可申请使用银行汇票。

②银行本票

银行本票是银行签发的，承诺自己在见票时无条件支付确定的金额给收款人或者持票人的票据。它分为不定额和定额两种，不定额本票起点为 100 元，要用压数机压印金额。定额本票面值分别为 1000 元、5000 元、10000 元和 50000 元。单位和个人在同一票据交换区域需要支付各种款项，均可以使用银行本票。银行本票可以用于转账，也可以用于支取现金。在本票上划去“转账”字样的，为现金本票，现金本票只能用于支取现金。银行本票的付款期限为自出票日起最长不超过 2 个月，在付款期内银行本票见票即付。超过提示付款期限而没有获得付款的，在票据权利时效内向出票银行做出说明，并提供本人身份证或单位证明，可持银行本票向银行请求付款。

③商业汇票

商业汇票是出票人签发的，付款人在指定日期无条件支付确定的金额给收款人或者持票人的票据。《中华人民共和国票据法》和《支付结算办法》对商业汇票使用范围的规定是：凡是在银行开立存款账户的法人以及其他组织之间必须具有真实的交易关系或者债权债务关系，才能使用商业汇票。商业汇票可由银行以外的付款人承兑，也可由银行承兑。商业汇票根据承兑人的不同，分为商业承兑

汇票和银行承兑汇票。商业汇票的付款期限最长不得超过6个月，商业汇票的提示付款期限自汇票到期日起10日。符合条件的商业汇票的持票人，可以持未到期的商业汇票连同贴现凭证向银行申请贴现。

④支票

支票是出票人签发的，委托办理存款业务的银行在见票时无条件支付确定的金额给收款人或者持票人的票据。支票分为现金支票、转账支票和普通支票。支票上印有“现金”字样的为现金支票，现金支票只能用于支取现金；印有“转账”字样的为转账支票，转账支票只能用于转账；未印“现金”或“转账”字样的为普通支票，普通支票可以用于支取现金，也可以用于转账。单位和个人在同一票据交换区域的各种款项结算，均可以使用支票。使用时，企业不得签发空头支票。支票为即期票据，见票即付，支票的付款人应当自出票日起提示付款。

⑤信用卡

信用卡是指商业银行向个人和单位发行的，凭其可向特约单位消费、向银行存取现金，且具有消费信用的特制载体卡片。信用卡按使用对象分为单位卡和个人卡；按信誉等级分为金卡和普通卡。凡在中国境内金融机构开立基本存款账户的单位可申领单位卡。单位卡可申领若干张，持卡人资格由申领单位法定代表人或其委托的代理人书面指定和注销，持卡人不得出租或转借信用卡。单位卡账户的资金一律从其基本存款账户转账存入，在使用过程中需要向其账户续存资金的，也一律从其基本存款账户转账存入，不得交存现金，不得将销货收入的款项存入其账户。

⑥汇兑

汇兑是汇款人委托银行将款项汇给异地收款人的结算方式。汇兑分为信汇和电汇两种。信汇是指汇款人委托银行通过邮寄方式将款项划给收款人。电汇是指汇款人委托银行通过电报将款项划给收款人，这两种方式由汇款人根据需要选择使用。汇兑结算方式适用于异地之间的各种款项结算，具有划拨款项简单、灵活的特点。

⑦委托收款

委托收款是收款人委托银行向付款人收取款项的结算方式。委托收款分邮寄和电报划回两种，前者是以邮寄方式由付款人开户银行向收款人开户银行转送委托收款凭证、提供收款依据的方式，后者则是以电报方式由付款人开户银行向收款人开户银行转送委托收款凭证、提供收款依据的方式，这两种方式由收款人选用。无论单位还是个人都可凭已承兑商业汇票、债券、存单等付款人债务证明办理收取同城或异地款项。委托收款还适用于收取电费、电话费等付款人众多、分散的公用事业费等有关款项。

⑧托收承付

托收承付是指根据购销合同由收款人发货后委托银行向异地付款人收取款项，由付款人向银行承认付款的结算方式。使用托收承付结算方式的收款单位和付款单位，必须是经营管理较好并经开户银行审查同意的企业。办理托收承付结算的款项，必须是商品交易以及因商品交易而产生劳务供应的款项。代销、寄销、赊销商品的款项，不得办理托收承付结算。收款单位办理托收承付，必须具有商品发出的运输单据或其他证明。托收承付结算每笔金额起点为 10000 元。

⑨信用证

信用证结算方式原是国际结算的一种主要方式，中国人民银行下发的《国内信用证结算办法》规定，也可在国内企业间使用。采用信用证结算方式的，收款单位收到信用证后，即备货装运，签发有关发票账单，连同运输单据和信用证送交银行。付款单位在接到开证行的通知时，进行付款。

2. 银行存款的核算

为了总括反映银行存款的收付及其结存情况，企业应设置“银行存款”科目。该科目的借方反映企业存款的增加，贷方反映企业存款的减少，期末余额在借方，反映企业期末存款的余额。企业在银行的其他存款，如外埠存款、银行本票存款、银行汇票存款、信用证存款、信用卡存款等，应在“其他货币资金”科目核算，不通过“银行存款”科目进行会计处理。当企业采用商业汇票结算方式时，应通过“应收票据、应付票据”科目进行会计处理；而当企业采用托收承付或者委托收款的结算方式时，应首先通过“应收账款”科目进行会计处理。

3. 银行存款的清查

银行存款的清查是指企业银行存款日记账的账面余额与其开户银行转来的对账单的余额进行的核对。企业每月应将银行存款日记账与银行对账单进行核对，以检查银行存款收付及结存情况。银行存款日记账的余额和银行对账单的余额可能一致，也可能不一致。不一致的原因主要有两方面：一是记账错误；二是存在未达账项。未达账项是指企业与银行之间对于同一项业务，由于取得凭证的时间不同，导致记账时间不一致而发生的一方已取得结算凭证已登记入账，而另一方尚未取得结算凭证尚未入账的款项。未达账项有以下四种情况：企业已经收款入账，银行尚未收款入账的款项；企业已经付款入账，银行尚未付款入账的款项；银行已经收款入账，企业尚未收款入账的款项；银行已经付款入账，企业尚未付款入账的款项。

对上述未达账项应采用“补记式”余额调节法，通过编制“银行存款余额调节表”进行检查核对，如没有记账错误，调节后的双方余额应相等。

“补记式”余额调节法是指在双方账面余额基础上，各自加上对方已收款记账而本单位尚未收款记账的金额，减去对方已经付款记账而本单位尚未付款记账的金额，从而将双方余额调节一致的方法。

二、应收与预付款项

应收与预付款项是企业在日常生产经营过程中发生的各项债权，包括应收票据、应收账款、预付账款、其他应收款和应收款项的期末计量。

（一）应收票据

应收票据是指企业因销售商品、提供劳务等而收到的商业汇票。商业汇票是一种由出票人签发，委托付款人在指定日期无条件支付确定金额给收款人或者持票人的票据。在我国会计实务中，支票、银行本票和银行汇票均为见票即付的票据，属于货币资金，而商业汇票是交易双方以商品购销业务为基础而使用的一种信用凭证，其最长付款期不超过 6 个月。

1. 应收票据的分类

（1）根据承兑人的不同，商业汇票分为商业承兑汇票和银行承兑汇票两种。商业承兑汇票是由付款人签发并承兑，或者由收款人签发、由付款人承兑的商业汇票。银行承兑汇票是由收款人或承兑申请人签发，并由承兑申请人向银行申请，经由银行审查同意承兑的汇票。企业申请使用银行承兑汇票时，应向其承兑银行按票面金额的万分之五缴纳手续费。银行承兑汇票的出票人应于汇票到期前将票款足额交存其开户银行，承兑银行应在汇票到期日或到期日后的见票当日支付票款。银行承兑汇票的出票人于汇票到期前未能足额交存票款时，承兑银行除凭票向持票人无条件付款外，对出票人尚未支付的汇票金额按照每天万分之五计收利息。

（2）按照是否计息，商业汇票分为带息商业汇票和不带息商业汇票两种。带息商业汇票是指票据注明利率及付息日期的票据；不带息商业汇票是指票据到期时按票面金额支付的票据。

（3）按照是否带追索权，商业汇票分为带追索权的商业汇票和不带追索权的商业汇票两种。追索权是指企业在转让应收票据的情况下，接受应收票据的受让方在应收票据遭拒付或逾期时，向该应收票据转让方索取应收金额的权利。在我国的会计实务中，银行承兑汇票的贴现不会使企业被追索，企业不会因银行承兑汇票贴现而发生或有负债；而企业在贴现商业承兑汇票后则有可能被追索，从而产生或有负债。

2. 应收票据的核算

为了总括核算和监督应收票据的取得、转让、兑现、贴现等业务，应设置“应收票据”科目，核算应收票据的本金和利息。该账户属于资产类科目，其借方登记取得应收票据的面值及计提的利息，贷方登记到期收回或未到期向银行贴现的应收票据的面值，期末借方余额反映企业尚未收回的应收票据的面值和应计利息。

企业因销售商品、产品、提供劳务等而收到经承兑的商业汇票，按应收票据的面值，借记“应收票据”科目；按实现的营业收入，贷记“主营业务收入”等科目；按专业发票上注明的增值税额，贷记“应交税费——应交增值税（销项税额）”科目。应收票据到期收回时，借记“银行存款”科目，贷记“应收票据”科目。如为带息票据期末计提利息时，应借记“应收票据”科目，贷记“财务费用”科目。应收票据到期，承兑人拒绝或无力偿还票款，收款人应将到期票据转入“应收账款”账户。票据若为带息票据，则应将票款、已获利息和应向债务人收取的有关费用总额一并记入“应收账款”账户的借方。

3. 应收票据的贴现

票据贴现是指票据持有人为解决临时的资金需要，将未到期的票据在背书后送交银行，银行受理后从票据到期值中扣除按银行贴现率计算确定的贴现利息，然后将余款支付给持票人的一种方式。银行贴现所扣除的利息称为银行贴现息，银行贴现时所用利率为贴现率。企业持未到期的应收票据向银行贴现，应按实际收到的贴现所得额（即扣除贴现息后的净额）借记“银行存款”账户，按商业汇票的票面金额贷记“应收票据”账户（适用不带追索权、满足《金融资产转移》准则规定的金融资产终止确认条件的情形）或“短期借款”账户（适用带追索权、不满足《金融资产转移》准则规定的金融资产终止确认条件的情形），按照差额借记或贷记“财务费用”账户。

（二）应收账款

应收账款是指企业因销售产品、提供劳务等业务，应向购货单位或接受劳务单位收取的款项。企业在经营活动中，因商业信用的存在以及委托收款、托收承付等结算方式的使用，交易的双方不立即结清账款，也不签发任何票据，从而形成应收账款。

1. 应收账款的计量

应收账款通常按实际发生额计价入账，包括销售货物或提供劳务的价款、增值税额，以及代购货方垫付的包装费、运杂费等。另外，计价时还应考虑商业折扣和现金折扣等因素。

（1）商业折扣

商业折扣是指企业根据市场供需情况，或针对不同的顾客，对商品价目单中所列的价格给予的扣除。此项扣除数通常用百分数来表示，如 10%、15%、20% 等，扣减后的净额才是实际销售价格，它是销货企业为了鼓励客户多购商品而在商品标价上给予的扣除。商业折扣对应收账款的计价没有影响，不在买方和卖方账上反映。

（2）现金折扣

现金折扣是债权人为了鼓励债务人在规定的期限内付款而向债务人提供的债务扣除。现金折扣一般用符号“折扣率 / 付款期限”来表示，如“2/10，1/20，n/30”。现金折扣使销货企业应收账款的实际数额随客户的付款时间而异，其应收账款入账价值的确定有两种处理方法：一种是总价法，另一种是净价法。在我国会计实务中，企业应收账款的入账价值，按总价法确认。总价法是将未扣减现金折扣前的金额（即总价）作为实际售价，据以确认应收账款的入账价值的方法。

2. 应收账款的核算

为了反映和监督企业应收账款资金增减和占用情况，企业应设置“应收账款”科目。该科目属于资产类，借方登记因销售产品、提供劳务等业务，应向购货单位或接受劳务单位收取的款项和代购货单位垫付的包装费、运杂费；贷方登记已收回或已结转的各种应收款项；期末余额一般在借方，反映尚未收回的各种应收款项。

企业发生应收账款时，接应收金额，借记“应收账款”科目；按实现的营业收入，贷记“主营业务收入”等科目；按专业发票上注明的增值税额，贷记“应交税费——应交增值税（销项税额）”。收回应收账款时，借记“银行存款”等科目，贷记“应收账款”科目。企业代购货单位垫付的包装费、运杂费，借记“应收账款”科目，贷记“银行存款”等科目；收回代垫费用时，借记“银行存款”科目，贷记“应收账款”科目。如果企业应收账款改用商业汇票结算，在收到承兑的商业汇票时，按票面价值，借记“应收票据”科目，贷记“应收账款”科目。

（三）预付账款

预付账款是指按照购货合同的规定，预付给供货单位的购货定金或部分货款。企业为了避免价格风险或者受市场供应的限制等原因，有时对某些材料物资需要采取预先订购的方式，预付一部分的材料采购款，这就构成了企业的预付账款。显然，预付账款是由于购货而非销货引起的一种短期债权。

为了反映预付账款的支付和结算情况，应设置“预付账款”科目，该科目属于资产类。企业按规定预付货款时，按预付金额借记“预付账款”科目，贷记“银行存款”科目；收到所购物品时，应根据发票账单的金额，借记“原材料”“材料采购”等科目，按专用发票上注明的增值税，借记“应交税费——应交增值税（进项税额）”科目，按应付的金额，贷记“预付账款”科目；补付货款时，借记“预付账款”科目，贷记“银行存款”科目；收到退回的多付货款时，借记“银行存款”科目，贷记“预付账款”科目。企业的预付账款如有确凿证据表明其不符合预付账款性质，或者因供货单位破产、撤销等原因已无望再收到所购货物的，应当将原计入预付账款的金额转入其他应收款，并按规定计提坏账准备。

（四）其他应收款

其他应收款是指除应收票据、应收账款和预付账款外的企业其他各种应收、暂付款项。其核算内容主要包括应收的各种赔款、罚款，如因企业财产等遭受意外损失而应向有关保险公司收取的赔款等；应收的出租包装物的租金；存出保证金，如租入包装物支付的押金；向企业各有关部门拨出的备用金；应向职工收取的各种垫付款项，如为职工垫付的水电费、应由职工负担的医药费、房租费；预付账款的转入；其他各种应收、暂付款项。为了反映和监督其他应收款项结算情况，应设置“其他应收款”账户。该账户属于资产类账户，其账户的借方登记企业发生的各项其他应收款，贷方登记企业收到和结转的其他应收款，期末借方余额表示应收的各项其他应收款项。应按不同的债务人设置账户进行明细分类核算，如企业实行备用金制度，应在“其他应收款”科目下设置“备用金”明细科目，或设置“备用金”总账科目。备用金是指企业拨付所属有关职能部门或人员周转使用的货币资金。企业的备用金按其管理方式的不同可分为定额备用金和非定额备用金。

1．定额备用金

为了方便各单位日常零星款项的开支，并简化核算工作，对经常使用备用金的单位可实行定额备用金制度。实行这种制度，应由会计部门会同使用备用金的单位，根据日常开支需要事先核定备用金定额，按定额预付现金；使用后，根据报销凭证支付现金，以补足定额；直到不再需用备用金时，才将所余现金全部交回会计部门。

2．非定额备用金

非定额备用金是指为了满足临时性需要而暂时垫付给有关部门和个人的现金，使用后实报实销的制度。

（五）应收款项的期末计量

企业的各项应收款项，可能因购货人拒付、破产、死亡等原因而无法收回。这类无法收回的应收款项就是坏账。企业因坏账而遭受的损失为坏账损失或减值损失。确定应收款项减值损失的方法有两种，即直接转销法和备抵法。直接转销法，是指在实际发生坏账时，直接作为坏账损失计入当期损益，同时冲销应收款项，即借记“资产减值损失”科目，贷记“应收账款”等科目。这种方法的优点是账务处理简单，其缺点是不符合权责发生制原则，也与资产定义相冲突。备抵法是采用一定的方法按期估计坏账减值损失，计入当期损益，同时建立坏账准备，待坏账实际发生时冲销已提的坏账准备和相应的应收款项。我国企业会计实务规定，确定应收款项的减值只能采用备抵法，不得采用直接转销法。以下将介绍备抵法的具体操作。

1. 坏账准备的计提

在备抵法下，企业应在报表上列示应收款项的净额，使报表使用者能了解企业应收款项的可收回金额。所以，企业应当根据实际情况合理估计当期坏账损失金额。由于企业发生坏账损失带有很大的不确定性，因此企业只能以过去的经验为基础，参照当前的信用政策、市场环境和行业惯例，在资产负债表日准确地估计本期应收款项的未来现金流量现值。如果有客观证据表明应收款项发生减值的，应当将该应收款项的账面价值减记至预计未来现金流量现值，减记的金额确认为减值损失，同时计提坏账准备。

企业在预计未来现金流量现值时，应当在合理预计未来现金流量的同时，合理选用折现利率。短期应收款项的预计未来现金流量与其现值相差很小的，在确认相关减值损失时，可不对其预计未来现金流量进行折现。

2. 坏账准备的账务处理

企业应当设置“坏账准备”科目，核算应收款项的坏账准备计提、转销等情况。企业当期计提的坏账准备应当计入资产减值损失。“坏账准备”科目的贷方登记当期计提的坏账准备金额，借方登记实际发生的坏账损失金额和冲减的坏账准备金额，期末余额一般在贷方，反映企业已计提但尚未转销的坏账准备。企业计提坏账准备时，按应减记的金额借记“资产减值损失”科目，贷记“坏账准备”科目。冲减多计提的坏账准备时，借记“坏账准备”科目，贷记“资产减值损失”科目。

第四节 固定资产与无形资产

一、固定资产

固定资产是企业赖以生存的物质基础，是企业产生效益的源泉，关系到企业的运营和发展。企业科学管理和核算固定资产，有利于促进企业正确评估固定资产的整体情况，提高资产使用效率，降低生产成本，保护固定资产的安全、完整，实现资产的保值增值，增强企业的综合竞争实力。

（一）固定资产的概念

《企业会计准则第 4 号——固定资产》规范了固定资产的确认、计量和相关信息的披露。固定资产准则规定，固定资产是指同时具有以下特征的有形资产：为生产商品、提供劳务、出租或经营管理而持有的；使用寿命超过一个会计年度。

固定资产的概念可从以下三个方面来理解：第一，企业持有固定资产的目的是生产商品、提供劳务、出租或经营管理的需要，而不像一般商品一样为了对外出售。这是固定资产区别于商品等流动资产的重要特征，也是固定资产不同于投资性房地产的重要特征。投资性房地产，是指为赚取租金或资本增值，或两者兼有而持有的房地产。其持有的目的是投资，如出租的土地使用权、长期持有并准备增值后转让的土地使用权、企业拥有并已出租的建筑物。第二，企业使用固定资产的期限较长，使用寿命一般超过一个会计年度。这一特征表明企业固定资产的收益期超过一年，能在一年以上的时间里为企业创造经济利益。第三，固定资产为有形资产。固定资产具有实物特征，这一特征将固定资产与无形资产区别开来。

（二）固定资产的确认

一项资产要确认为固定资产，除了满足固定资产的概念外，还需要满足以下两个条件：

1. 与该固定资产有关的经济利益很可能流入企业

资产最基本的特征是预期能给企业带来经济利益，如果某一项目预期不能给企业带来经济利益，就不能确认为企业的资产。在实务工作中，首先需要判断该项固定资产所包含的经济利益是否很可能流入企业。如果该项固定资产包含的经济利益不是很可能流入企业，那么，即使其满足固定资产确认的其他条件，企业也不应将其确认为固定资产；如果该项固定资产包含的经济利益很可能流入企业，并同时满足固定资产确认的其他条件，那么，企业应将其确认为固定资产。判断固定资产包含的经济利益是否很可能流入企业，主要依据与该项固定资产所有权相关的风险和报酬是否转移给了企业。

2. 该固定资产的成本能够可靠地计量

成本能够可靠地计量，是资产确认的一项基本条件。固定资产作为企业资产的重要组成部分，要予以确认，企业为取得该固定资产而发生的支出也必须能够可靠地计量。如果固定资产的成本能够可靠地计量，并同时满足其他确认条件，就可以加以确认；否则，企业不应加以确认。企业在确定固定资产成本时，有时需要根据所获得的最新资料，对固定资产的成本进行合理的估计。比如，企业对于已达到预定可使用状态的固定资产，在尚未办理竣工决算前，需要根据工程预算、工程造价或者工程实际发生的成本等资料，按估计价值确定固定资产的成本，待办理竣工决算后，再按实际成本调整原来的暂估价值。

在实务中，对固定资产进行确认时还需要注意以下两个问题：

一是固定资产的各组成部分具有不同使用寿命或者以不同方式为企业提供经济利益，适用不同折旧率或折旧方法的，应当分别将各组成部分确认为单项固定资产。例如飞机的引擎，如果其与飞机机身具有不同的使用寿命，从而适用不同的折旧率或折旧方法，则企业应该将其单独确认为固定资产。

二是与固定资产有关的后续支出，满足固定资产确认条件的，应当计入固定资产成本；不满足固定资产确认条件的，应当在发生时计入当期损益。

（三）固定资产的分类

企业固定资产繁多，为了便于固定资产的管理与核算，必须对企业的固定资产进行合理的分类。

1. 按经济用途分类

固定资产按照经济用途进行分类，可分为房屋及建筑物、机器设备、运输设备、动力传导设备、工具器皿和管理用具等。按照经济用途对固定资产进行分类，可以提供不同用途固定资产的价值信息，从而便于企业管理者分析企业生产能力和市场需求信息，做出固定资产增减处置等正确决策。

2. 按使用情况分类

按照使用情况，可以将固定资产分为使用中固定资产、未使用和不需用固定资产。使用中固定资产是指正在使用的各种固定资产；未使用固定资产是指尚未投入使用或暂停使用的各种固定资产；不需用固定资产是指本企业多余或不合适，需要调配处理的各种固定资产。按照使用情况进行分类，可以提供固定资产使用状况的信息，企业管理者可以据此了解固定资产使用效率，更合理地使用固定资产。

3. 按所有权分类

按所有权进行分类，固定资产可以分为自有固定资产和融资租入固定资产。自有固定资产是指企业拥有所有权的固定资产；融资租入固定资产是指企业在租赁期间不拥有所有权但是具有实质控制权的各种固定资产。

这种分类可以帮助管理者搞清楚固定资产的实有数额和利用情况，分析考核租入和自有固定资产的经济效益，从而合理安排固定资产筹资。

（四）固定资产的清查

企业应定期或者至少于每年年末对固定资产进行清查盘点，以保证固定资产核算的真实性，充分挖掘企业现有固定资产的潜力。在固定资产清查过程中，如果发现盘盈、盘亏的固定资产，应填制固定资产盘盈盘亏报告表。清查固定资产的损益，应及时查明原因，并按照规定程序报批处理。

1. 固定资产盘盈的会计处理

企业在财产清查中盘盈的固定资产，作为前期差错处理。企业在财产清查中盘盈的固定资产，在按管理权限报经批准处理前应先通过“以前年度损益调整”科目核算。盘盈的固定资产，应按以下规定确定其入账价值：如果同类或类似固定资产存在活跃市场的，按同类或类似固定资产的市场价格减去按该项资产的新旧程度估计的价值损耗后的余额作为入账价值；如果同类或类似固定资产不存在活跃市场的，按该项固定资产预计未来现金流量的现值作为入账价值。企业应按上述规定确定的入账价值，借记“固定资产”科目，贷记“以前年度损溢调整”科目。

2. 固定资产盘亏的会计处理

企业盘亏的固定资产应先通过“待处理财产损溢”科目核算，报经批准转销时，再转入“营业外支出”科目。企业发生固定资产盘亏时，按盘亏固定资产的账面价值，借记“待处理财产损溢”科目；按已提折旧，借记“累计折旧”科目；按固定资产的原价，贷记“固定资产”科目。盘亏的固定资产报经批准转销时，借记“营业外支出——盘亏损失”科目，贷记“待处理财产损溢”科目。如果期末结账前尚未经批准的，在对外提供财务会计报告时先按上述规定处理，并在会计报表附注中说明；其后批准处理的金额与已处理的金额不一致的，调整会计报表相关项目的年初数。

二、无形资产

无形资产不具有实物形态，与固定资产一样，无形资产也属于企业的非流动资产，是企业资产要素的重要组成部分。无形资产与固定资产有着很多相似之处，又有着严格的区别。

（一）无形资产的概念及特征

无形资产是指企业拥有或者控制的没有实物形态的可辨认非货币性资产。无形资产具有以下三个主要特征：

1. 不具有实物形态

无形资产是不具有实物形态的非货币性资产，它不像固定资产、存货等有形资产具有实物形体。

2. 具有可辨认性

资产满足下列条件之一的，符合无形资产定义中的可辨认性标准：

（1）能够从企业中分离或者划分出来，并能单独或者与相关合同、资产或负债一起，用于出售、转移、授予许可、租赁或者交换。

（2）源自合同性权利或其他法定权利，无论这些权利是否可以从企业或其他权利和义务中转移或者分离。商誉的存在无法与企业自身分离，不具有可辨认性。

3. 属于非货币性长期资产

无形资产属于非货币性资产且能够在多个会计期间为企业带来经济利益。无形资产的使用年限在一年以上，其价值将在各个受益期间逐渐摊销。

（二）无形资产的确认

某个项目如果要确认为无形资产，应符合无形资产的定义，并同时满足下列条件：

1. 与该无形资产有关的经济利益很可能流入企业

作为无形资产确认的项目，必须具备其所产生的经济利益很可能流入企业这

一条件。通常情况下，无形资产产生的未来经济利益可能包括在销售商品、提供劳务的收入当中，或者企业使用该项无形资产而减少或节约了成本，或者体现在获得的其他利益中。例如，生产加工企业在生产工序中使用了某种知识产权，使其降低了未来生产成本。

2. 该无形资产的成本能够可靠地计量

成本能够可靠地计量是确认资产的一项基本条件，对于无形资产而言，这个条件相对更为重要。例如，企业自创商誉以及内部产生的品牌、报刊名等，因其成本无法可靠地计量而不作为无形资产确认。

（三）无形资产的内容

1. 专利权

专利权是指国家专利主管机关依法授予发明创造专利申请人对其发明创造在法定期限内所享有的专有权利，包括发明专利权、实用新型专利权和外观设计专利权。专利权有以下性质：

（1）独占性。法律赋予专利权持有人独家使用或者控制某项专利的权利。任何人想使用他人的专利必须经过所有者的同意。

（2）有效性。我国专利法规定：发明专利的有效期是 15 年，实用新型和外观设计专利的有效期为 5 年，期满前专利发明人还可以申请延长 3 年。

（3）收益性。由于具有先进性、独特性和新颖性的特点，专利权能提高产品的竞争力和市场占有率。但是专利权的收益性往往有不确定性，有的专利权可能在法律有效期内就被经济价值更大的专利取代了。

2. 商标权

商标权是企业向政府注册登记而获得的专门在某类商品或劳务上使用特定的名称、符号或图案的权利。商标权具有排他性和延续性的特点。排他性是指商标一经注册，其他人不能再在同类或类似的商品上使用。商标注册的有效期为 10 年。延续性是指有效期结束前企业可以申请展期，每次延续的有效期仍为 10 年。

3. 非专利技术

非专利技术也称专有技术，是指在生产经营活动中已经采用了的不为外界所知并且不享有法律保护的各种技术和经验。非专利技术又称技术诀窍、技术秘密，一般包括工业专有技术、商业贸易专有技术、管理专有技术等。

4. 著作权

著作权又称版权，是指著书人对其著作享有的一些特殊的权利。著作权包括人身权利（发表权、署名权、修改权等）和财产权利（出版、展览、广播等）。

5. 土地使用权

土地使用权是指国家准许某一企业在一定期间内对国有土地享有开发、利用、经营的权利。我国土地管理法规定：我国土地实行公有制，任何单位和个人不得侵占、买卖或者以其他形式非法转让。

6. 特许经营权

特许经营权又称专营权，是指企业享有的在特定地区、使用特定名称经营某种产品或从事某种业务的权利。一般有两种情况：一是由政府机构授权，准许企业使用或是在一定地区享有经营某种业务的特权，如水、电、烟草等；二是企业间依据合同有限期或无限期使用另外一家企业的商标、商号、技术秘密等的权利，会计上的特许经营权主要是后者。

（四）无形资产的核算

与固定资产相比，无形资产在会计实务中又有其独特的会计处理方法。

1. 应设置的会计科目

（1）“无形资产”科目

“无形资产”科目的借方登记购入或者自创的无形资产的实际成本；贷方登记向外转出的无形资产的账面价值及无形资产的摊销额。期末余额一般在借方，表示尚未摊销的无形资产的价值，即账面净值。该科目按照无形资产的种类设置明细科目进行明细核算。

（2）“无形资产减值准备”科目

企业应当设置“无形资产减值准备”科目。本科目应按照无形资产项目进行明细核算。资产负债表日，企业根据《企业会计准则第 8 号——资产减值》的要求，确定无形资产发生减值的，按应当减记的金额，借记“资产减值损失”科目，贷记“无形资产减值准备”科目。处置无形资产时，应同时结转已经计提的无形资产减值准备。该科目的期末余额在贷方，表示企业已经提取的无形资产的减值准备。

（3）“累计摊销”科目

“累计摊销”科目属于“无形资产”的调整科目，核算企业对使用寿命有限的无形资产计提的累计摊销，贷方登记企业计提的无形资产摊销，借方登记处置无形资产转出的累计摊销，期末贷方余额反映的是企业无形资产的累计摊销额。

2. 无形资产取得的核算

无形资产应当按照成本进行初始计量。对于不同来源取得的无形资产，其成本构成也不尽相同。

（1）外购无形资产

外购无形资产的成本，包括购买价款、相关税费以及直接归属于使该项资产达到预定用途所发生的其他支出。其中，直接归属于使该项资产达到预定用途所发生的其他支出，是指使无形资产达到预定用途所发生的专业服务费用、测试无形资产是否能够正常发挥作用的费用等。外购无形资产按照实际支付的价格作为

其实际成本入账。外部取得的无形资产若属于增值税应税服务项目，无论通过何种途径，只要取得符合抵扣条件的发票，都可以进行抵扣，否则购进时支付的增值税额计入无形资产的成本。外购无形资产时，应按购入过程中所发生的全部支出扣除符合条件的进项税额，借记“无形资产”“应交税费——应交增值税（进项税额）”科目，贷记“银行存款”等科目。

（2）投资者投入无形资产

投资者投入无形资产的成本，应当按照投资合同或协议约定的价值确定，但合同或协议约定价值不公允的除外。投资者投入的无形资产按投资合同或协议约定的价值作为实际成本入账，借记“无形资产”科目，贷记“实收资本”或“股本”等科目。投资合同或协议约定价值不公允的，以公允价值作为无形资产的价值。投资方能够提供增值税抵扣的证明，应进行抵扣。

（3）自行研究开发的无形资产

企业内部研究开发项目分为研究阶段和开发阶段，研究阶段的所有支出均计入当期损溢；开发阶段，企业自行开发无形资产发生的研发支出，不满足资本化条件的，借记“研发支出——费用化支出”科目，满足资本化条件的，借记“研发支出——资本化支出”科目，贷记“原材料”“银行存款”“应付职工薪酬”等科目。研究开发项目达到预定用途、形成无形资产的，应按“研发支出——资本化支出”科目的余额，借记“无形资产”科目，贷记“研发支出——资本化支出”科目。期（月）末，应将“研发支出——费用化支出”科目归集的金额转入“管理费用”科目，借记“管理费用”科目，贷记“研发支出——费用化支出”科目。

（4）购入的土地使用权

企业取得的土地使用权，通常按照取得时所支付的价款及相关税费确认为无形资产。土地使用权用于自行开发建造厂房等地上建筑物时，土地使用权的账面价值不与地上建筑物合并计算其成本，而仍作为无形资产进行核算。但是，如果房地产开发企业取得的土地使用权用于建造对外出售的房屋建筑物，其相关的土地使用权的价值应当计入所建造的房屋建筑物成本。企业外购房屋建筑物所支付的价款中包括土地使用权以及建筑物的价值的，应当对实际支付的价款按照合理的方法（如公允价值相对比例）在土地使用权和地上建筑物之间进行分配；确实无法在土地使用权和地上建筑物之间进行合理分配的，应当全部作为固定资产，按照固定资产确认和计量的原则进行处理。企业改变土地使用权的用途，停止自用土地使用权而用于赚取租金或资本增值时，应将其账面价值转为投资性房地产。

3．无形资产的摊销

第一，企业应当于取得无形资产时分析、判断其使用寿命。使用寿命有限的无形资产应进行摊销，使用寿命不确定的无形资产不应摊销。使用寿命有限的无形资产，其残值应当视为零。对于使用寿命有限的无形资产应当自可供使用（即其达到预定用途）当月起开始摊销，处置当月不再摊销。第二，无形资产摊销方法包括直线法、生产总量法等。企业选择的无形资产的摊销方法，应当反映与该项无形资产有关的经济利益的预期实现方式。无法可靠确定预期实现方式的，应当采用直线法摊销。第三，企业应当按月对无形资产进行摊销。无形资产的摊销额一般计入当期损益，并记入“累计摊销”科目。企业自用的无形资产，其摊销金额计入管理费用，借记“管理费用”科目，贷记“累计摊销”科目。出租的无形资产，其摊销金额计入其他业务成本，借记“其他业务成本”科目，贷记“累计摊销”科目。某项无形资产包含的经济利益通过所生产的产品或其他资产实现的，其摊销金额应当计入相关资产成本，借记“制造费用”等科目，贷记“累计摊销”科目。

4．无形资产的转让

企业所拥有的无形资产可以依法进行转让。转让的方式有转让使用权（即出租）和转让所有权（即出售）。

（1）出租

出租无形资产是指让渡无形资产的使用权。在无形资产的出租期内，企业将租金收入作为其他业务收入，而将出租无形资产的摊销及其他成本计入其他业务支出，并按规定进行无形资产的摊销。

（2）出售

出售无形资产是指让渡无形资产的所有权。企业出售无形资产时，按出售收入借记“银行存款”等科目，按无形资产的摊余价值贷记“无形资产”，发生的净损益计入营业外收支。

5．无形资产减值

无形资产在资产负债表日存在可能发生减值的迹象时，其可收回金额低于账面价值的，企业应当将该无形资产的账面价值减记至可收回金额，减记的金额确认为减值损失，计入当期损益，同时计提相应的资产减值准备，按应减记的金额，借记“资产减值损失——计提的无形资产减值准备”科目，贷记“无形资产减值准备”科目。无形资产的减值损失一经确认，在以后会计期间不得转回。

第七章　事业单位会计

第一节　事业单位会计概述

一、事业单位的概念

事业单位是不具有物质产品生产和国家事务管理职能，主要以精神产品和各种劳务形式，向社会提供生产性或生活性服务的单位。它包括文化、教育、卫生、科研设计、广播电视、体育等科学、文体事业单位；水利、环保、计划生育、气象等公益事业单位；孤儿院、养老院等社会福利救济事业单位。事业单位隶属的经济实体，是以营利为目的的生产服务性实体，不包括在上述事业单位范围之内。事业单位虽然一般不直接创造物质财富，但是对于整个社会再生产起着基础、先行的作用。国民经济的发展，需要依靠科学技术的发展。科技是第生产力，它不仅可以创造大量的无形产品，促进社会生产进步，而且有的科研成果运用于生产获得了巨大的经济效益。经济振兴、科技发展，乃至整个社会的进步，都离不开高质量人才的培养、劳动力素质的提高和精神文明的建设。因此，事业单位是整个国民经济不可缺少的组成部分，没有这些部门的业务活动，整个社会生产和社会生活将无法顺利地进行。

二、事业单位会计的概念和特点

事业单位会计是各类事业单位以货币为主要计量单位，对单位预算资金及经营收支过程和结果进行全面、系统、连续核算和监督的专业会计。事业单位会计根据国家建制和经费领拨关系或财政隶属关系，划分为事业主管单位会计、二级事业单位会计和基层事业单位会计。事业主管单位会计是指向同级财政部门领报经费并发生预算管理关系的事业主管单位执行的会计核算。二级事业单位会计是指向事业主管单位领报经费，发生预算管理关系，且有下属单位的事业单位执行的会计核算。基层事业单位会计是指向上级事业单位领报经费并发生预算管理关系且无下属单位的事业单位执行的会计核算。

事业单位会计从涉及的主要行业来看又可以分为教育单位会计、医院会计、体育单位会计、科研单位会计、农林水利会计等。事业单位会计的性质和具体任务与政府财政会计、行政单位会计不同，它具有以下特点：第一，事业单位的经济来源主要依赖于财政部门，但同时可以有自己创收的收入。第二，有经营活动的事业单位，可以进行成本核算。第三，一般以收付实现制为会计核算基础，但有经营活动收支业务的采用权责发生制。第四，事业单位会计在会计科目设置上，为满足会计核算需要，既有预算资金收支科目，又有成本费用科目，如“应收账款”“产成品”“待摊费用”“预提费用”“经营结余”等。第五，事业单位会计报表有经营支出明细表、净资产变动情况表等，而政府财政会计、行政单位会计报表中无此内容。

三、事业单位会计的基本前提

会计核算的基本前提又称基本假设，它是会计核算工作必须具备的前提条件，是对会计工作环境所做的逻辑性推断，并进而奠定了会计核算的基础。我国原有的政府与事业单位会计制度，均未对事业单位会计核算的基本前提做统一的规定。我国政府与事业单位会计在改革过程中借鉴了《企业会计准则》的做法，对事业单位会计核算的基本前提做了统一的规定。事业单位会计核算的基本前提包括会计主体、会计分期、持续运作和货币计量。

四、事业单位会计核算的基本原则

（一）基本原则

事业单位会计核算的基本原则是对会计核算工作具有普遍指导意义的行为规范，它是对事业单位会计实践经验的总结。根据《事业单位会计准则》的要求，事业单位会计核算的基本原则包括真实性、相关性、可比性、一致性、及时性等11项原则，此处不再赘述。

（二）记账基础

记账基础又称结账基础，是指会计结账所应遵循的原则，一般称作会计基础。会计基础主要分为收付实现制和权责发生制。一直以来，我国的政府与事业单位会计基本上是实行收付实现制。改革开放以来，特别是随着社会主义市场经济体制的建立，事业单位的经济核算内容发生了很大变化，政府与事业单位各会计主体会计核算统一采用收付实现制已经不能适应新形势下的会计核算工作。因此，政府与事业单位会计改革根据会计核算的特点和实际工作的需要，采用不同的记账基础：政府财政会计和行政单位会计统一实行收付实现制；事业单位会计应根据单位实际情况和核算要求，分别采用收付实现制和权责发生制。

1. 收付实现制

收付实现制是指以实收、实付为标准确认本期收入和费用的原则。收付实现制对于收入和费用按照收付日期确定其归属期。也就是说，凡本期收到的收入和

支出的费用，不管其是否应归属本期，都作为本期的收入和费用；反之，凡本期未收到的收入和未支付的费用，即使应归属本期，也不能作为本期的收入和费用。由于收付实现制确定本期收入和费用是以现金收付为标准，所以又称现金制或实收实付制。采用收付实现制，由于按照现金收付日期确定其归属期，因而凡属本期收到的收入，都作为本期收入，凡属本期支付的费用，都作为本期的支出。因为实收的收入和实付的支出均已登记入账，于是根据账簿记录就可以确定本期的收入和支出，不存在对账簿记录进行期末账项调整的问题。政府财政会计和行政单位会计以及事业单位会计对于非生产经营性的业务采用收付实现制作为记账基础。

2．权责发生制

权责发生制是指以应收、应付作为确定本期收入和费用标准的原则。采用这原则处理会计事项，凡是本期发生的收入，不论其款项是否收到，均作为本期收入处理；凡应由本期收入补偿的费用，不论其款项是否付出，均作为本期费用处理。反之，不应归属本期的收入和费用，即使款项是在本期内收到或付出的，也不作为本期收入和费用。由于权责发生制确定本期收入和费用是以应收、应付作为标准，而不问款项的收付，所以又称应计制或应收应付制。采用权责发生制，可以正确反映各个会计期间所实现的收入和实现收入所应负担的费用，从而可以把各期的收入和与其费用、成本相配合，加以比较，并在此基础上正确确定各期的收入。按照权责发生制进行会计核算，需要根据账簿记录对期末账项进行调整，以便正确反映本期的收入和费用，合理计算损益事业单位对于生产经营性的业务宜采用权责发生制作为其记账基础。

五、事业单位会计工作组织形式

大中型事业单位应当设置总会计师，总会计师协助单位领导人全面领导各项财经工作，负责处理日常财务管理的重大问题，审批重大的财务开支事项。未设置总会计师的单位，应由一名单位领导人主管会计工作。事业单位应当设置独立的会计机构，配备必要的会计人员。会计机构由单位领导人和总会计师直接领导，统一管理整个单位的各项财会工作。单独设置会计机构，有利于加强对财会工作的领导，有利于发挥会计部门的监督作用。实践证明，单独设置会计机构是十分必要的。事业单位规模不大、会计业务不多的单位，可以不设会计机构，但应当配备专职或兼职的会计员和出纳员办理会计工作。事业单位的各内部单位，凡是规模较大、会计事项较多的，如校办工厂、出版社、印刷厂、基建处等，均要设置财会机构，配备专职的财会人员；规模较小、会计事项较少的，要配备专职或兼职的财会人员。各内部单位的会计机构和人员，都要接受单位财务部门的业务指导和监督。单位内部会计工作的组织形式通常有两种：第一，一级核算方式。

规模较小、所属二级单位财务活动较少的事业单位，可实行一级核算方式。二级单位为报账单位，不设账簿，发生各项支出时持凭证向单位会计部门报账。第二，二级核算方式。规模较大、所属二级单位财务活动较多的事业单位，可实行二级核算方式。二级单位为单独核算单位，要设置完整的会计账簿，自行编制会计报表，向单位会计部门报送。财务收支数额很大的二级单位，还可征得银行同意单独开设账户。

第二节　事业单位资产的核算

一、事业单位资产的特征

资产是事业单位占有或者使用的能以货币计量的经济资源，包括各种财产、债权和其他权利。其特征是：第一，具有为事业单位服务的潜能或某些特定权利，事业单位能自主地运用其进行经济活动，并承担由此产生的各种风险。第二，具有价值，可用货币来计量。第三，资产必须通过已发生的交易或事项为事业单位所取得。事业单位对其拥有所有权，或者在一定时期、一定条件下拥有其使用权。第四，资产只限于经济资源，其存在形态有有形的（如存货等），也有无形的（如专利权等）。

二、事业单位资产的内容

（一）流动资产

流动资产是指可以在一年内变现或者耗用的资产，包括现金、各种存款、应收及预付款项、存货等。在事业单位的日常经济活动中，需要有一定数量的现金和各种存款，以便于发放工资、购置零星物品、支付某些费用等；在与其他经济单位和个人的经济往来中，由于结算方式或其他方面的原因，发生应收及预付款项；为满足经济活动的正常进行，还必须经常地储备一定数量的材料物资和产成品等存货。由此可见，现金及银行存款、应收及预付款项、存货等流动资产，是事业单位开展经济活动的重要条件。

（二）非流动资产

对外投资、固定资产和无形资产这些资产变现或耗用的期限一般在一年以上，所以亦称其为长期资产或非流动资产。事业单位在日常经济活动中，为了合理地控制现款余额，提高经济资源的使用效益，或者出于扩大规模、控制其他经济单位的目的等，可以用存款或其他资产对外进行投资；为了进行正常的经济活动，必须拥有一定数量的房屋、建筑物、设备、仪器、仪表等固定资产；有些事业单

位在正当的经济活动中，会形成一些没有实物形态但能够给单位带来经济利益的无形资产。可见，对外投资、固定资产和无形资产也是事业单位开展经济活动的重要条件。为了有效地管理和运用各项资产，准确、及时地掌握各项资产的增减变化及其结存情况，财会部门应当会同资产管理部门对各项资产进行分类核算，反映和监督各类资产的变化，并在资产负债表中分项目予以反映。

三、事业单位流动资产的核算

（一）现金和银行存款的核算

现金和银行存款是事业单位流动资产的重要组成部分，其收付涉及事业单位经济活动的各个方面，有流动性强和收支频繁的特点，必须加强管理与核算。各单位应当严格遵照国家关于现金管理、外汇管理和银行结算制度的规定，健全收支手续，及时、正确地办理结算业务，严格地反映现金及各种存款的收支和结存情况，并促使其合理、有效地加以运用，满足事业单位各项经济活动的需要。

1．现金的核算

在我国会计实务中，现金是指存放在财会部门并由出纳员保管的纸币和铸币。现金是事业单位流动性最强的流动资产，它不受任何契约的限制，使用方便，但不能随保留时间的推移而增值。因此，事业单位库存的现金应以满足日常零星开支为限，并应切实加强管理，坚持以下管理原则：

（1）设置专人，经管现金的出纳工作

单位的现金收付业务，应由专职或兼职的出纳员办理，出纳、会计分开，钱账分管，责任分明。

（2）严格遵守库存现金限额制度

为了便于单位支付日常零星开支，银行对各单位都要核定一个库存现金限额。核定限额一般以 3 ~ 5 天的正常现金支付的需要量为依据，超过限额的现金应于当日营业终了前送存银行。如果因需要调整限额时，应向开户银行提出申请。

（3）按规定范围支付现金

各单位在下列范围内可以使用现金：支付给职工个人的工资、奖金、津贴；个人劳动报酬；根据国家规定颁发给个人的科学技术、文化艺术、体育等各种资金；各种劳保、福利费以及国家规定对个人的其他支出；向城乡居民收购农副产品及其他物资而支付的价款；出差人员必须随身携带的差旅费；在转账结算金额起点以下的零星支付款项；中国人民银行确定需要支付现金的其他支出。不属于上述现金结算范围的款项支付，一律通过银行办理转账结算。

（4）严格现金收付手续

出纳人员要根据经审核无误的合法凭证，办理现金收付。现金收入，应开给交款人正式、合法的收据；支付现金后，应在原始凭证上加盖“现金付讫”戳记。

（5）不准坐支现金

坐支指将本单位收入的现金直接支出。按照我国会计制度的规定，单位每天收入的现金，必须当天送存银行，不能直接支用。因特殊原因需要坐支现金的，应事先报经开户银行审查批准，由开户银行核定坐支范围和限额，坐支单位应定期向银行报送坐支金额和使用情况。

（6）日清月结，保证账款相符

现金收付要及时入账，每日须清点库款；主管会计人员应定期或不定期地对库存现金实际结存进行核对与检查，做到日清月结、账款相符，不得以借据或白条抵库。为了连续、系统、全面地记录现金收支业务的情况，应由出纳员根据原始凭证逐笔、序时登记“现金日记账”。有外币业务的单位，分别按人民币现金、外币现金设置“现金日记账”进行明细核算。每日业务终了，应计算出当日现金收入合计数、现金支出合计数和结余数，并将结余数与实际库存数核对相符后，编制“库存现金日报表”，连同原始凭证一并交会计员核收记账。为核算现金的收付和结存情况，应设置“现金”（资产类）账户。借方记现金的增加数，贷方记现金的减少数。余额在借方，反映现金的结存数。对于从银行提取现金的业务，一般只编制银行存款付款凭证，不再编制现金收款凭证；将现金存入银行，一般只编制现金付款凭证，不再编制银行存款收款凭证。

2. 银行存款的核算

事业单位与企业一样，除按规定可保留必要的现金以备小额零星收付外，所有货币资金都必须存入银行或其他金融机构。因此，单位应在银行或其他金融机构开立账户。按规定，一个单位只能开一个基本账户。事业单位应加强对本单位银行账户的管理，由会计部门统一在银行或其他金融机构开户，避免多头开户。银行账户不能出租、出借或转让，只能办理本单位的业务活动。

（1）银行转账结算方式

事业单位的各项业务收支，除按规定可以使用现金结算的以外，一律通过银行办理转账结算。银行转账结算的方式主要有支票、银行汇票、银行本票、商业汇票、汇兑、委托收款、托收承付。

（2）银行存款的核算

为了核算事业单位银行存款的增减变动和实存情况，应设置“银行存款”账户。借方记银行存款的增加数，贷方记银行存款的减少数。余额在借方，反映事业单位银行存款实有数额。

（3）银行存款的对账工作

事业单位按开户银行和其他金融机构的名称以及存款种类等，分别设置“银行存款日记账”，由出纳人员根据收付款凭证逐笔顺序登记，每日终了应结出余

额。单位银行存款日记账应定期与银行对账，至少每月核对一次。月终时，单位银行存款账面余额与银行对账单余额之间如有差额，原因主要有三：一是计算错误，二是记账错漏，三是未达账项，应逐笔查明原因并进行处理。所谓未达账项，是指银行和单位对同一笔款项收付业务，因记账时间不同而发生的一方已经入账，另一方尚未入账的款项。若属未达账项，应编制“银行存款余额调节表”，对双方的账面存款余额进行调节。

（二）单位零余额账户的使用、管理与用款额度的核算

1. 单位零余额账户的含义

预算单位零余额账户是国库集中支付银行账户体系的重要组成部分，是行政、事业单位用于财政授权支付的特设账户。国库集中支付银行账户体系包括国库单一账户、财政零余额账户、预算单位零余额账户、非税收入财政专户、特设专户和清算备付金账户。当财政部门向事业单位零余额账户的代理银行下达零余额账户用款额度时，事业单位的零余额账户用款额度增加。事业单位可以根据经批准的单位预算和用款计划，自行向单位零余额账户的代理银行开具支付令，从单位零余额账户向收款人支付款项，或从单位零余额账户提取现金。代理银行在将事业单位开具的支付令与事业单位的单位预算和用款计划进行核对，并向收款人支付款项后，于当日通过事业单位的零余额账户与财政国库单一账户进行资金清算。资金清算后，事业单位零余额账户的余额为零。虽然如此，只要事业单位从单位零余额账户中支取的款项小于财政部门下达的单位零余额账户用款额度，事业单位零余额账户的用款额度仍然存放在代理银行。事业单位仍然可以继续通过单位零余额账户使用剩余的用款额度，实现支付。所以说，零余额账户用款额度虽然只是一个额度，但它是事业单位可以随时使用的一项特殊的流动资产。

2. 单位零余额账户的使用和管理

实行财政授权支付业务的预算单位，应当按照国库支付的有关规定和程序，向财政部门提出开设零余额账户的申请，并向财政国库管理机构和国库执行机构办理预留印鉴手续。

单位零余额账户的开立程序是：第一，预算单位提出申请。一个预算单位原则上只能开设一个零余额账户。预算单位应根据相关规定和本部门的实际情况，填写“财政授权支付银行开户申请表”，报财政部门批准。第二，财政部门审核。财政部门审核同意后通知代理银行为申请单位开设零余额账户。第三，代理银行办理开户。代理银行接到财政部门通知后，按相关规定为申请单位开设零余额账户，接受财政部门和中国人民银行的管理和监督。第四，通知预算单位。代理银行将所开立账户的详细情况书面报告财政部门和中国人民银行，并由财政部门通知一级预算单位，一级预算单位依次通知二级预算单位、基层预算单位。第五，办理

印鉴手续。申请单位按规定填写财政部门统一制发的印鉴卡。第六，申请单位变更、撤销零余额账户时，应当按规定向财政部门提出变更、撤销的申请。

3．零余额账户用款额度的核算

为核算事业单位财政授权支付的资金业务情况，应设置“零余额账户用款额度”总账科目。该科目借方反映财政核定给事业单位的用款额度和因特殊原因退回该账户的额度资金；贷方反映事业单位支用的额度和年终未用注销的额度；该账户每日资金结算后余额为零。

四、事业单位对外资产核算

（一）债券投资

事业单位债券投资的核算，通过设置“对外投资”总账科目进行。事业单位购入各种债券时，按实际支付的款项借记该科目，贷记“银行存款”等科目；同时，为如实反映事业基金中一般基金和投资基金的情况，借记“事业基金——一般基金”科目，贷记“事业基金——投资基金”科目；债券到期收回投资或债券未到期将其出售时，按实际收到的金额借记“银行存款”科目，按实际投资成本贷记该科目，按实际收到的金额与实际成本的差额借记或贷记“其他收入”科目；同时，调整事业基金的明细科目，借记“事业基金——投资基金”科目，贷记“事业基金——一般基金”科目。

（二）其他投资

事业单位的其他投资主要有固定资产投资、材料投资、无形资产投资、货币资金投资等。事业单位其他投资的核算，也是通过设置“对外投资”总账科目进行的。事业单位以固定资产对外投资时，按评估价或合同、协议确认的价值借记该科目，贷记“事业基金——投资基金”科目；同时，按固定资产账面原价借记“固定基金”科目，贷记“固定资产”科目。属于一般纳税人的事业单位向其他单位投出材料时，按合同、协议确定的价值借记该科目，按材料账面价值（不含增值税）贷记“材料”科目，按应交增值税销项税额贷记“应交税金—应交增值税（销项税额）”科目，按合同、协议确定的价值扣除材料账面价值与应交增值税销项税额的差额，借记或贷记“事业基金——投资基金”科目；同时，按材料账面价值借记“事业基金——一般基金”科目，贷记“事业基金——投资基金”科目。属于小规模纳税人的事业单位对外投出材料时，按合同、协议确定的价值借记该科目，按材料账面价值（含税）贷记“材料”科目，按合同、协议确定的价值与材料账面价值的差额借记或贷记“事业基金——投资基金”科目；同时，按材料账面价值借记“事业基金——一般基金”科目，贷记“事业基金——投资基金”科目。

事业单位向其他单位投出无形资产时，按双方确定的价值借记该科目，按无

形资产账面原价贷记“无形资产”科目，按双方确定的价值与账面原价的差额借记或贷记“事业基金——投资基金”科目；同时，按无形资产的账面价值借记“事业基金——一般基金”科目，贷记“事业基金——投资基金”科目。事业单位以货币资金对外投资时，借记该科目，贷记“银行存款”科目；同时，借记“事业基金——一般基金”科目，贷记“事业基金——投资基金”科目。

五、事业单位固定资产核算

为核算固定资产业务，事业单位应设置“固定资产”总账科目，该科目核算事业单位固定资产的原价。事业单位购置固定资产时，按资金来源分别借记“专用基金——修购基金”“事业支出”“专款支出”等科目，贷记“银行存款”科目；同时，借记该科目，贷记“固定基金”科目。接受捐赠固定资产时，借记该科目，贷记“固定基金”科目。融资租入固定资产时，借记该科目，贷记“其他应付款”科目；支付租金时，借记有关支出科目，贷记“固定基金”科目；同时，借记“其他应付款”科目，贷记“银行存款”科目。盘盈固定资产时，按重置价值借记该科目，贷记“固定基金”科目。报废、毁损及盘亏固定资产时，借记“固定基金”科目，贷记该科目；清理报废、毁损固定资产的残值变价收入和清理费用记入“专用基金——修购基金”科目。出售固定资产时，按实际收到的价款借记“银行存款”科目，贷记“专用基金修购基金”科目；同时，按固定资产原值借记“固定基金”科目，贷记该科目。对外投资转出固定资产时，按评估价或合同、协议确定的价值借记“对外投资”科目，贷记“事业基金——投资基金”科目；同时，按固定资产账面原价借记“固定基金”科目，贷记该科目。该科目借方余额，表示事业单位占有或者使用的固定资产价值总额。事业单位应按固定资产分类设置明细账和固定资产卡片，对固定资产进行明细分类核算。

第三节 事业单位负债的核算

一、事业单位负债

事业单位负债是指事业单位所承担的能以货币计量，需要以资产或者劳务偿还的债务。负债是事业单位资产总额中属于债权人的那部分权益或利益，它反映事业单位对其债权人所应承担的全部经济责任。事业单位的负债有以下特点：第一，负债是指已经发生的，并在未来一定时期内必须偿付的经济义务，这种偿付可以用货币、物品、提供劳务、再负债等债权人所能接受的形式来实现；第二，负债是可计量的，有确切的或可预计的金额；第三，负债在一般情况下有确切的债权人和到期日；第四，大部分负债是交易的结果，而这种交易一般是以契约、合同、协议或者法律约束为前提的。第五，负债只有在偿还或债权人放弃债权，或情况发生变化以后才能消失。事业单位的负债，包括借入款项、各种应付账款、预收账款、各种应缴款项等。

事业单位应当对不同性质的负债分别管理，及时清理并按规定办理结算，保证各项负债在规定期限内归还。负债管理主要应注意以下几个问题：

第一，要严格控制负债规模。事业单位是依靠自身业务优势为社会提供公共商品的社会组织，其主要任务是按照国家的计划和群众的要求发展社会事业。在社会主义市场经济条件下，国家虽然允许或鼓励一部分有条件的事业单位依法组织事业收入和经营收入，但必须在一定范围内进行，利用负债去组织事业收入开展经营活动要慎之又慎，要严格控制负债规模。如果事业单位借款超过了一定的限度，经营效益又不佳，其借款归还实际上无法得到保证，这样既影响债权人的利益，又影响事业单位正常工作的开展。

第二，要及时清理债权债务，按规定办理有关结算。对往来款中属于负债性质的款项，如借入款项、应付款项、预收款项和应缴款项，事业单位要及时组织清理，保证在规定的期限内及时进行偿还、缴纳和结算，不得长期挂账。

第三，事业单位的负债均以实际发生数计价入账，对已经发生而价款尚需确定的负债应当以合理预计价格入账，待实际价款正式确定后再按实际数额进行调整。

二、事业单位借入款项的核算

（一）借入款项的内容

事业单位借入款项是指事业单位从财政部门、上级主管部门、金融机构或其他单位借入的有偿使用的款项。事业单位借入款项一般是满足事业单位资金周转不足的需要而发生的，用以开展事业单位的正常经营活动。款项借入以后即构成事业单位的一项负债，事业单位必须在一定的期限内按规定支付本金和借款利息。因此，事业单位应对其借入的款项进行科学、合理的利用和管理，以发挥其最大的经济效益。尤其应注意以下几个方面：第一，事业单位主管应在了解本单位经营情况以及财务收支状况的基础上，会同财务人员制订出切实合理的借款计划，并向债权人提供有关资料，如各种借款计划、综合经济计划、经济活动分析等，以便接受债权人的监督。此外，还应提供不同形式的各种担保，以确保债权人的利益不受损失。第二，事业单位取得贷款后，应根据不同时期的借款结构比例安排偿还债务的期限和数额，并按规定的利息率支付利息。一方面要保证按时偿还贷款本金，一方面要充分利用资金，避免资金的闲置和浪费，提高资金的使用效率。第三，事业单位的财务人员应对借入款项进行分期、分类管理，及时办理清偿债

务的事宜。

（二）借入款项的核算

事业单位为了核算和监督从财政部门、上级主管部门、金融机构以及其他单位借入的有偿使用的款项，应设置“借入款项”科目，本科目贷方核算单位借入的各种款项，借方核算借款归还数，贷方余额表示尚未归还的借款。事业单位发生借入款项时，借记“银行存款”科目，贷记“借入款项”科目；归还本金时，借记“借入款项”科目，贷记“银行存款”科目；支付借款利息时，借记“事业支出”“经营支出”科目，贷记“银行存款”科目。事业单位借入款项的核算应按债权单位设置明细账进行明细分类核算。

三、事业单位应付及预收款项的核算

（一）应付票据

1. 应付票据的概念

应付票据是指事业单位对外发生债务时所开出、承兑的商业汇票。商业汇票是单位之间根据赊销合同进行延期付款的商品交易时开具的有关债权债务关系的票据。商业汇票按承兑人的不同，分为由企业承兑的商业承兑汇票和由银行承兑的银行承兑汇票。在运用商业承兑汇票进行款项结算的情况下，单位承诺到期支付票据本息，应作为单位的一项负债；在运用银行承兑汇票进行款项结算的情况下，由付款单位向其开户银行申请承兑并经银行同意后，银行成为票据承兑人。但这只是为收款人按期收回债权提供了可靠的信用保证，单位的付款义务依然存在，同样应将其作为一项负债。付款单位应在商业汇票到期前，及时将款项交存其开户银行，以便银行在到期日凭票将款项划给收款人、被背书人或贴现银行，单位在收到银行的付款通知时，据以编制付款凭证。

2. 应付票据的核算

为反映事业单位由于商品交易而开出、承兑的商业汇票的实际情况，应设置“应付票据”科目。该科目的贷方发生额，反映单位因购买材料、商品等而开出承兑的商业汇票；借方发生额反映已支付的商业汇票；期末贷方余额，反映尚未到期支付的商业汇票。

（1）单位开出、承兑汇票或以汇票抵付货款时，借记“材料”“应付账款”等科目，贷记“应付票据”科目。支付银行承兑汇票手续费时，借记“事业支出”或“经营支出”科目，贷记“银行存款”科目。收到银行支付本息的通知时，借记“应付票据”科目及有关支出科目，贷记“银行存款”科目。

（2）开出并承兑的商业承兑汇票如果不能如期支付，应在票据到期并未签发新的票据时，将“应付票据”的账面余额转入“应付账款”科目。

（3）在采用银行承兑汇票的方式下，如果对方已经将应收票据向银行贴现，在付款期满时，如果无力付款，由银行代为扣款或作为逾期借款处理，借记“应付票据”科目，贷记“银行存款”或“借入款”科目。

（4）单位应设置“应付票据备查簿”，详细登记每一应付票据的种类、号数、签发日期、到期日、票面金额、收款人姓名或单位以及付款日期和金额等详细资料。应付票据到期付清时，应在备查簿内逐笔注销。

（二）应付账款

应付账款是指事业单位因购买材料、商品或接受劳务供应而应付给供应单位的款项，是事业单位在结算中发生的负债行为。

1. 应付账款的入账时间

应付账款入账时间的确定，应区别不同情况处理：在货物和发票账单同时到达的情况下，通常在货物验收入库后，才按发票账单登记应付账款入账。这样处理的目的主要是避免入账后再验收入库时发现购入货物错、漏、短缺、破损等问题而重新调账。若货物先到，发票账单后到，则在收到发票账单后再登记应付账款入账。若月度终了发票账单仍未到，则应在月末估价入账。

2. 应付账款的核算

为了反映单位因购入材料、物资、接受劳务等而产生的应付账款及偿还情况，事业单位应设置“应付账款”科目。该科目贷方反映单位应支付的款项，借方反映已支付或已转销的应付账款。期末贷方余额，反映尚未支付的应付账款“应付账款”科目按供应单位设置明细账进行明细核算。

（1）单位购入材料、物资等并验收入库，但货款尚未支付时，根据有关凭证，借记“材料”及有关科目，贷记“应付账款”科目。单位接受其他单位提供的劳务而发生的应付未付款项，应根据供应单位提供的发票账单，借记有关费用支出科目，贷记“应付账款”科目。

（2）单位偿付应付账款时，借记“应付账款”科目，贷记“银行存款”科目。单位开出、承兑商业汇票抵冲应付账款时，借记“应付账款”科目，贷记“应付票据”科目。

（三）预收账款

预收账款是指事业单位按照合同规定向购货单位或接受劳务单位预收的款项。预收账款是交易双方协商确定，由购货方或接受劳务方预先支付一部分款项给供应方而发生的一笔负债。在事业单位按照合同如期交货或提供劳务以后，预收账款转为收入，债务得以解除。倘若预收款项的事业单位未能履行合同的承诺，未能按期交货或提供劳务，就必须退还这笔预收款项。对于预收账款有两种会计处理方法：一种方法是对发生的预收账款单独设置“预收账款”科目核算；另一种

方法是将预收的款项直接通过“应收账款”科目核算。至于预收账款的核算究竟采用哪种方法，应根据事业单位预收账款业务的情况灵活确定。“预收账款”科目按预付款单位设置明细账。

（四）其他应付款

其他应付款是指事业单位应付、暂收其他单位或个人的各种款项，如出租固定资产的押金、存入保证金、应付统筹退休金、个人缴存的住房公积金等。事业单位设置“其他应付款”科目对上述其他应付款项进行核算，借方反映已经偿还给其他单位和个人的款项，期末贷方余额反映尚未偿还给其他单位或个人的款项。该科目按应付、暂收款项的内容或单位、个人名称设置明细账。

第四节 事业单位收入与支出的核算

一、事业单位收入核算

（一）事业单位收入

《事业单位财务规则》规定：收入是指事业单位为开展业务及其他活动依法取得的非偿还性资金。这表明，新确立的收入概念与过去的收入概念已经不同了。过去我们讲收入，一般是特指事业单位自身组织的那部分收入；而新确立的收入概念，则是一个全新的概念，即“大收入”的概念，它不仅包括财政补助收入，而且包括上级补助收入，事业单位依法组织的事业收入、财政专户返还收入和经营收入，附属单位缴款及其他收入等。

第一，财政补助收入，指事业单位直接从财政部门取得的和通过主管部门从财政部门取得的各类事业经费。需要明确的是，财政补助收入不包括国家对事业单位的基本建设投资。

第二，上级补助收入，指事业单位从主管部门和上级单位取得的非财政补助收入。具体地讲，上级补助收入是事业单位的主管部门或上级单位下拨的财政补助收入之外的收入。如自身组织的收入和集中下级单位的收入拨给事业单位的资金。如前所述，财政部门通过主管部门和上级单位转拨的事业经费，只能计入财政补助收入，不能作为上级补助收入处理。

第三，拨入专款，指事业单位收到财政部门、上级单位或其他单位拨入的有指定用途，并需单独报账的专项资金，主要用于科研课题经费、挖潜改造支出、科技三项费等。

第四，事业收入，指事业单位通过开展专业业务活动及其辅助活动取得的收入。所谓专业业务活动，是指事业单位根据本单位专业特点所从事或开展的主要业务活动，通俗地讲，也可以称作“主营业务”。如文化事业单位的演出活动、教育事业单位的教学活动、科学事业单位的科研活动、卫生事业单位的医疗保健活动等。辅助活动是指与专业业务活动相关、直接为专业业务活动服务的单位行政管理活动、后勤服务活动及其他有关活动。通过开展上述活动取得的收入，均作为事业收入处理。另外，《事业单位财务规则》对事业单位的一些特殊的事业收入做了专门规定，即按国家有关规定应当上缴财政预算的资金和应当缴入财政专户的预算外资金，不计入事业收入。从财政专户核拨的预算外资金和部分经核准不上缴财政专户管理的预算外资金，也不计入事业收入。

应当上缴财政预算的资金是指事业单位依法组织或者代收的按规定应当上缴国家预算的收入，包括规费收入、罚没收入、追回赃款赃物变价收入等。对应缴预算收入，单位应当及时、足额上缴，不得分成、提留、坐支。

应当缴入财政专户的预算外资金是指按照国家有关规定应当缴入财政专户的预算外资金。按照《国务院关于加强预算外资金管理的决定》，国家机关、事业单位和社会团体为履行或代行政府职能，依据国家法律、法规和具有法律效力的规章而收取、提取和安排使用的未纳入国家预算管理的各种财政性资金，属于预算外资金。部门和单位的预算外收入必须上缴同级财政专户，支出由同级财政按预算外资金收支计划和单位财务收支计划统筹安排，从财政专户中拨付，实行收支两条线管理。对其中少数费用开支有特殊需要的预算外资金，经财政部门核定收支计划后，可按确定的比例或按收支结余的数额定期缴入同级财政专户。

第五，财政专户返还收入，指事业单位收到从财政预算外资金专户核拨的预算外资金收入。

第六，经营收入，指事业单位在专业业务活动及其辅助活动之外开展非独立核算的经营活动取得的收入。

第七，附属单位缴款，指事业单位附属独立核算单位按有关规定上缴的收入。它包括附属的事业单位上缴的收入和附属的企业上缴的利润等。附属单位补偿事业单位在支出中垫付的各种费用，应当相应冲减支出，不能作为上缴收入处理。

第八，其他收入，指上述范围以外的各项收入，如投资收益、利息收入、捐赠收入等。

（二）事业单位补助收入的核算

事业单位的补助收入一般包括财政补助收入和上级补助收入。

1. 财政补助收入

（1）财政补助收入的概念与管理

财政补助收入是指事业单位按核定的预算和经费领报关系从财政部门或通过主管部门从财政部门取得的各类事业经费。财政补助收入不包括国家对事业单位

的基本建设投资。

为加强对财政补助收入的管理，主管部门应编制季度分月用款计划。在申请当月财政补助时，应分“款”“项”填写“预算经费请拨单”，报同级财政部门。主管部门或同级财政部门在拨款时，应结合事业单位事业计划完成情况、资金余存情况控制拨款进度，做到既要及时保证事业单位计划内使用预算资金的需要，又要防止预算资金的积压浪费。事业单位在使用财政补助时，应按计划控制用款，不得随意改变资金用途。“款”“项”用途如需调整，应填写“科目留用申请书”，报经同级财政部门批准后使用。

（2）财政补助收入的核算

为核算财政补助收入业务，事业单位应设置“财政补助收入”总账科目。事业单位收到财政补助收入时，借记“银行存款”等科目，贷记该科目；缴回财政补助收入时，做相反的会计分录；年终结账将该科目贷方余额全数转入“事业结余”科目时，借记该科目，贷记“事业结余”科目。该科目平时贷方余额，表示财政补助收入的累计数。年终结账后，该科目无余额。该科目应按“国家预算收入”科目的“款”级科目设置明细账。

2．上级补助收入

（1）上级补助收入的概念

上级补助收入是指事业单位从上级单位取得的非财政补助收入。它是由事业单位的上级单位用自身组织的收入或集中下级单位的收入拨给事业单位的资金，是上级单位用于调剂附属单位资金收支余缺的机动财力。事业单位通过上级单位从财政部门取得的预算经费，应作为财政补助收入处理，不能作为上级补助收入处理。

（2）上级补助收入的核算

为核算上级补助收入业务，事业单位应设置“上级补助收入”总账科目。事业单位收到上级补助收入时，借记“银行存款”科目，贷记该科目；年终将该科目余额全数转入“事业结余”科目时，借记该科目，贷记“事业结余”科目。年终结账后，该科目无余额。

（三）事业单位拨入专款的核算

1．拨入专款的概念与管理

拨入专款是指事业单位收到财政部门、上级单位或其他单位拨入的有指定用途，并需要单独报账的专项资金。

事业单位对拨入专款的管理要注意以下几点：

（1）专款专用，即事业单位应当严格按照专款指定的用途使用，不能将取得的专款挪作他用

（2）单独核算，即事业单位在收到专款时，应当为每项专款分别设置账户，单独组织会计核算，各项专款之间的会计核算不能混淆。

（3）专项结报，即事业单位应当按拨款单位的要求，及时报送拨入专款的使用情况和事业成果情况，项目完成后，应当专项办理报账手续，余款按拨款单位的要求处理。

（4）讲求效益，即事业单位对于拨入专款的使用应当进行严格的控制和监督，厉行节约，杜绝浪费，提高资金的使用效益。

2. 拨入专款的核算

为核算拨入专款业务，事业单位应设置“拨入专款”总账科目。事业单位收到拨款时，借记“银行存款”科目，贷记该科目；缴回拨款时，作相反的会计分录；年终结账时，对于已完工的项目，将该科目与“拨出专款”“专款支出”科目对冲，借记该科目，贷记“拨出专款”“专款支出”科目，其余额按拨款单位的规定办理。年终结账时，对于未完成的项目，其全部拨入的款项均应留在“拨入专款”科目，待项目完成时再进行结算。该科目应按资金来源和项目设置明细账，进行明细分类核算。

二、事业单位支出的核算

（一）事业单位支出

支出是指事业单位为开展业务活动和其他活动所发生的各项资金耗费及损失，以及用于基本建设项目的开支。事业单位的支出按其用途可分为本单位支出和对所属单位拨款。本单位支出是为了本单位开展业务及其他活动需要而发生的支出。对所属单位拨款是指有下属单位的事业单位转拨上级拨入的款项和用本单位集中的资金补助所属单位的拨款。事业单位的支出按其内容可分为以下几项：第一，事业支出，指事业单位开展各项专业业务活动以及辅助活动发生的支出，包括人员经费支出和公用经费支出。人员经费支出是指用于个人方面的开支，如工资、补助工资、职工福利费、社会保障费、助学金等；公用经费支出是指为了完成事业计划，用于单位公务、业务活动方面的开支，如公务费、业务费、设备购置费、修缮费和其他费用。第二，经营支出，指事业单位在开展专业业务活动以及辅助活动之外的非独立核算经营活动发生的支出。事业单位非独立核算的经营活动所发生的全部支出，都应纳入经营支出进行核算。经营支出与经营收入要配比，对独立核算的经营活动，应当按照企业财务制度单独进行核算，不在经营支出中反映。第三，对附属单位补助，指事业单位用财政补助收入之外的收入对附属单位补助而发生的支出。第四，上缴上级支出，指实行收入上缴办法的事业单位按照规定的定额或比例上缴上级单位的支出。第五，拨出经费，指事业单位按核定的预算

拨付所属单位的预算资金。第六，拨出专款，指主管部门或上级单位拨给所属单位的需要单独报账的专项资金。第七，专款支出，指由财政部门、上级单位或其他单位拨入的、有指定项目或用途，并需要单独报账的专项资金的实际支出数。第八，成本费用，指实行内部成本核算的事业单位在提供产品或劳务时所发生的各种应列入产品或劳务成本的各项费用。第九，销售税金，指事业单位提供劳务或销售产品应负担的税金及附加。第十，结转自筹基建，指事业单位用财政补助收入之外的资金安排自筹基建项目所发生的各项开支。

（二）事业单位经营支出的核算

1. 经营支出及其特征

经营支出是指事业单位在专业业务活动及其辅助活动之外开展非独立核算经营活动发生的各项支出以及实行内部成本核算单位已销产品的实际成本。一般来说，事业单位的经营支出必须具备以下特征：第一，经营支出是由于开展经营性活动而发生的各项支出。比如，事业单位对社会开展服务活动，对出租、出借固定资产所承担的维护和维修所发生的支出，这些都属于经营活动发生的支出。第二，经营支出是非独立核算的经营活动所发生的支出，而不是独立核算的经营活动发生的支出，如学校的食堂、车队等后勤单位，财务上不实行独立核算，其社会服务发生的各项支出，报由学校集中进行会计核算，这部分支出，应作为经营支出处理。第三，经营支出是实行内部成本核算的事业单位，应当按照支出用途归集到“经营支出”科目中的支出。

2. 经营支出的核算

为了核算事业单位在事业活动以外开展非独立核算经营活动发生的各项支出以及实行内部成本核算的单位已销产品的实际成本，应设置“经营支出”账户。该账户属于支出类账户，借方登记事业单位经营支出的发生数，贷方登记经营支出冲销数和期末余额转出数，平时借方余额表示经营支出累计数，期末结转后本账户应无余额。事业单位发生各项经营支出时，借记本科目，贷记“银行存款”或有关科目。实行内部成本核算的事业单位结转已提供的经营性劳务成果或已销产品时，按实际成本借记本科目，贷记“产成品”科目。期末应将本科目余额全部转入“经营结余”科目，借记“经营结余”科目，贷记本科目。经营支出一般应按以下项目进行明细核算：基本工资、补助工资、职工福利费、社会保障费、助学金、公务费、业务费、业务招待费、设备购置费、修缮费及其他费用等。经营业务种类较多的单位，应按业务的类别进行二级明细核算。

（三）拨出经费、拨出专款与专款支出的核算

1. 拨出经费

拨出经费是指事业单位按核定的预算拨付所属单位的预算资金。事业单位对

附属单位拨付的非财政性补助资金以及需要单独报账的专项资金，不属于拨出经费的范围。为核算拨出经费业务，事业单位应设置“拨出经费”总账科目。事业单位拨出经费时，借记该科目，贷记“银行存款”科目；收回拨出经费时，借记“银行存款”科目，贷记该科目；年终将该科目借方余额全数转入“事业结余”科目时，借记“事业结余”科目，贷记该科目。年终结转后，该科目无余额，该科目应按所属单位的名称设置明细账。

2. 拨出专款

拨出专款是指主管部门或上级单位拨付给所属单位的需要单独报账的专项资金。主管部门或上级单位拨付给所属单位的不需要单独报账的资金，不属于拨出专款的范围。为核算拨出专款业务，事业单位应设置“拨出专款”总账科目。事业单位拨出专款时，借记该科目，贷记“银行存款”科目；收回拨出专款时，做相反的会计分录。所属单位报销专款支出时，专项资金如是上级单位拨入的，则借记“拨入专款”科目，贷记该科目；专项资金如是本单位用自有资金设置的，按资金渠道借记有关科目，贷记该科目。该科目借方余额表示所属单位尚未报销的专款数，该科目应按所属单位名称或项目设置明细账。

3. 专款支出

专款支出是指事业单位使用财政部门、上级单位和其他单位拨入的指定项目或用途并需要单独报账的专项资金所发生的实际支出。事业单位拨付给所属单位的需要单独报账的专项资金，以及事业单位使用不需要单独报账的资金所发生的支出，均不属于专款支出的范围。事业单位的专款支出主要有科研课题经费、挖潜改造资金、科技三项费用等指定项目或用途的支出。为核算专款支出业务，事业单位应设置“专款支出”总账科目。事业单位按指定的项目或用途开支工、料费时，借记该科目，贷记“银行存款”“材料”等科目；项目完工向有关部门单独列报时，借记“拨入专款”科目，贷记该科目。该科目应按专款的项目设置明细账。

第五节 事业单位净资产的核算

一、事业单位净资产

事业单位的净资产是指资产减去负债后的差额，分为基金和结余两部分。基金是指资产提供者实际投入事业单位的各种资产，包括财政部门投入的、上级主管部门投入的、接受捐赠的以及其他投资者投入的资产。结余是事业单位在开展业务活动过程中，收入和支出相抵后的余额。事业单位的净资产按具体内容分为事业基金、固定基金、专用基金、事业结余和经营结余等。

二、事业单位事业基金的核算

（一）事业基金的内容

事业基金是指事业单位拥有的非限定用途的净资产，包括一般基金和投资基金。一般基金是指事业单位历年的未分配的结余和损失，以及历年的专项资金结余。投资基金是指事业单位对外投资形成的基金，包括以货币资金、固定资产、无形资产、材料投资而形成的产权，以及在对外投资中评估确认价高于或低于原账面价值而增加或减少的净资产。事业基金的来源有四个方面：各年收支结余的滚存数，这是事业基金的主要来源；接受其他单位未限定用途的捐赠；资产重估的增值或减值。事业单位对外投资等活动中，对资产进行价值重估的增值部分一般确认为事业基金；事业单位通过自身的生产经营活动和业务活动所获取的各种留存结余，事业基金按当期实际发生数和年终转入数记账。事业基金在事业单位中起的是“蓄水池”的作用，用来调节年度之间的收支平衡。即事业单位以后年度如果收入大于支出，则其差额继续转入事业基金；如果支出大于收入，则其差额用以前年度的事业基金来弥补；在确定年初单位预算时，如果支出安排出现缺口，也可以用一部分事业基金来弥补。

（二）事业基金的核算

为了核算事业单位拥有的非限定用途的净资产，事业单位会计应设置“事业基金”科目。贷方记事业基金增加数，借方记事业基金减少数。贷方余额反映事业基金的累计数。本科目应按核算的业务内容下设“一般基金”和“投资基金”两个明细科目。“一般基金”主要用以核算滚存结余资金等；“投资基金”用以核算对外投资部分的基金，年终未分配结余转入“事业基金”科目。年终，单位应将当期未分配结余转入本科目，借记“结余分配”科目，贷记“事业基金”（一般基金）科目。“拨入专款”结余按规定留归本单位使用的转入“事业基金”科目。财政部门或上级单位拨入的指定用途的专款资金，对于项目已经完成的拨入专款结余，按规定留归本单位使用的转入“事业基金”科目核算，借记“拨入专款”科目，贷记“事业基金”（一般基金）科目。用固定资产对外投资时，记入“事业基金”科目。用固定资产对外投资时应按评估价或合同、协议确定的价值，借记“对外投资”科目，贷记“事业基金”（投资基金）科目；同时按固定资产账面原价，借记“固定基金”科目，贷记“固定资产”科目。用材料、无形资产对外投资，记入“事业基金”科目。接受捐赠的材料和存款记入“事业基金”科目。

三、事业单位固定基金的核算

（一）固定基金的内容

固定基金是指事业单位固定资产占用的基金。固定基金的内容按其形成的方式不同可分为以下几个方面：事业单位新建固定资产而形成的固定基金；事业单位购入、调入固定资产而形成的固定基金；事业单位自制固定资产而形成的固定基金；融资租入固定资产而形成的固定基金；接受捐赠固定资产而形成的固定基金；接受其他单位投资转入的固定资产而形成的固定基金；盘盈固定资产而形成的固定基金。

（二）固定基金的核算

事业单位为了核算和监督固定基金的增减余存情况，应设置“固定基金”科目，该科目的贷方记固定基金增加数，借方记固定基金减少数，贷方余额反映事业单位拥有的固定基金总值。本科目应按实际发生的数额记账。具体核算如下：

1. 事业单位新建、购入固定资产

借：专用基金——修购基金

事业支出

经营支出

贷：银行存款

同时：

借：固定资产

贷：固定基金

2. 融资租入固定资产

借：固定资产

贷：其他应付款

支付租金时：

借：事业支出（经营支出）

贷：固定基金

借：其他应付款

贷：银行存款

注：在通常情况下，“固定资产”和“固定基金”科目的数额相等，但在融资租入固定资产的情况下，按制度规定的核算方法核算，两者并不相等。因此，在编制有关报表时，应注明形成差额所包含的明细内容。

3. 接受捐赠固定资产

借：固定资产

贷：固定基金

4. 盘盈固定资产

按重置完全价值记：

借：固定资产

贷：固定基金

四、事业单位专用基金的核算

（一）专用基金管理的内容

专用基金一般不直接参加业务经营活动，其运动过程具有相对独立的特点：一是专用基金的取得，一般都有专门的规定。例如，修购基金是根据事业收入和经营收入的一定比例提取；职工福利基金是根据结余的一定比例提取转入；其他基金的提取也有专门的规定。二是各项专用基金，都规定有专门的用途和使用范围，专用基金一般不得占用、不得挪作他用。三是专用基金的使用，均属一次性消耗，没有循环周转，不可能通过专用基金支出直接取得补偿。专用基金的管理应遵循“先提后用、专设账户、专款专用”的原则。“先提后用”是指各项专用基金必须根据规定的来源渠道，在取得资金以后，方能安排使用；“专设账户”是指各项专用基金应单设账户进行管理和核算（应该注意的是，这里所指的账户是会计核算上的账户，并不是要求在银行开设专户）；“专款专用”是指各种专用基金都要按照规定的用途和使用范围安排开支，支出不得超出资金规模，以保证专用基金使用的合理、合法。

专用基金管理的方法主要是指取得和使用专用基金的具体办法、手段或规定。事业单位专用基金的管理主要采取以下办法：

1. 按比例提取。《事业单位财务规则》对事业单位各项专用基金提取的比例做了原则规定：专用基金的提取，国家有统一规定的，要按统一规定执行；国家没有统一规定的，按财务管理权限，由财政部门和事业主管部门依据相关因素协商确定，如修购基金的提取比例，要根据事业单位的收入规模和单位修缮购置的需要确定；职工福利基金的提取比例，要依据单位收支结余数额和经费自给率确定。

2. 按规定支出。事业单位各项专用基金，都规定了专门的用途，在使用中要注意划清各项专用基金的界限。如修购基金，按照财务制度规定，只能用于单位固定资产的修缮和购置，不能用于发奖金、搞福利。专用基金因特殊情况发生临时占用的，要及时清还。

3. 收支有计划。事业单位对各项专用基金要编制收支计划，收支计划不能留赤字。事业单位要根据专用基金来源的额度，安排支出项目，量入为出，并应注意专用基金的积累。

（二）专用基金的核算

为了对专用基金进行核算，事业单位会计应设置“专用基金”总账账户。“专用基金”账户，用来核算事业单位按规定提取、设置的有专门用途的资金收入、支出及结存情况。它主要包括修购基金、职工福利基金、医疗基金、住房基金等。

1. 修购基金的核算与管理

修购基金是按事业收入和经营收入的一定比例在事业支出和经营支出的设备购置费和修缮费中列支（各列 50%），以及按其他规定（固定资产变价收入应转入修购基金）转入，用于事业单位固定资产维修和购置的资金。

提取时：借记“事业支出——修缮费、设备购置费”或“经营支出——修缮费、设备购置费”科目，贷记“专用基金——修购基金”科目；清理报废固定资产残值变价收入转入时，借记“银行存款”账户，贷记本账户；支付清理报废固定资产所发生的清理费用时，借记本账户，贷记“银行存款”账户。

2. 职工福利基金的核算与管理

（1）职工福利基金的核算

职工福利基金是按结余的一定比例提取以及按其他规定提取转入，用于单位职工的集体福利设施、集体福利待遇等的资金。职工福利基金与按标准在事业支出和经营支出中列支提取的国家工作人员福利费不同，前者主要用于集体福利的开支，如用于集体福利设施建设等，后者主要用于职工个人方面的开支，如用于职工生活困难补助等，福利费提取后也在“专用基金”科目核算，但二者应分开核算。事业单位在按规定从结余中提取一定比例的职工福利基金时，必须严格按规定比例提取，不得随意提高职工福利基金的提取比例。计算公式为：职工福利基金提取额＝可计提职工福利基金的结余额 × 提取比例。

其中，结余额包括事业结余和经营结余，即转入“结余分配”科目的数额扣除“应交所得税”（有所得税缴纳业务的单位）后的数额。年终，事业单位按规定比例从当年结余中计提职工福利基金时，借记“结余分配——职工福利基金”科目，贷记“专用基金——职工福利基金”科目。

（2）职工福利基金的管理

职工福利基金的支出范围一般有：集体福利设施建设支出；对后勤服务部门的补助，如单位职工浴室、理发室、托儿所、幼儿园等人员工资和各项支出收支相抵以后的差额部分，可用职工福利基金予以补助；单位职工食堂的补助；单位公费医疗超支部分按规定由单位负担的费用；按国家规定由职工福利基金开支的其他支出。因此，在支出管理上，要考虑职工福利基金的结存数和当期提取数，量入为出，计划好开支。

3．医疗基金的核算与管理

（1）医疗基金的核算

医疗基金是指未纳入公费医疗经费开支范围的事业单位，参照公费医疗制度有关规定从收入中提取的用于职工公费医疗开支的资金。各地财政部门一般是在年初核定公费医疗经费人均预算定额，并据此核拨给享受公费医疗待遇的事业单位公费医疗经费。未纳入公费医疗经费开支范围的事业单位，也应按当地财政部门确定的公费医疗经费人均预算定额提取医疗基金。医疗基金应按从事专业业务及其辅助活动的人员和从事生产经营活动的人员分别列入事业支出和经营支出的社会保障费中。其计算公式为：

医疗基金提取额＝职工人数 × 提取标准（预算定额）

事业单位在提取医疗基金时，借记“事业支出——社会保障费”“经营支出——社会保障费”科目，贷记“专用基金——医疗基金”科目。

（2）医疗基金的管理

医疗基金的管理应参照当地公费医疗经费管理的有关制度，确定医疗基金的开支项目和支出标准。同时，建立起医疗费用制约机制，减少浪费，保证职工基本医疗需要。

4．住房基金的核算与管理

（1）住房基金的核算

按我国现行制度规定，所有行政和企事业单位及其职工均应按照“个人存储、单位资助、统一管理、专项使用”的原则缴纳住房公积金。住房公积金是由在职职工及其所在单位，按职工个人工资和职工工资总额的一定比例逐月缴纳，归个人所有，存入个人公积金账户，用于购建、大修住房，职工离退休时，本息金额一次结清，退还职工本人。各级财政是住房公积金管理机构财务管理的主管部门。事业单位住房基金是按国务院规定的住房公积金制度，由单位按职工工资总额的5%提取住房公积金，不包括个人缴纳的住房公积金。事业单位提取职工住房基金时，借记“事业支出”“经营支出”科目，贷记“专用基金”科目；使用住房基金时，借记“专用基金”科目，贷记“银行存款”科目。个人住房公积金的缴纳、使用和结存情况，以“其他应付款”科目核算。

（2）住房基金的管理

住房基金应严格按国家规定的比例提取，并实行专款专用。

第八章　高级会计师

第一节　会计人员

从事会计工作的人员必须取得会计专业技术资格考试，担任会计职务应当通过相应级别的会计专业技术资格考试。如担任单位会计机构负责人（会计主管人员）的，除取得会计从业资格证书外，还应当具备会计师以上专业技术职务资格或者从事会计工作3年以上经历；担任总会计师应当在取得会计师任职资格后主管一个单位或者单位内一个重要方面的财务会计工作不少于3年。

一、会计人员分类

（一）按照职位和岗位分

一般有会计部门负责人、主管会计、会计、出纳等。

（二）按照专业技术职务分

一般有高级会计师、会计师、助理会计师、会计员等。

二、会计人员培养目标

掌握企业会计信息系统与设计的基本原理、电算化会计软件初始化的设置、总账系统、报表系统以及工资核算、固定资产核算等业务核算子系统的操作方法；理解会计信息系统的数据流程、模块构建，会计电算化对传统手工会计方式的影响；了解企业实行会计电算化的管理要求与制度规范、购销存业务核算子系统、基于商品化会计软件的数据整理与加工。

三、会计人员权限

为了保障会计人员能切实履行《中华人民共和国会计法》赋予自己的职责，《中华人民共和国会计法》同样赋予他们相应的、必要的权限。归纳起来，主要有以下几点：

（一）审核原始凭证

会计人员按照国家统一的会计制度的规定对原始凭证进行审核时，针对三种情况进行处理：第一，如发现不真实、不合法的原始凭证，有权不予受理，并向单位负责人报告。第二，如发现弄虚作假、严重违法的原始凭证，有权不予受理，同时，应当予以扣留，并及时向单位领导人报告，请求查明原因，追究当事人的责任。第三，如发现记载不准确、不完整的原始凭证，有权予以退回，并要求按照国家统一的会计制度的规定更正、补充。

（二）处理账实不符

会计人员如发现会计账簿记录与实物、款项及有关资料不相符的，按照国家统一的会计制度的规定有权自行处理的，应当及时处理；无权处理的，应当立即向单位负责人报告，请求查明原因，做出处理。

（三）处理违法收支

会计人员对违法的收支，有权不予办理，并予以制止和纠正；制止和纠正无效的，有权向单位领导提出书面意见，要求对其进行处理。对严重违法损害国家和社会公众利益的收支，会计人员有权向主管单位或者财政、审计、税务机关报告。

（四）处理造假行为

会计人员对伪造、变造、故意毁灭会计账簿或账外设账的行为，对指使、强令编造、篡改财务报告的行为，有权予以制止和纠正；制止和纠正无效的，有权向上级主管单位报告，请求做出处理。

四、会计人员职业道德

第一，敬业爱岗。会计人员应当热爱本职工作，努力钻研业务，使自己的知识和技能适应工作的要求。第二，会计人员应当熟悉财经法律、法规、国家统一的会计制度和本单位有关规定。第三，会计人员应当按照会计制度规定的程序和要求进行会计工作，保证提供的会计信息合法、真实、准确、及时、完整。第四，客观公正。会计人员在办理会计事务中，应当实事求是、客观公正。第五，搞好服务。会计人员应当尽其所能，为改善单位的内部管理、提高经济效益服务。第六，保守秘密。会计人员应当保守本单位的商业秘密，除法律规定和单位领导同意外，不能私自向外界提供或泄露单位的会计信息。

五、会计人员工作交接

会计人员因工作调动或其他原因离职，必须与接管人员办理工作、交接手续，这是会计工作的一项重要制度。这样做可以使会计的工作保持连续性，同时也有利于加强财务管理，明确移交人员和接管人员的责任。

会计人员工作交接最重要的环节是移交和监交。移交人员离职前必须将本人经营的会计工作，在规定的期限内，全部向接替人员移交清楚，接替人员应认真

按照移交手册逐项点收。会计人员在办理交接手续时，必须要有专人负责监交，以保证交接工作的顺利进行。一般会计人员办理交接手续，由单位的会计机构负责人、会计主管人员负责监交；会计机构负责人、会计主管人员办理交接手续时，由单位领导人负责监交，必要时，主管单位可以派人会同监交。

六、会计人员奖惩

会计人员依法进行会计核算、实行会计监督是法律赋予会计人员的一项职责。各单位对于忠于职守、坚持原则、做出显著成绩的会计人员，应当给予一定的精神或者物质奖励，对于因提供虚假财务会计报告，做假账，隐匿或者故意销毁会计凭证、会计账簿、账务会计报告，贪污、挪用公款、职务侵占等与会计职务有关的违法行为被依法追究刑事责任的人员，不得取得或者重新取得会计证。因违法违纪行为被吊销会计证之日起五年内不得重新取得会计证。

第二节　高级会计师及其职务任职资格

一、高级会计师

（一）高级会计师定义

高级会计师，是指我国会计专业技术职称中的高级会计专业技术资格。高级会计师须遵守中华人民共和国宪法和法律，具有良好的职业道德，同时应具有坚实的专业理论知识，掌握国内外先进的、科学的经济管理方法并了解发展趋势。此外，高级会计师应有较高的政策理论水平和丰富的经济工作实践经验，能够解决重要经济活动中的实际问题，提出有价值的政策性意见，为加强经济管理和提高经济效益、社会效益提供重大作用。

（二）高级会计师基本职责

高级会计师在学历和工作资历、外语、计算机技术、会计专业知识上，都有严格要求。高级会计师的基本职责是：负责草拟和解释、解答在一个地区、一个部门、一个系统或在全国施行的财务会计法规、制度、办法；组织和指导一个地区、一个部门、一个系统的经济核算和财务会计工作，培养中级以上会计人才。高级会计师的评定办法是：必须先参加全国统一的《高级会计师实务》考试。考试合格并符合下述相关要求后，由本人申请，单位推荐。经所在单位、省直主管部门、地市财政部门或基层职称评委会进行考核评议，并提出考核推荐材料，报省、自治区、直辖市财政部门会计专业高级职务评审委员会评审通过，省级人社部门备案批准。

（三）信息时代下构建高级会计师体系的方法

经济的飞速发展及信息的全面扩展，使得各领域对高级会计师的要求逐步提高。21世纪，高级会计师需要构建良好的高级会计师体系，为企业领导者提供更加真实可靠的会计信息，帮助企业规避各种财务风险，带动企业管理水平的提升，进一步为企业长远发展目标的实现做出贡献。信息技术革命新浪潮为高级会计体系的构建提供更加广泛的平台和技术支撑，从而不断促使高级会计师在工作中学习、在学习中提高，进而促进企业管理效率和管理水平的提升，促进企业全面发展。

1. 高级会计师在信息时代的新意义

改革开放的深入推进，在为全国各行业带来发展机遇的同时，使得行业之间的竞争形势也愈发严峻。在社会主义市场经济良好发展的前提下，国家的宏观调控与社会资源配置变得更加协调；在促进企事业单位与市场经济健康有序的管理时，会计所发挥的作用越来越明显；随着大数据时代的到来，获取高级会计师的资格也在逐步提高，高级会计师在企业管理与财务管理中所表现出的优势愈发重要。高级会计师在信息时代，更加注重对自身综合素质的培养和实践技能的提高，所以在为企业科学决策提供依据方面，以及帮助企业培育新的经济增长点、带动企业健康发展方面都发挥了重要作用。为了加速我国经济与世界经济市场的接轨步伐，有效应对国际国内市场竞争，高级会计师加强了对全新信息的学习与运用，帮助企事业进行管理与资源输出。信息时代下的高级会计师已成为一种综合型复合人才，他们可担当国家经济的指挥师，帮助国家实现宏观调控与市场资源的优化配置。

2. 信息时代背景下高级会计师体系建设策略

（1）结合实际制定信息化发展战略发挥出战略优势

在市场经济体制下，企业只有掌握市场脉搏才能根据市场需求调整自身战略，从而不断提高市场竞争力来获取更好的发展。因此实现对市场信息的更新和及时获取到信息是企业提高核心竞争力的有效手段，这一目标的实现需借助高级会计师体系的构建来完成。所以企业要结合自身实际，创建符合自身生产经营特点的信息化战略目标和实践方案，让高级会计师体系来完成信息化管理的系统工程建设和管理。在企业的实践发展中，让高级会计师体系不断发挥自身优势，不断利用多种技术手段实现对信息资源的整合，进而为企业制订符合市场需求的实践方案，为提高企业核心竞争力打下基础。

（2）合理优化会计师管理方式发挥出信息化技能

信息时代信息和技术的交流与发展是非常迅速的，因此高级会计师要及时更新自己的知识结构，实现对传统会计管理方式和管理手段的创新应用，最大限度的发挥信息时代的资源优势，为当前的高级会计师提供广阔的发展平台，进而通

过提高自身综合素质来促进企业管理效率的提升，带动企业稳定发展。高级会计师要学会运用全新的信息工具，掌握先进的信息技术，促进企业经济增长，并结合企业目前管理现状寻找企业管理中的漏洞和不足，进而帮助企业制订相应的解决对策和管理方案。同时企业要为高级会计师创造良好的学习条件，利用企业信息平台进行培训，让他们提高主动学习意识、增强解决实际问题的能力。在学习过程中，可结合企业发展中的具体事例让高级会计师进行分析，从而为企业提供精确的数据信息，并将此数据作为制定企业发展目标的重要依据，充分挖掘出高级会计师的潜能和价值，提高企业在信息时代的综合实力。

（3）构建信息管理平台创新管理体系

企业要结合自身生产经营特点和管理现状创建信息化管理平台，利用全新的信息管理平台实现对高级会计师工作的透明化、公开化管理，让高级会计师管理体系的实施和工作开展得到有效监督。同时高级会计师要结合当前行业与企业性质之间的差异，对自身的管理风格和管理手段进行创新与完善，从而让自己的管理技术满足企业和行业的实际需求，进而为高级会计师管理目标的实现创造条件。在高级会计师信息化管理风格的形成过程中，高级会计师要充分发挥信息化管理平台优势，实现理论和实践有效融合，在实际工作中，能够运用所学去应对各种突发事件，增强应对的反应能力和处理能力，协助企业管理人员构建完善的管理体系，实现企业经济效益和社会效益双赢的局面。

二、高级会计师任职资格

第一，坚持原则，具备良好的职业道德品质。第二，认真执行《中华人民共和国会计法》和国家统一的会计制度及有关财经法律、法规和规章制度，无严重违反财经纪律的行为。第三，履行岗位职责，热爱本职工作。第四，具备会计从业资格，持有会计从业资格证书。第五，较系统地掌握经济、财务会计理论和相关专业知识。第六，具有较高的政策水平和丰富的财务会计工作经验，能担负一个地区、一个部门或一个系统的财务会计管理工作。第七，取得博士学位，并担任会计师职务 2 ~ 3 年；或取得硕士学位、第二学士学位或研究生班结业证书，或大学本科毕业并担任会计师职务 5 年以上。第八，较熟练地掌握一门外语。

第三节 高级会计师的素质要求与能力建设

一、高级会计师素质要求

（一）坚守职业道德

做好财务工作必须要坚守职业道德，人的行为受思想影响，只有具备正确的思想观念，才能够在财务管理工作中做到秉公处理。职业道德是所有会计师应当拥有的一种工作基础，并且在会计职业活动中约束着会计的行为，以保障会计工作各环节和经济管理工作的质量和水平。职业道德不仅是个人发展的基础，更是整个会计行业健康发展的根本。我国在《会计基础工作规范》中明确规定了会计职业的职业道德，即敬岗爱业、熟悉法规、依法办事、客观公正和搞好服务。作为一名财务工作者，高级会计师应当有自己的思想觉悟，经常反省个人的工作和言行，是否符合财务工作的相关法律法规，严格要求自己。当面临利益诱惑时，应当秉持个人原则，经受住考验，不断用高尚的道德情操来激励自己，保障财务工作合法准确。

（二）终身学习，与时俱进

随着我国社会经济发展和经济全球化带来的形势变化，高级会计师急需熟悉我国的相关法律法规，还需要具备国际化的视野和洞察力，通过不断的学习来实现个人能力的增长，满足当前经济发展和企事业单位改革的需求。终身学习是高级会计师必须具备的能力之一，也是保障会计师能够驾驭多维知识体系的基础。终身学习的主要原因有三个：第一，21 世纪是知识经济时代，知识更新速度快，世界日新月异，因此学习并不只是一件一劳永逸的事情，而是需要不断地充电。第二，我国市场经济在不断地发展和完善，各项经济相关政策和条例在不断地修改和完善，从客观角度来讲，需要会计师不断地进行学习和更新。第三，高级会计师作为财务管理工作中的骨干，需要参与企业生产经营的方方面面，这就对高级会计师的能力提出了更高的要求。高级会计师需要对财务管理、审计、会计等多方面有所了解，并且掌握经济法、税法和合同法等法律法规，还需要对金融、证券和人力资源等内容有所了解，才能够站在会计行业的前沿，真正发挥个人价值和能力。

（三）具备阅读企事业单位的能力

当前企事业单位在发展过程中，需要根据实际情况和未来发展方向制订适宜的企业战略。而高级会计师需要通过财务管理来围绕企业战略目标做出正确的选择和判断。在此基础上，高级会计师必须要具备管理企事业单位的能力，根据自身掌握的企业财务信息资源，来实现促进企业战略目标实现的各项管理活动。高级会计师应当能够根据宏观经济发展情况和现阶段企业战略目标做出分析，借此明确财务管理工作的内涵、制度、规划和投资方案等具体的工作实施，帮助领导层做出针对性决策，并充分发挥财务管理中的监督职责，促进企事业单位的发展。

（四）具备财务分析和信息提炼能力

如今社会经济发展迅速，各行各业都处于激烈竞争状态中，企事业单位要想

不断发展，就需要做出正确的决策，而财务信息资源是提升决策科学性的关键。高级会计师的素质不断提升，对财务数据信息的掌握和研究也不断提升，但是只有将经济数据背后的实际价值挖掘出来，才能够提升管理决策的有效性。财务工作通过对经济活动的掌握和对资金流动的记录，进而促进企事业单位的发展，同时通过宏观调控来保障市场经济的发展和稳定。高级会计师作为财务管理的领导者，必须要有对财务信息的分析能力和信息提炼能力，从而突破传统会计工作中报表的局限，继而在财务管理中能够快速挖掘有价值的内容，为管理部门提供充分的决策依据，使企事业单位能够在激烈竞争中获得快速发展。

（五）具备专题研究和创新能力

面对社会经济发展的新形势，企事业单位往往会面临着更多的状况和问题，当遇到新问题后，高级会计师应当能够根据企业的内部资源和环境情况，进行快速反应，提供合理的意见和建议，辅助管理部门制定出有效的处理方式。在发展过程中，财务部门面临着更加多元的服务主体，更加丰富的数据信息，高级会计师必须有较强的创新能力，才能够在发展中是适应新的工作模式和理财环境。

二、高级会计师能力建设

（一）完善高级会计师评价标准

倡导创建以公开、平等、竞争、择优为基础的评价环境，这有利于优秀会计人才脱颖而出。完善高级会计师评价的标准是创设一个以选人用人机制为核心的评价氛围，科学制定高级会计师评价机制，完善会计人才评价标准，克服会计人才评价制度中“重学历、资历，轻能力、业绩”的倾向，形成高级会计师资格考试与评审相结合的评价制度，建立以实际业绩为依据，由品德、知识、能力等要素构成的高级会计人才评审指标体系。

1. 设立申报条件

首先确定参评范围。从事会计工作的在职高级会计师，含会计理论工作者（高校、研究院所中心除外）、会计实务工作者、会计管理工作者及会计中介机构人员等。设定门槛不能以单位大小及性质为限定条件，应广开才路，让所有在职高级会计师均有向上发展的机会。

申报条件可包括：工作表现（近五年任职考核称职及以上）、学历资历（本科以上学历，聘任高级会计师职务 5 年以上）、资格考试（通过高级会计师实务笔试考试）、论文条件（在本专业或相近专业全国核心刊物发表论文 4 篇以上）、外语条件（通过职称外语考试）、计算机能力条件（通过职称计算机考试）、继续教育条件（按照规定参加继续教育）、专业技术工作经历（从各个不同的层面设置不同的专业技术经历要求）、业绩成果（与专业技术工作经历相对应）等 9

个方面，其中前 7 个条件为设定参评门槛的硬条件，后 2 个条件为评审中的重要关注点。

2. 设定评审条件

评审条件在前面所列申报条件的前提下，重点设定论文条件、专业技术能力与业绩成果的具体条件，其中专业技术能力与业绩成果的设定尽量涵盖所有各类参评者的工作经历，即列出各行各业（包括企业、行政、事业、会计中介等）会计工作的最高要求，让各行各业会计都有积极学习上进的目标，以推动整个行业的发展。

3. 业绩成果

业绩成果与专业技术工作经历息息相关，不同的专业技术、工作经历，应该有相应的工作业绩认定办法和措施。因此，设定工作业绩条件应与专业技术工作经历相对应，让参评者有选择的余地、努力的方向。人们发现各试点省的业绩成果条件多以国家级或省级研究成果的获奖项目作为主要的业绩成果衡量条件，然而，由于能够申请到国家或省级课题的只是一小部分人，有时能否获奖也并不能绝对地反映专业技术水平及其成果对社会的贡献。因此，工作业绩成果条件的设定应与专业技术能力相对应，涵盖所有行政、事企业、会计中介的财会人员、注册会计师及会计管理工作者，匹配其所具备的工作业绩，使各类单位达到专业技术能力要求的高级会计师申报人员均能从中找出一条类似于自己突出的工作业绩加以描述。具体业绩成果认定应秉持高级会计师申报者任现职期间，工作业绩突出，取得显著经济效益和社会效益的原则，在保证准确、有效的资料及证明前提下，兼顾考察符合以下条件之一的高级会计师申报者。

（二）设定科学合理的评价机制

评审制度应全国统一，由财政部统一管理、统一评审标准、统一考试、统一组织评审，以提高高级会计师的含金量，促进高尖人才带动行业发展。为了完善高级会计师的评价程序，应以科学合理的评价机制为依托，建立以评审方式、评审量化标准、评审程序、评审与人才培养相结合为流程的评价机制。

评审方式以考评结合为主，考试包括笔试、面试（或答辩）；评审包括考核参评者硬件资格及设定量化评审标准，以公平公正评审出会计行业的最高等级的专业人才。

1. 确定评审量化标准

确定高级会计师评审量化标准，核心在于财政部设置统一量化标准，由各省组织初审量化评分。统一量化标准时建议根据所设定的参评者评审条件进行重要性排列，按照评审条件的重要性比重设定分值，再按照每一评审条件的不同情况设定分值。

2. 确定评审程序

参加全国高级会计师笔试考试通过，符合条件者可提交申报评审材料，由各省财政部门及职称人事部门对申报者进行公示无异议后进行材料初审，并按照财政部统一的设定，对学历、资历、笔试、计算机、英语成绩、发表论文及质量层次等统一量化体系标准进行评分，按照初审及评分结果，择优推荐财政部参评。为了保证考评的公正性、权威性，终审面试或答辩，建议由财政部统一标准、统一组织、统一实施。主要考察申报对象的知识结构、专业技术能力、分析判断能力、逻辑思维及解决问题能力等各方面情况。

（三）促进评价机制公平公正实施

保障以上评价机制的有效实施，应把体现公平与客观原则的笔试成绩作为重要依据纳入评审机制当中。笔试成绩应在评审中占一定分量，如占量化分值的30%，突出笔试试卷内容价值，检验考试者是否已具备高级师的专业知识，体现其分析问题、解决问题的能力，体现其理论与实践相结合的最高水平等，即试卷要能真正体现高级会计师应达到的能力与水平。另外 70% 的量化分值由两部分组成：参评者自身的硬条件（评审条件的工作表学历、资历、论文、成果等）占 40% 和专家的面试打分及评审意见占 30%。这样的机制有利于促进机制的公平公正实施，体现参评者真正实力，确保参评者申报材料的真实性，较大限度减少主观因素。

此外，我们注意到，各地在评审高级会计师时，评委往往看重参评人资料当中的单位大小与职务高低。不可否认，在同等条件下，职务高的会计人员也许业绩更突出，可能做出更大的贡献；但职务较低的会计人员如果也能熟练掌握高深的专业理论知识，并把工作实践理论提炼，供会计同行指导工作的业务知识，则更难能可贵，更应鼓励，继而参评人的单位大小与职务高低已在资质栏目量化评分以示区别。因此，评审高级会计师更应该体现其社会性，体现在引导该行业的发展对社会经济发展的作用，在评审机制的实施中，不能只考虑参评人的职务高低作为打分依据，还应根据其实际体现的能力与水平进行打分，以体现公平公正，真正把行业的优秀人才选拔出来。

第九章 财务会计管理

第一节 财务会计规范理论与管理

一、财务会计规范理论

（一）财务会计法律规范

一些论著将欧美发达国家的会计规范一律称作会计准则，甚至说目前世界各国都选择了以统一准则来规范企业财务信息揭示的方式。有的专著也如此说，但这一说法不够准确。会计工作规范形式主要有经济立法、会计制度、会计准则和职业道德等。由于社会环境和历史传统的差异，许多国家做法不一。经济立法与职业道德规范普遍流行，虽然有粗细之别；会计制度与会计准则因国家而异，有的两者兼用，有的只用其一。许多国家都通过有关经济法律对会计准则、会计制度以及会计工作进行规范，以确保其会计规范体系的法律地位和权威性。法律在其会计规范体系中所占的比重各不相同，导致其会计模式有所差异。有的国家通过经济法规直接规范会计工作，会计规则主要为政府贯彻经济政策服务，德国就是一个典型的例子。

1. 德国会计模式形成的背景

德国实行社会市场经济，宪法规定社会原则（政府干预经济）和自由原则（市场经济是立法前提），既摒弃老式的自由竞争，又反对国家统制经济，导出了国家为保证经济健康协调的发展、实现社会公平而干预经济的法律依据，由此形成政治法律制度影响社会和市场经济的显著特征——经济政策法制化。体现到会计方面，形成了通过法律形式制定会计规则的会计模式：商法或公司法对企业经营活动和财务报告进行详细规范，而税法和税则则是各纳税主体所必须遵循的。会计原则（在德国通常称为有规则的簿记原则）和程序散见于商法、公司法和税法之中，既没有英美系统一般众多的会计准则，也不像法国那样采用统一会计方案（制度），而是直接以法律规范会计工作，权威性最高。但是，法律规范要细，也不可能像会计准则、会计制度那样细，这必然要求会计人员具有很高的业务水平。与美国相比，德国的会计职业团体势单力薄，因此没有职业团体制定的会计准则。会计职业界的主要任务是解释法律对会计的规定。

2. 德国会计的法律规范

德国是典型的成文法系国家，在会计记账的基本原则、财务报表的编制和审计等方面均由法律明文规定，德国的会计规范具有高度的政治化倾向。早在19世纪，会计规范已经法典化，法律试图规定企业所有经济业务的会计处理。1965年的《股份有限公司法》、1985年的《商法》包含了严格的会计规定，如会计计价规则、收益计量以及财务报表的格式与内容。概括起来，其会计立法主要来自3个方面，即税法、商法和公司法。

（1）税法

在德国，税法对会计有着举足轻重的影响，尤其是《所得税法》和《所得税指令》对会计实务很有影响。税法对企业的会计记录提出十分具体的要求，规定了公司会计期间收入、费用的计算方法、分配方法，账簿记录必须同税收目标保持一致，财务报表上的收益必须同应税收益保持一致，税务上所要求的任何特殊会计处理应在公开的财务报表中予以披露，否则税务当局就可能拒绝把它作为课税的依据，并取消其所得税抵免。这样，纳税人在编制报表时总是主动服从税法要求的会计原则和方法，会计记录和报表应服从税务目的，被称为“决定原则”。但近年来，德国已对税法，特别是有关建立“准备”的问题做出修订，这将导致报告收益与应税收益之间出现一定的差异。

（2）商法

《商法》适用于所有组织形式的企业（公司合伙、独资），要求所有企业都必须保持会计记录，按照税法的有关规定编制年度财务报表，还规定了记账的一般规则、计价原则、会计资料的保管、财务报表的格式和内容等。但《商法》并没有提及应向政府报送财务报告。德国《商法》（《会计指令法》）对大、中、小型股份公司的财务报告规定了不同的编报和披露要求。例如，在资产负债表和利润表的编制上，不同规模的企业可采用不同分类级别的报表形式，中小企业不需编制资金表或现金流量表；在报表附注中，对小型股份公司允许简化披露或不披露，非股份公司（一般在规模上均属小型）则可以不编报附件。

（3）公司法

德国的公司法包括适用于有限责任公司的《有限责任公司法》和适用于股份公司和股份两合公司的《股份公司法》，颁布于1965年《股份公司法》因其适用面广而更为重要，其基本目的在于防止企业虚报净资产和净收益。它指出了规范的会计应遵循的原则和计价规则，还详细描述了财务报表的结构和内容。股份有限公司的资产负债表和利润表必须符合法定的格式要求，对股份公司会计具有较大的约束效力。

（二）会计制度规范

会计制度与会计准则都是世界上流行的会计规范方式。会计制度有广义、狭义之分。广义的会计制度指《中华人民共和国会计法》第8条规定的“国家统一的会计制度”，包括国务院财政部门依据《中华人民共和国会计法》制定的关于会计核算、会计监督、会计机构和会计以及会计工作管理的准则、制度、办法等，会计准则是其组成部分。人们常说的会计制度属狭义，指会计核算制度，包括计科目表及使用说明、财务报表格式及编制说明、凭证、账簿设置及分录等，都是基层会计人员急需的会计基础工作规范和会计事务处理指南，而且集中成册，便于使用。会计准则分为基本准则和具体准则。基本准则类似财务会计理论框架（或译为概念结构），属于会计基本理论。具体准则一般按会计对象要素、经济业务特点、财务报表的种类分别制定。在会计准则中，一般不涉及会计科目表和会计分录编制。对第一线会计人员来说，似有不便于掌握的缺点。会计制度和会计准则，作为会计规范形式，并无产品经济与市场经济之分，关键在于确认、计量、报告的标准、方式和内容，是否适应本国的社会环境，是否接近国际惯例，是否便于国际交流。本书所说的会计制度，除特别说明的以外，均指狭义会计制度。其典型当属法国的由政府制定颁布的全国统一的《会计法案》。

1. 法国会计模式形成的背景

与美国依赖高度发达的资本市场不同，在法国经济结构中，家族型的私人工商企业在法国经济结构中占有一定的比重，且投资者更倾向于持有政府债券和银行存款，这在一定程度上限制了其资本市场的发展，致使银行贷款在经济中发挥着很大作用，并由此影响了法国会计的发展。法国实行有计划的资本主义市场经济，市场调节与国家计划指导相结合。法国强调会计为宏观经济服务，尽可能地提高会计信息的可比性以及高效率地统计全国经济数据资料。法国政府在会计管理中发挥着重要作用，对会计信息系统的运行过程和方法进行了严格的规范，实行会计标准化制度，即由政府制定颁布全国统一的《会计总方案》。

2. 法国统一的会计方案

早在1911年，德国著名会计学家谢尔首先提出全面的会计科目表，逐步在德国实行，以后又引入法国。1946年，法国成立会计标准化委员会，颁布第一部《会计方案》，并于1947年执行。法国《会计方案》于1979年修订后，长达400页。负责修订和执行会计方案的是隶属于经济事务部的全国会计委员会（CNC），因而会计方案具有行政法规性质。统一会计方案的主要内容包括：全国统一的会计账户名称、分类、编号；对术语的定义和解释；分录格式和账户内容；会计计量原则；财务报表的格式；成本会计方法；财务报表注释。

这个方案的基本部分是一张十进制编号的账户名称表。结合上述会计方案的主要内容，可见该方案与我们常说的会计制度近似，可以纳入会计制度类而不能纳入会计准则类。制定会计制度，根据宣布的目标，它可以提供较为精确的会计资料，以便促进更合理的国家经济政策和财政政策的制定；协助消灭财政收支不平衡；向公众报告国民财富的真实分配，尽量减少社会的误解；提供研究市场动向的资料；促进健康的竞争；对发展公平的税制有所帮助；向股票持有者、货物供应者和银行家提供一个更满意的检验他们的判断的机会；有助于政府当局进行控制（管理）方位的检查；对财务成果提供个清晰而果断的看法；允许分析和比较制造成本。

法国没有采用会计准则形式，是因为从规范作用看，法国的会计方案类似于美国的会计准则，但更具有统一性、系统性、强制性和权威性，不像美国会计准则那样众多、分散，掌握不便。

二、财务会计规范的管理

（一）财务会计行为规范管理

第一，会计个体行为。个体行为的规范实现作用主要表现在以下两个方面：第一，法律、道德、准则等规范设定的模式直接通过个体行为转化为现实，形成现实会计实践中的互补和补足关系。第二，规范的实现必须由个体行为来监督和保证。因此，要分析各类利益矛盾，实现国家、其他相关利益集团以及企业利益的最佳组合；要在法律中具体确认和保护个体的利益；严格实行会计人员岗位资格管理制度，逐步完善会计人员岗前培训和继续教育制度，全面提高会计人员素质。

第二，会计群体行为。为了实现会计群体行为对会计规范的作用，主要应做到：根据利益最大化、群体稳定与合理行为持久性，以及激发成员工作热情的基本原则，充分考虑群体共同需要和利益分享，增强群体内聚力；协调诸群体之间的关系，消除群体的任意性，实现群体整体行为的合理性；强化“以人为本”的行为观，使人们的努力及其有效成果与其物质利益紧密相关。

第三，会计领导行为。在很大的意义上说，目前存在的会计规范得不到遵循、会计信息失真等问题，与领导行为不当具有紧密的联系。因此，应当通过完善会计管理体制、健全监督约束机制等手段为会计行为主体的全程优化提供保障。

（二）财务会计信息规范管理

第一，真实性。会计信息应当以实际发生的经济业务为依据，真实、完整地反映财务状况和经营成果，这是会计信息的核心及本质要求。第二，相关性。要使会计信息与其使用者的要求相关联，确保企业内外有关方面对会计信息的相关要求得以实现。第三，可比性。即前期、后期采用一致的会计准则和会计政策，保证各时期会计信息可比。第四，及时性。及时收集、加工、传递会计信息，保证时效，快捷地将信息提供给使用者。会计信息化、电算化在会计业务中推广和

普及电子计算机应用的工作。在中国，现阶段主要是应用计算机代替人工记账、算账、报账及对财会信息进行分析和判断等工作。它可以提高工作效率和会计核算质量，实现信息资源共享，促进会计工作规范化，促进财会理论、技术的研究和发展，推动会计制度改革。因此，实现会计信息电算化，可以要做好会计信息系统的建立和管理工作。

第二节　项目投资分析与决策

一、项目投资

（一）投资的含义和种类

1. 投资的含义

投资，是指特定经济主体（包括国家、企业和个人）为了在未来可预见的时期内获得收益或使资金增值，在一定时期向一定领域的标的物投放足够数额的资金或实物等货币等价物的经济行为。从特定企业角度看，投资就是企业为获取收益而向一定对象投放资金的经济行为。

2. 投资的种类

投资按不同标志可分为以下几种类型：

（1）按照投资行为的介入程度分类

按照投资行为的介入程度，分为直接投资和间接投资。直接投资是指由投资人直接介入投资行为，即将货币资金直接投入投资项目，形成实物资产或者购买现有企业资产的一种投资。其特点是，投资行为可以直接将投资者与投资对象联系在一起。间接投资是指投资者以其资本购买公债、公司债券、金融债券或公司股票等，以期获取一定收益的投资，也称为证券投资。

（2）按照投入的领域不同分类

按照投入的领域不同分类，分为生产性投资和非生产性投资。生产性投资，是指将资金投入生产、建设等物质生产领域中，并能够形成生产能力或可以生产出生产资料的一种投资，又称为生产资料投资。这种投资的最终成果将形成各种生产性资料，包括固定资产投资、无形资产投资、其他资产投资和流动资金投资。其中，前三项属于垫支资本投资，最后一项属于周转资本投资。非生产性投资，是指将资金投入非物质生产领域中，不能形成生产能力，但能形成社会消费或服务能力、满足人民物质文化生活需要的一种投资，这种投资的最终成果是形成各种非生产性资产。

（3）按照投资的方向不同分类

按照投资的方向不同，分为对内投资和对外投资。从企业的角度来看，对内投资就是项目投资，是指企业将资金投放于为取得供本企业生产经营使用的固定资产、无形资产、其他资产和垫支流动资金而形成的一种投资。对外投资，是指企业为购买国家及其他企业发行的有价证券或其他金融产品（包括期货与期权、信托、保险），或以货币资金、实物资产、无形资产向其他企业（联营企业、子公司等）注入资金而发生的投资。

（4）按照投资的内容不同分类

按照投资的内容不同，分为固定资产投资、无形资产投资、其他资产投资、流动资产投资、房地产投资、有价证券投资、期货与期权投资、信托投资和保险投资等多种形式。

（二）项目投资的一般程序

为保证项目投资决策的科学性、合理性和有效性，企业应当根据需要制定相关的投资决策程序。

1. 确定投资战略

对公司而言，战略是指公司面对急剧变化的环境和激烈竞争的市场，为谋求自身长期生存和持续发展而制订的全局性发展规划。任何公司都有大量的、潜在的投资目，每项可能的投资都是公司的一个可能的选择，有些选择是有价值的，而有些则不是。成功的财务管理是在环境分析中学会寻找项目机会和发现价值。确定投资战略，就是要通过寻找有价值的项目，确定公司全局性的投资规划。公司要有效地分析外部环境和自身条件，诸如宏观经济环境、法律法规政策、市场供需状况、产品生命周期、替代品状况、管理能力技术力量、原材料供应、融资能力等，认真研究可供选择的投资机会，及时把握机遇，确定投资战略，获取长期竞争优势，实现公司价值最大化。

2. 投资项目筛选

投资战略确定之后，需要分析公司目标和投资战略的符合性，并对投资项目的先进性、营利性，项目投资时机、投资方式与合作伙伴等进行评价分析，对各种投资机会进行筛选。一旦确定了好的投资机会，就要对投资项目进行价值判断，内容涉及：估计项目寿命期；估计项目预期现金流量及风险；评估确定折现率；评估投资机会项目现金流，用财务评价方法（如净现值法、内含报酬率法等）对不同项目进行排序，并拟订项目计划。

3. 投资项目决策

拟订了项目计划之后，管理者需要对各类项目计划进行取舍，并选择现有条件下最利于公司长远发展的投资项目。项目决策过程是对拟订项目进一步研究与

分析、进行价值判断及提出项目投资建议的过程。从决策程序看，它是项目投资规模及公司内部授权制度，分别由经营者、董事会或股东大会来审批。

4．投资项目实施

投资项目一经确定，就必须付诸实施。投资项目包括项目性质、公司内部责任分工等，分别由投资部或工程部等负责实施。在项目实施过程中，责任人需要对照项目预算、工程质量标准、实施时间进度等，对其过程进行全方位监控和审计，对偏离预算和标准的要确定差异、查明原因，提出改正措施，或视环境变化并经相关决策后，及时调整相关项目，以降低项目投资风险。

5．项目实施的事后管理

项目实施的事后管理，主要是指对项目实施结果进行全方位评估和项目责任审计以对公司战略决策的可行性、工程和资本支出预算管理的有效性等进行审核，并为未来项目管理提供借鉴。

二、项目投资现金流量的估计

（一）现金流量的概念

现金流量是指在资本项目决策中，在项目计算期内（有效年限内）因资本循环而可能或应该发生的各项现金流入与现金流出的统称。此时的现金指的是广义的现金，它不仅包括各种货币资金，还包括需要投入项目的非货币资源的变现价值。例如，一个项目需要使用原有的厂房、设备和材料等，则它们的变现价值（而不是它们的账面价值）构成了项目决策相关的现金流量。由于资本项目投资不同于营业支出，项目覆盖多个时间段，其寿命周期不止一个会计期间，所以管理当局必须站在整个寿命周期的角度看待项目逐年估计在整个项目寿命期的现金流量。

（二）现金流量的构成

现金流量包括现金流出量、现金流入量和现金净流量 3 个方面。

1．现金流出量（cash out，CO）

一个方案的现金流出量是指由该方案所引起的企业现金支出的增加额，主要包括以下内容。

（1）建设投资，是指与形成生产经营能力有关的各种直接支出，包括固定资产投资、无形资产投资、其他资产投资等的总和，它是建设期发生的主要现金流出量。其中，固定资产投资是所有类型投资项目注定要发生的内容，这部分现金流出随着建设进程的进行可能一次性投入，也可能分次投入。

（2）流动资金投资，是指在完整工业投资项目中，建设投资形成的生产经营能力要投入使用，会引起对流动资金的需求，主要是保证生产正常进行必要的存货储备占用等，这使企业要追加一部分流动资金投资。这部分流动资金投资属于垫支的性质，当投资项目结束时，一般会如数收回。

（3）经营成本，是指在经营期内为满足正常生产经营而动用现实货币资金支付的成本费用，又被称为付现的营运成本（或简称付现成本）。它是生产经营阶段上最主要的现金流出量项目。

（4）各项税款，指项目投产后依法缴纳的、单独列示的各项税款，如营业税、所得税等。

（5）其他现金流出，指不包括在以上内容中的现金流出项目。

2．现金流入量（cash in，CI）

一个项目的现金流入量是指由该方案所引起的企业现金收入的增加额，主要包括以下内容。

（1）营业现金收入。它是指项目投产后每年实现的全部销售收入或业务收入，营业收入是经营期主要的现金流入项。

（2）回收固定资产的余值。它是指固定资产出售或报废时，所收回的固定资产价值。

（3）回收垫支的流动资金。回收的流动资金是指项目完全终止时因不再发生新的替代投资而回收的原垫付的全部流动资金额。

3．现金净流量（net cash flow，NCF）

现金净流量又称净现金流量，是指一定期间现金流入量减去现金流出量的差额。现金流入量大于现金流出量时，为现金净流入量，表现为正值；反之，为现金净流出，表现为负值。某年的现金净流量可表示为：现金净流量（NCF）＝现金流入量（CI）－现金流出量（CO）。

（三）现金流量的计算

1．确定现金流量的假设

（1）财务可行性分析假设。假定项目已经具备了国民经济可行性和技术可行性，估计现金流量主要是从企业投资者的角度出发，继而评价项目的财务可行性。

（2）全投资假设。只考虑投入项目资金的运转情况，不区分其来源，即使借入的资金也视为自有资金。因为在实践中，企业先要评价项目是否可行，待投资意向明确后，才会考虑资金来源问题，资金的来源属于在筹资决策中考虑的问题。所以，从逻辑上，投资决策在先，筹资决策在后。从内容上，评价项目属于投资问题，资金来源属于筹资问题。

（3）时点指标假设。由于货币具有时间价值，所以不能把不同时点的现金流量跨时期直接加减。为了便于考虑货币的时间价值，简化计算，不论现金流量所涉及的价值指标是时点指标还是时期指标，均假设按照时点指标进行处理。一般情况下是把1年内的不同时点的现金流量看成当年年末这一时点的数值，把终结

现金流量看作最后 1 年年末发生的，所以该假设又称年末习惯假设。

（4）确定性假设。假定与项目现金流量有关的价格、产销量、成本水平和企业所得税税率等因素均为已知常数。

2．不同时期现金净流量的计算

（1）初始现金流量。初始现金流量是指开始投资时发生的现金流量，是现金流出量，一般包括如下几个部分：①固定资产上的投资，包括固定资产的购建成本、运输成本和安装成本等。②流动资产上的投资，包括对材料、在产品、产成品和现金等流动资产的投资。③其他投资费用，如与项目有关的职工培训费。④原有固定资产的变价收入，是指固定资产更新时变卖原有资产所得的现金收入。若原始投资在建设期内投入，则建设期某年的现金净流量＝该年现金流入－该年现金流出＝该年发生的投资额。

（2）营业现金流量。营业现金流量是指投资项目投入使用后，在其经营期内由于生产经营所带来的现金流入和流出的数量。这里现金流入一般是指营业现金收入，现金流出是指营业现金支出和交纳的税金。

（3）终结现金净流量，是指项目完结时发生的现金流量，主要包括：固定资产的残值收入或变现收入；流动资金全额回收。

3．现金流量的作用

以现金流量作为项目投资的重要价值信息其主要作用在于以下：

（1）现金流量信息所揭示的未来期间现实货币资金收支运动，可以序时动态地反映项目投资的流出与回收之间的投入产出关系，使决策者在投资主体的立场上，完整、准确、全面地评价具体投资项目的经济效益。

（2）利用现金流量指标代替利润指标作为反映项目效益的信息，可以克服因贯彻财务会计的权责发生制原则而带来的计量方法和计算结果的不可比和不透明等问题。即由于不同的投资项目可能采取不同的固定资产折旧方法、存货估价方法或费用摊配方法，从而导致不同方案的利润信息相关性差、透明度低和可比性差。

（3）利用现金流量信息排除了非现金收付内部周转的资本运动形式从而简化了有关投资决策评价指标的计算过程。

（4）由于现金流量信息与项目计算期的各个时点密切结合，将有助于在计算投资决策评价指标时应用资金时间价值的形式进行动态投资效果的综合评价。

三、项目投资财务决策

（一）独立投资项目决策

在财务管理中，将一组相互分离、可不排斥的项目称为独立项目，独立项目之间，选择一个项目不影响另一个项目的实施。具体而言，独立项目存在的前提条件是：无资本限制；无资本优先使用顺序的排列；投资项目所需的人力、物力均能得到满足；不考虑地区、行业之间的相互关系及其影响；每一投资项目是否可行仅取决于项目的经济效益，与其他项目无关。

独立投资项目的决策就是要评价投资项目的财务可行性，不需要做出优选决策，即只需要做出“接受”或“拒绝”的选择决策。由于折现评价指标和非折现评价指标之间在回答项目是否可行的结论时有可能出现背离，所以在项目评价过程中做如下界定：第一，如果折现指标评价结论为可行，非折现指标评价结论为可行，那么该项目完全具备可行性；第二，如果折现指标评价结论为可行，非折现指标评价结论为不可行，那么该项目基本具备可行性；第三，如果折现指标评价结论为不可行，非折现指标评价结论为可行，那么该项目基本不具备可行性；第四，如果折现指标评价结论为不可行，非折现指标评价结论也为不可行，那么该项目完全不具备可行性。

（二）互斥投资项目决策

项目投资决策中的互斥方案是指在决策时涉及的多个相互排斥、不能同时并存的投资方案。互斥方案决策过程就是在每一个入选方案已具备财务可行性的前提下，从备选方案中选出一个最优方案的过程。在项目投资的多方案比较决策理论中，将利用某一特定评价指标作为决策标准或依据的方法称为以该项指标命名的方法，如以净现值作为互斥方案择优依据的方法就是所谓净现值法；同样道理还有净现值率法、差额投资内部收益率法和年等额净回收额法等。

1. 净现值法

净现值法和净现值率法适用于原始投资相同且项目计算期相等的多方案比较决策，在这种情况下，可以选择净现值或净现值率大的方案作为最优方案。比如，某固定资产投资项目需要原始投资 1000 万元，有甲、乙、丙、丁 4 个互相排斥的备选方案可供选择，已知各方案的净现值指标从大到小分别为甲、丙、丁、乙（4 个备选方案的净现值均大于零，均具有财务可行性）。依据净现值法的决策标准，甲方案最优，丙方案其次，次为丁方案，最差为乙方案。

2. 差额投资内部收益率法

差额内部收益率法，是指在两个原始投资额不同方案的差量净现金流量的基础上，计算出差额内部收益率（ΔIRR），并与行业基准折现率进行比较，进而判断方案优劣的方法。该法适用于两个原始投资不相同，但项目计算期相同的多方案比较决策。该法还经常被用于更新改造项目的投资决策中，当更新改造项目的差额内部收益率指标大于基准收益率或设定折现率时，应当进行更新改造；反之，就不应当进行更新改造。

3．年等额净回收额法

年等额净回收额法，是指通过比较所有投资方案的年等额净回收额（M4）指标的大小来选择最优方案的方法。该法适用于原始投资不同，特别是项目计算期不同的多方案比较决策。某一方案的年等额净回收额按以下公式计算：采用年等额净回收额决策的标准是，在所有方案中，年等额净回收额最大的方案为最优方案。

（三）投资项目组合决策

如果一组方案中，各方案既不属于相互独立，又不属于相互排斥，而是可以实现任意组合或者排队，那么这些方案被称为组合或排队方案。

1．多方案组合决策的总体原则

多方案组合决策的总体原则是：在确保充分利用资金的前提下，力争获取最多的净现值

2．具体原则

（1）在资金总量不受限制的情况下，选择所有净现值大于或等于 0 的方案进行组合可按每一项目的净现值大小来排队，确定优先考虑的项目顺序。

（2）在资金总量受到限制时，则需按净现值率或获利指数的大小，结合净现值进行各种组合排队，从中选出能使累计 NPV 最大的组合。

具体程序如下：第一，以各方案的净现值率高低为序，逐项计算累计投资额，并与限定投资总额进行比较。第二，当截止到某项投资项目（假定为第 j 项）的累计投资额恰好达到限定的投资总额时，则第 1 项至第 j 项的项目组合为最优的投资组合。第三，若在排序过程中未能直接找到最优组合，必须按下列方法进行必要的修正。①当排序中发现第 j 项的累计投资额首次超过限定投资额，而删除该项后，按顺延的项目计算的累计投资额却小于或等于限定投资额时，可将第 j 项与第（j＋1）项交换位置继续计算累计投资额。这种交换可连续进行。②当排序中发现第 j 项的累计投资额首次超过限定投资额，又无法与下一项进行交换，第（j－1）项的原始投资大于第 j 项原始投资时，可将第 j 项与第（j－1）项交换位置，继续计算累计投资额。这种交换亦可连续进行。③若经过反复交换，已不能再进行交换，但仍未找到能使累计投资额恰好等于限定投资额的项目组合时，可按最后一次交换后的项目组合作为最优组合。

第三节　营运资金管理

一、营运资金的含义

营运资金又称循环资本，是指一个企业维持日常经营所需的资金，通常指流

动资产减去流动负债后的差额。用公式表示为：

营运资金总额=流动资产总额−流动负债总额

流动资产是指可以在一年或超过一年的一个营业周期内变现或耗用的资产，包括货币资金、交易性金融资产、应收预付款项、存货等。

流动负债是指必须在一年或超过一年的一个营业周期内偿还的债务，包括短期借款、应付预收款项、应交税费等。

营运资金的存在表明企业的流动资产占用的资金除了通过流动负债筹集外，还通过长期负债或所有者权益筹集。

二、营运资金的特点

营运资金的特点体现在流动资产和流动负债的特点上。

（一）流动资产的特点

与固定资产投资相比，流动资产有如下特点：

1. 投资回收期短

流动资产的投资回收期短，其耗费可以较快地从营业收入中得到补偿，即流动资产的实物耗费与价值补偿是在一个生产经营周期内同时完成的。

2. 流动性强

流动资产在生产经营过程中所经历的供、产、销周转过程的时间很短，这使得流动资产的变现能力较强。

3. 具有并存性

流动资产的各种占用形态同时分布在供、产、销各周转过程中，即从空间上看是并存的。

（二）流动负债的特点

与长期负债筹资相比，流动负债筹资具有如下特点：

1. 速度快

申请短期借款往往比申请长期借款更容易，通常在较短时间内便可获得；而长期借款的借贷时间长，贷方风险大，贷款人需要对企业的财务状况评估后才能做出决定。因此，当企业总需资金时，往往首先寻求短期借款。

2. 弹性大

与长期债务相比，短期贷款给债务人更大的灵活性。长期债务债权人为了保护其利益，一般要在债务合同中加以种种限制。而短期借款合同中的限制条款比较少，使借款企业有较大的灵活性。

3. 成本低

在正常情况下，流动负债筹资所发生的利息支出低于长期负债筹资的利息支

出。某些商业信用形成的融资甚至没有利息负担。

4. 风险高

流动负债的风险大于长期负债，这主要表现在两个方面：一是长期负债的利息相对比较稳定，在相当长时间内保持不变；而流动负债的借款利率则随市场利率的变化而变化，时高时低。二是如果企业过多筹集流动负债，当负债到期时，企业不得不在短期内筹集大量资金偿还债务，这样易造成企业财务状况恶化，甚至会因无法及时还债而破产。

三、现金的管理

现金，是指在生产过程中暂时停留在货币形态上的资金，包括库存现金、银行存款、银行本票和银行汇票等。

现金是变现能力最强的资产，可以满足生产经营开支的各种需要，也是还本付息和履行纳税义务的保证。因此，拥有足够的现金对降低企业风向，增强企业资产的流动性和债务的可清偿性有重要意义。

现金是流动资产中流动性最好的资产，但也是获利能力最差的资产。现金管理的过程就是在现金的流动性与回收性之间进行权衡选择的过程。也就是说，现金管理的目的是有效地保证企业随时有资金可以利用，并从闲置的资金中得到最大的利息收入。通过现金管理，使现金收支不但在数量上，而且在时间上相互衔接，对于保证企业经营活动的现金需要，降低企业闲置的现金数量，提高资金收率具有重要意义。

（一）持有现金的动机

企业置存一定数量的现金主要是为了满足交易性动机、预防性动机和投机性动机。

1. 交易性动机

企业的交易性动机是指企业在正常生产经营秩序下应当保持的一定的现金支付能力。企业每天现金收入和支出很少同时、等额发生，为了组织日常生产经营活动，保持定量的现金余额是完全必要的，可以保证企业在现金出现收支暂时不平衡的情况下，不至于中断经营。一般说来，企业为满足交易性动机所持有的现金余额主要取决于企业的销售水平。在许多情况下，企业向客户提供的商业信用条件和它从供应商那里获得的信用条件不同，使企业必须持有现金。若供应商提供的信用条件是 30 天付款，而企业迫于竞争压力，则向顾客提供 45 天的信用期，这样，企业必须筹集够 15 天的营运资金来维持企业运转。另外，企业业务的季节性，要求企业逐渐增加行货以等待季节性的销售高潮，这时，一般会发生季节性的现金支出，企业现金余额下降，而随着销售高潮到来，存货减少，现金又逐渐恢复到原来水平。

2. 预防性动机

预防性动机是指企业为应付突发事件而需要保持的现金支付能力。这种突发事件可能是政治环境变化，也可能是企业的某人客户违约导致企业突发性偿付等。尽管财务部门可以利用各种手段来较准确地估算企业需要的现金数，但是这些突发事件会使原本很好的财务计划失去效果。因此，在正常业务活动现金需要量的基础上，追加一定数量的现金余额以应付未来现金流入和流出的随机波动，是企业在确定必要现金持有量时应当考虑的因素。为应付意料不到的现金需要，企业需掌握的现金额取决于企业愿冒短缺现金风险的程度；企业预测现金收支的可靠程度；企业临时融资能力的强弱。希望尽可能减少风险的企业倾向于保留大量的现金余额，以应付其交易性需求和大部分预约性资金需求。另外，企业会与银行维持良好的关系，以备现金短缺之需。

3. 投机性动机

投机性动机是企业为了抓住各种瞬息即逝的市场机会，获取较大利益而准备的现金余额。这种机会大都是转瞬即逝的，如证券价格的突然下跌，或购买一次性降价的商品，企业若没有用于投机的现金，就会错过这机会。其持有量大小往往与企业在金融市场上的投资机会及企业对待风险的态度有关。

除了上述 3 种基的现金需求外，还有许多企业是将现金作为补偿性余额来持有的。补偿性余额是企业同意保持的账户余额，它是企业对银行所提供借款或其他服务的一种补偿。

（二）目标现金持有额的确定

确定最佳现金持有量的模式主要有成本模型和随机模型。

1. 成本模型

成本模型强调的是：持有现金是有成本的，最优的现金持有量是根据现金有关成本，分析预测其总成本最低时现金持有量的一种方法。模型考虑的现金持有成本包括如下项目。

（1）机会成本

现金的机会成本，是指企业因持有一定现金余额丧失的投资收益。再投资收益是企业不能同时用该现金进行有价证券投资产生的机会成本，这种成本在数额上等于资金成本。例如，某企业的资本成本为 8%，年均持有现金 60 万元，则该企业每年的现金机会成本为 4.8 万元（60 × 8%）。放弃的再投资收益即机会成本属于变动成本，它与现金持有量是正比例关系，即现金持有量越大，机会成本越大；反之就越小。

（2）管理成本

现金的管理成本，是指企业因持有一定数量的现金而发生的管理费用。例如管理者工资、安全措施费用等。一般认为这是一种固定成本，它在一定范围内与现金持有量的多少关系不大，是与决策无关的成本。

（3）短缺成本

现金的短缺成本，是指由于现金持有量不足而又无法及时通过有价证券变现加以补充而给企业造成的损失，包括直接损失与间接损失。短缺成本与现金持有量之间呈反向变动关系，也就是说，现金的短缺成本随现金持有量的增加而下降，随现金持有量的减少而上升，即与现金持有量负相关。

成本分析模式是根据现今有关成本，分析预测其总成本最低时现金持有量的一种方法。其计算公式为：

最佳现金持有量＝min（机会成本＋管理成本＋短缺成本）

其中，管理成本属于固定成本，不予考虑；机会成是正相关成本，短缺成本是负相关成本。因此，成本分析模式是要找到机会成本和短缺成本所组成的总成本曲线中最低点所对应的现金持有量，把它作为最佳现金持有量。

2. 随机模型（米勒—奥尔模型）

在实际工作中，企业现金流量往往具有很大的不确定性。米勒（M.Miller）和奥尔（D.Orr）设计了一个在现金流入、流出不稳定情况下确定现金最优持有量的模型。他们假定每日现金净流量的分布接近正态分布，每日现金净流量可能低于也可能高于期望值，其变化是随机的。由于现金流量波动是随机的，只能对现金持有量确定一个控制区域，定出上限和下限。当企业现金余额在上限和下限之间波动时，表明企业现金持有量处于合理的水平，无须进行调整；当现金余额达到上限时，则将部分现金转换为有价证券；当现金余额下降到下限时，则卖出部分有价证券。

（三）现金管理模式

1. 收支两条线的管理模式

“收支两条线”原是政府为了加强财政管理和整顿财政秩序对财政资金采取的一种管理模式。当前，企业特别是大型集团企业，也纷纷采用“收支两条线”资金管理模式。

（1）企业实行收支两条线管理模式的日的

企业作为追求价值最大化的营利性组织，实施“收支两条线”主要出于两方面目的：一方面，对企业范围内的现金进行集中管理，减少现金持有成本，加速资金周转，提高资金适用效率；另一方面，以实施收支两条线为切入点，通过高效的价值化管理来提高企业效益。

（2）收支两天线资金管理模式的构建

构建企业“收支两条线”资金管理模式，可以从规范资金的流向、流量和流程3个方面入手。

①资金的流向方面。企业“收支两条线”要求各部门或分支机构在内部银行或当地银行设立两个账户（收入户和支出户），并规定所有收入的现金都必须进入收入户（外地分支机构的收入户资金还必须及时、足额地回笼到总部），收入户资金由企业资金管理部门（内部银行或财务结算中心）统一管理，而所有的货币性支出都必须从支出户里支付，支出户里的资金只能根据一定的程序由收入户划拨而来，严禁现金坐支。

②资金的流量方面。在收入环节上要确保所有收入的资金都进入收入户，不允许有私设的账外小金库。另外，还要加快资金的结算速度，尽量压缩资金在结算环节的沉淀量；在调度环节上通过动态的现金流量预算和资金收支计划实现对资金的精确调度；在支出环节上，根据“以收定支”和“最低限额资金占用”的原则从收入户按照支出预算安排将资金定期划拨到支出户，支出户平均资金占用额应压缩到最低限度。有效的资金流量管理将有助于确保及时、足额地收入资金，合理控制各项费用支出和有效调剂内部资金。

③资金的流程方面。资金流程是指与资金流动有关的程序和规定。它是收支两条线内部控制体系的重要组成部分，主要包括以下几个部分：关于账户管理、货币资金安全性等规定；收入资金管理与控制；支出资金管理与控制；资金内部结算与信贷管理与控制；收支两条线的组织保障等。

需要说明的是，收支两条线作为一种企业的内部资金管理模式，与企业的性质、战略、管理文化和组织架构都有很大的关系。因此，企业在构建收支两条线管理模式时，一定要注意与自己的实际结合，以管理有效性为导向。

2. 集团企业资金集中管理模式

（1）资金集中管理模式的概念

资金集中管理，也称司库制度，是指集团企业借助商业银行网上银行功能及其他信息技术手段，将分散在集团各所属企业的资金集中到总部，由总部统一调度、统一管理和统一运用。其在各个集团的具体运用可能会有所差异，但一般都包括以下主要内容：资金集中、内部结算、融资管理、外汇管理和支付管理等。其中资金集中是基础，其他各方面均建立在此基础之上。目前，资金集中管理模式逐渐被我国企业集团所采用。

（2）集团企业资金集中管理的模式

资金集中管理模式的选择实质上是集团管理的集权还是分权管理体制的体现，也就是说企业集团内部所属各子企业或分部是否有货币资金使用的决策权、经营权，这是由行业特点和本集团资金运行规律决定的。现行的资金集中管理模式大

致可以分为以下几种：

①统收统支模式。在该模式下，企业的一切资金收入都集中在集团总部的财务部门，各分支机构或子企业不单独设立账号，一切现金支出都通过集团总部财务部门付出，现金收支的批准权高度集中。统收统支模式有利于企业集团实现全面收支平衡，提高资金的周转效率，减少资金沉淀，监控现金收支，降低资金成本。但是该模式可能会不利于调动成员企业开源节流的积极性，影响成员企业经营的灵活性，以致降低整个集团经营活动和财务活动的效率。

②拨付备用金模式。拨付备用金模式是指集团按照一定的期限统一拨付一定数额的现金给所有所属分支机构或子企业备其使用。各分支机构或子企业于发生现金支出后，持有关凭证到集团财政部门报销以补足备用金。

③结算中心模式。结算中心通常是由企业集团内部设立的，办理内部各成员现金收付和往来结算业务的专门机构。结算中心通常设立于财务部门内，是一个独立运行的职能机构。

④内部银行模式。内部银行是将社会银行的基本职能与管理方式引入企业内部建立起来的一种内部资金管理机构，主要职责是进行企业或集团内部日常的往来结算和资金调拨、运筹。

⑤财务公司模式。财务公司是一种经营部分银行业务的非银行金融机构。财务公司主要职责是对内部资金进行集中结算，同时为集团成员企业提供包括存贷款、融资租赁、担保、信用鉴证、债券承销和财务顾问等在内的全方位金融服务。

第四节　预算与税务管理

一、预算管理

（一）预算的概念及作用

预算是指企业在预测和决策的基础上，以数量和金额的形式反映的企业未来一定时期内经营、投资、财务等活动的具体计划，是为实现企业目标而对各种资源和企业活动的详细安排。预算必须与企业的战略和目标保持一致，数量化和可执行性是预算最主要的特征。预算是将企业活动导向预定目标的有力工具，在企业财务管理中发挥着重要作用，主要表现在以下几方面。

1. 预算有利于企业经营达到预期目标

在企业预算的执行过程中，各部门将实际数与预算数对比，可及时发现问题，并及时采取有效措施调整偏差，消除薄弱环节，从而使企业的经济活动按预定的目标进行。因此，预算具有规划、控制、引导企业经济活动有序进行，以最经济有效的方式实现预定目标的功能。

2. 预算可以实现企业内部各个部门之间的协调

从系统论的观点看，局部计划的最优化，对全局来说不一定是最合理的。例如，企业生产部门可能编制一个能充分利用现有生产能力的生产计划，但销售部门可能无力将这些产品销售出去，财务部门也可能认为无法筹集到所需资金。可见，企业的销售、生产和财务等部门可以分别编制出适合各自部门的最优计划，但是该计划在其他部门却不一定能将预算进行综合平衡。因此，就需要使各部门管理人员清楚地了解本部门在全局中的地位和作用，促使它们的经济活动相互协调、密切配合。

3. 预算可以作为业绩考核的标准

预算确定的各项量化指标也是考核或评定各部门工作业绩的主要依据。根据财务预算的完成情况，分析实际偏离预算的差异程度和原因，对各部门和员工进行考核评价，并据此明确责任、实行奖惩和安排人事任免等。

（二）预算的分类

1. 预算按其内容不同，可分为日常业务预算（经营预算）、特种决策预算和财务预算日常业务预算是指与企业日常经营活动直接相关的经营业务的各类预算。其主要包括销售预算、生产预算、直接材料耗用量及采购预算、应交税金及附加预算、直接人工预算、制造费用预算、产品成本预算、销售及管理费用预算等。

特种决策预算是指企业不经常发生的、一次性的重要决策预算，如资本支出预算。财务预算是指企业在计划期内反映有关预计现金收支、财务状况和经营成果的预算，主要包括现金预算、预计利润表、预计资产负债表等。

2. 预算按其预算期的长短，可分为长期预算和短期预算。预算编制的覆盖时间可以由企业实际需要和预算的内容而定，可以是一月、一季、半年、一年或若干年等。通常将预算期在 1 年以内的预算称为短期预算，预算期在 1 年以上的预算称为长期预算。一般情况下，企业预算期间往往与会计期间保持一致，业务预算和财务预算多为 1 年期的短期预算，年内可按季或月细分。可见，在预算编制的过程中，需要结合各项预算的特点，将长期预算和短期预算结合使用。

（三）预算编制程序

在实践工作中，企业将结合自身情况和经验开展预算的编制工作，其编制程序也不尽相同。一般而言，为了使各部门都能有效地为企业整体服务，可采用“自上而下、自下而上、上下结合”的编制程序。基本流程如下所述：

1. 董事会或类似机构提出预算目标

企业董事会或类似机构根据企业发展战略、预期行业整体发展态势和经济政策环境影响等，在决策的基础上进行预测，即提出预算期目标，包括销售目标、

成本费用目标、利润目标等，并确定预算编制的政策，由预算办公室或类似机构下达各预算执行单位部门，此为“自上而下”。

2. 各部门编制本部门预算上报管理部门

各部门按照预算办公室或类似机构下达的预算目标和政策，结合自身情况和特点，提出更为详尽、更切合实际的本部门预算方案，并统一上报企业财务管理部门，此为“自下而上”。

3. 财务管理部门进行全面预算

企业财务管理部门对各部门上报的预算方案进行汇总，并做出进一步的综合平衡全面预算。在综合平衡的过程中，预算办公室或类似机构应将初步调整意见反馈给有关部门予以修正，同时在各部门间进行充分协调。财务管理部门在相关预算执行部门调整修正的基础上，编制出企业预算方案，继而上报预算办公室或类似机构讨论。

4. 对全面预算方案进行进一步的调整修订

对于不符合企业全局发展目标的事项，预算办公室或类似机构应当责成有关预算执行部门进行进一步的调整修订，从而形成基本符合企业整体目标、各部门充分协调的全面预算方案。第三、四步流程即“上下结合”。

5. 将拟定的全面预算方案提交审批

在对全面预算方案讨论、调整、修订的基础上，企业财务管理部门正式编制企业预算草案，提交董事会或类似机构审议批准。

6. 预算分解下达各部门执行

企业财务管理部门对审批后的全面预算方案进行细分，分解成一系列指标体系，由预算委员或类似机构逐级下达各预算执行部门执行。

二、税务管理

（一）企业税务管理的含义和目标

税务管理是财务管理体系中的一个重要组成部分。企业税务管理是指企业对其涉税业务和纳税事务所实施的研究和分析、计划和筹划、处理和监控、协调和沟通、预测和报告的全过程管理行为。

（二）企业税务管理的原则

企业税务管理必须遵循以下原则：

1. 合法性原则。合法性原则即企业开展税务管理必须遵守国家的各项法律、法规及规章制度等。

2. 服从企业财务管理总体目标原则。服从企业财务管理总体目标原则即企业税务管理必须充分考虑现实的财务环境和企业的发展目标及发展战略，运用各种财务模型对各种纳税事项进行选择和组合，有效配置企业的资金和资源，获取税负与财务收益的最优化配置，最终实现企业价值最大化目标。

3．成本效益原则。企业税务管理的根本目的是取得效益，因此，企业进行税务管理时要着眼于整体税负的减轻，针对各税种和企业的现实情况综合考虑，力争通过税务管理实现的收益增加超过税务管理的成本。

4．事先筹划原则。企业进行税务管理时，要对企业的经营、投资、理财活动进行事先筹划和安排，尽可能地减少应税行为的发生，降低企业的税收负担，从而实现税收筹划的目的。

（三）企业税务管理的内容

企业税务管理的内容主要有两个方面：一是企业涉税活动管理，二是企业纳税实务管理。从企业生产经营活动与税务的联系来看，其内容大致可做如下划分：

1．税务信息管理，主要包括对企业外部和内部的税务信息（税收法规、历年纳税情况等）的收集、整理、传输、保管，及分析、研究、教育与培训等。

2．税务计划管理，包括企业税收筹划、企业重要经营活动、重大项目的税负测算、企业纳税方案的选择和优化、企业年度纳税计划的制订、企业税负成本的分析与控制等。

3．涉税业务的税务管理，包括企业经营税务管理、企业投资税务管理、企业营销税务管理、企业筹资税务管理、企业技术开发税务管理、商务合同税务管理、企业税务会计管理和企业薪酬福利税务管理等。

4．纳税实务管理，包括企业税务登记、纳税申报、税款缴纳、发票管理、税收减免申报、出口退税、税收抵免和延期纳税申报等。

5．税务行政管理，主要包括企业税务证照保管、税务稽查应对、税务行政复议申请与跟踪、税务行政诉讼、税务行政赔偿申请和办理等。

税务管理是企业纳税意识和财务管理水平不断增强的表现，它应受到更多关注，企业应努力把握国家税收制度变化和宏观经济环境的变动，着眼于总体的管理决策，结合自身具体特点，制定出切实可行的税务管理方案，从而真正充分利用好国家税收政策，减轻企业税收负担，实现企业价值最大化目标。

参考文献

[1] 黄娟．财务管理 [M]．重庆：重庆大学出版社，2018.

[2] 韦绪任．财务管理 [M]．北京：北京理工大学出版社，2018.

[3] 汤健．会计学 [M]．长沙：中南大学出版社，2014.

[4] 周小彦．事业单位财务管理内控体制的建设和风险防范 [J]．现代营销（信息版），2019（10）：42.

[5] 李洪磊，马军，王忠亮．审计新体制助力审计监督职能发挥 [J]．现代营销（信息版），2019（10）：178.

[6] 钟子英，张俊倪．双重审计研究综述与展望 [J]．现代商贸工业，2019，40（30）：111-113.

[7] 王芳．新事业单位会计制度下加强和改善事业单位财务管理的方法探讨 [J]．财会学习，2019（26）：43+45.

[8] 杨传艳．新事业单位会计制度下事业单位会计核算的探讨 [J]．中国集体经济，2019（26）：145-146.

[9] 李挺．论行政事业单位会计风险及其防范 [J]．中国集体经济，2019（26）：137-138.

[10] 袁俊丽．新形势下事业单位会计工作的思考 [J]．中国集体经济，2019（26）：122-123.

[11] 张亚新．新时期环境下企业财务管理措施分析 [J]．现代营销（经营版），2019（10）：162-163.

[12] 肖冰．“互联网 +”环境下企业的财务管理改革探究 [J]．中国商论，2019（16）：18-19.

[13] 李晓臣．基于行政事业单位在新会计制度环境下的财务管理工作探讨 [J]．中国市场，2019（26）：110+119.

[14] 莽惟．网络环境背景下中小企业财务管理模式的反思探索 [J]．财会学习，2019（24）：84+86.

[15] 朱琳．“大数据”背景下推进税务稽查信息化的研究 [J]．现代商贸工业，2019，40（19）：118-119.

[16] 李双．探讨有关出口货物退免税计算的课堂教学 [J]．中外企业家，2018（32）：190.

[17] 谭少兰. 浅析网络经济时代下财务会计管理 [J]. 现代营销（信息版），2019（10）：19.

[18] 王凤利. 关于财务会计基本假设的重新思考 [J]. 现代营销（信息版），2019（10）：20.

[19] 简凌. 网络环境下的财务管理模式研究 [J]. 现代营销（信息版），2019（10）：33.

[20] 赵颖. 中小企业财务管理中的问题与对策研究 [D]. 吉林大学硕士学位论文，2019.

[21] 王俏. 基层税务稽查存在的问题及对策研究 [D]. 吉林大学硕士学位论文，2019.

[22] 孙彩霞. 新征管体制下税务稽查执法风险防范研究 [D]. 内蒙古大学硕士学位论文，2019.

[23] 张琴. 信息化环境下会计人才胜任能力评价研究 [D]. 山西财经大学硕士学位论文，2015.